记忆知识很重要，提升智能更关键，而唤醒激荡意识才是根本。

A Brief
History of Learning

From Animal Learning to Machine Learning

学习简史
从动物学习到机器学习

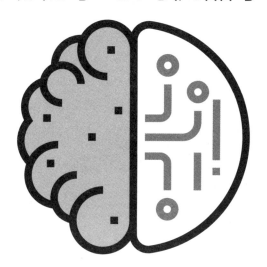

李韧 / 著

华东师范大学出版社

图书在版编目(CIP)数据

学习简史:从动物学习到机器学习/李韧著.—上海:华东师范大学出版社,2023
ISBN 978-7-5760-4021-0

Ⅰ.①学… Ⅱ.①李… Ⅲ.①学习动机 Ⅳ.①G442

中国国家版本馆 CIP 数据核字(2023)第 130294 号

学习简史:从动物学习到机器学习

著　　者	李　韧
责任编辑	彭呈军
责任校对	戚中阳　时东明
版式设计	刘怡霖
封面设计	平　平

出版发行	华东师范大学出版社
社　　址	上海市中山北路 3663 号　邮编 200062
网　　址	www.ecnupress.com.cn
电　　话	021-60821666　行政传真 021-62572105
客服电话	021-62865537　门市(邮购)电话 021-62869887
地　　址	上海市中山北路 3663 号华东师范大学校内先锋路口
网　　店	http://hdsdcbs.tmall.com

印刷者	昆山市亭林印刷有限责任公司
开　　本	787 毫米×1092 毫米　1/16
印　　张	23
字　　数	328 千字
版　　次	2023 年 10 月第 1 版
印　　次	2023 年 10 月第 1 次
书　　号	ISBN 978-7-5760-4021-0
定　　价	78.00 元

出版人　王　焰

(如发现本版图书有印订质量问题,请寄回本社客服中心调换或电话 021-62865537 联系)

谨以此书献给所有热爱学习的人

特别感谢我的老师陈嘉映,让我学会思考
感谢贾里德·戴蒙德和尤瓦尔·赫拉利,让我懂得原来这样写作也有意义
感谢我的侄子李博文,让我产生了写这本书的冲动

前言:为"学习"立传写史

这一本书,只讲学习的故事。

一本好书应该从一个好的问题开始。

这本书的问题始于,我的侄儿李博文曾问我:"为什么要上学?为什么要学习?学习有什么意义?学习是什么?"

我从幼儿园读到博士,差不多从五岁学到三十五岁,却说不清楚学习是什么?学习对我们每个人究竟意味着什么?

如果学习不仅仅是在学校学习,学习是什么?

如果学习不仅是人类学习,动物、机器也会学习,学习是什么?

如果教育有自己的目的,学习该怎么办?

学习是什么?或许可以先问,学习不是什么?

学习首先不是受教育。

教育的目的应该是"去"教育,正如医疗的目的是"去"治疗。

人们去医院的根本目的,是不去医院,是健康,而不是终身治病。

同理，人们去学校的根本目的，是学会学习，是离开学校进入社会生活，而不是为了终身受教育。

学习与健康一样，才是人之所欲所求，而教育不是。

然而，我们常常，只见教育史，未见学习史。

学习如此重要，该为学习立传写史。

学习是什么？或许也可以问，我们是通过什么来学习？

正如，所有的教育都是通过某种媒介来教育。

人类正是通过语言、文字、纸、印刷、电子等等这些内在外在的媒介来学习，并形成不同的教育与学习形态。

媒体追求信息传播的广度，教育追求信息传播的深度。

信息媒介改变知识形态，知识形态改变学习方式。

每一次媒介的升级带来知识形态的变化，随之而来学习方式的革命。

人类总是通过某种媒介来学习思考，正如人类总是以某种工具来生产劳动。

劳动是人类的物质生产活动，学习是人类的自身生产活动，学习甚至是最伟大的活动。

因为当人成为目的本身时，学习既是人改变的手段，也是人改变的目的。

"如何学习"将比"学习什么"重要得多，而更为根本的是"为什么学习"。

学习如此重要，该为学习立传写史。

在我写这本书的时候，新冠病毒仍在肆虐全世界，ChatGPT 横空出世。

贸易战、民粹化、去全球化……世界进入一个大变局时代。

我在这里写的很多东西与这些巨变相比都显得微不足道。

然而，在大变局中，唯一能保证你成功的，就只有学习，学会应对变革。

不会蜕皮的蛇会死，不会学习的人会淘汰。

而其中最大的变局，就是孩子要面对的。

知识爆炸、教育改革、"双减"之后，孩子该怎么学习？

不仅教培机构盲目，教师迷茫，教育专家也困惑，家长更惶惑，于是普遍焦虑。

事实上，面对互联网、人工智能等科技巨大变化带来的挑战，教育改革、知识经济、终身学习一直是社会热点话题。

然而，关于学习，人人都能说一点，可是说不清。

学习如此重要，该为学习立传写史。

全书简介

《学习简史：从动物学习到机器学习》，这本书分为三个部分：动物学习、人类学习、机器学习，总共 6 章：动物学习、语言学习、文字学习、书本学习、电子学习、机器学习。

全书对"学习"本质溯源，由动物（和作为动物的人）学习到人类学习，由人类学习到机器（或作为半机器人的人）学习，由语言学习、文字学习到电子信息学习，由教育到学习，从教育的学习研究扩大到哲学人类学的学习探索。

于宇宙而言，学习是信息处理；于生命而言，学习即进化；于人类而言，学习是人的本质；于社会而言，学习是人的生产；于个人而言，学习即改变。

关于学习，记忆知识很重要，提升智能更关键，而唤醒、激荡意识才是根本。

第一部分　动物学习

第 1 章　动物学习　大约 37 亿年前，宇宙间一颗叫地球的行星上，诞生了最早携带基因的单细胞生命。不仅动物会学习，植物也会学习，甚至 DNA 也在学习。这源于生命反叛宇宙，而大脑反叛基因，文化取代进化，人成了一种会学习的动物。学习就是建构大脑，学习不只是"学习神经元"，基因组决定一人，而连接组定义一人。因此，懂脑才会学。然而，大脑很奇怪，关于大脑的说法很多都错了。比如，只用了大脑10%、左右脑的传说、一条叫"智商"的幽灵、男人来自火星女人来自金星……而最大的误解是婴儿大脑只是一块白板。相反，婴儿是最强大的学习动物，婴儿不仅是天生的数学家、伟大的物理学家和艺术家，更是最强大的语言学习机器。

第二部分　人类学习

第2章　语言学习　约5万年前，晚期智人发出第一声清晰的语言。因为语言，人类区别于动物并成为地球主宰。然而，即便蚂蚁也有语言，人类语言有何不同？人类语言一直是一个谜，究竟是进化还是"文化"造就了语言？事实上，语言进化就像一段召唤"七龙珠"的过程。而且，不仅人类语言特殊，更特别的是，人类通过语言来学习。正是通过语言来学习，智人战胜尼安德特人成为最后繁衍至今的人类。人类通过语言来学习，那么，语言决定思维吗？如果语言不是用来表征世界的，那么，语言是用来思考的？语言的真正作用其实还是信息交流。语言如此重要，该如何学习语言？语言学家发现，学习语言越小越好。人类在这个阶段还是没有学校和教师的学习。

第3章　文字学习　约1万年前，人类最早的文字——楔形文字出现。语言让人类区别于动物，而文字让人类文化进入文明时代，文字重塑了人类意识，柏拉图对此很敏锐还曾抵制文字书写。因为文字不等于语言，它还有一个图像符号源头，最早的文字源于数字，先有数字再有文字，这是文明史上最重要的发明，不仅如此，文字还由此催生了哲学，逻辑是文字的产物。数学是一种语言，但是，为什么数学与语文完全不同？数学之所以有用正源自这些不同。汉字是最讲道理的文字，并由此带来思维差异，形成中西文化"眼睛"与"耳朵"的对决，象与范畴、兴与逻辑的分途。文字如此重要,大脑如何阅读?研究发现,阅读悖论并不存在,文盲的脑确有不同。文字如此重要,文字的听说读写能力几乎等同于学习能力。如何学习阅读,如何理解脑的写作,成为最重要的学习。

第4章 书本学习 大约1000年前,最重要的学习媒介——纸和印刷被发明出来。有文字书本才有学校,世界上最早的学校正是出现在文字发明之后。文字如此重要,不仅形成了文字读写学习的内在制度,而且还形成了学校学习的外在制度。不过,有文字还得有纸,最初的纸是泥板、莎草纸和竹板,这是古希腊学校与孔子论学发生的物质条件,由此产生了轴心时代的知识转型。不过,此后纸的发明让中西学习分途,中国用纸学习有了太学博士,西方则一直到千年后还在用羊皮抄写《圣经》。随后,印刷成为文明之母,印刷促发了文艺复兴与宗教革命,还引动了科学革命与工业革命。知识形态改变引起学习方式变化,科学与工业革命后的教育,不同于古希腊学园的学习。现代教育源起于此时,因为文字的鸿沟,社会发现了儿童,然而,在某种意义上,学校也成了儿童的隔离室。

第5章 电子学习 100多年前,摩尔斯发明电报,随后电话、电台、电影、电视、电脑发明并普及。这是一个李白不能适应的新时代,从读文时代转向电子时代、读图时代。人们为何爱图像不爱文字?因为图像阅读感官欲望化。乔布斯、盖茨为何不让孩子用手机?因为图像只擅长表现世界,而人是通过语言而非图像来理解世界的。那么,在这个电子信息时代,人们该如何学习?学习内容受知识大爆炸的冲击,学习技能受人工智能的挑战,学习方式因互联网原住民而不同,学习目的也因知识经济让学习直接变现而重要。体验经济与人的生产,让教育学习本身成为目的。然而,面对剧变的时代,教育焦虑了。人们开始质疑,在校才是学习?教育的目的是谁的目的?教育的神话开始破产,学校还在扼杀学习,厌学其实是厌教。怎么办?只有从教育到学习,废除文凭,教育的目的应该是去教育,教育对学习的三项隐喻都是误解。互联网教育为什么失败?因为只有互联网学习,同样,没有终身教育只有终身学习。未来教育资金的最大金主不再是国家而是家长和个人,未来没有教师,但有学习教练。电子学习时代一切都在变,学习哲学成为第一哲学。

第三部分　机器学习

第6章　机器学习　当下,模拟人脑的人工智能出现。人工智能因机器学习而兴,机器模仿人类大脑学习。然而,当机器也能学习了,人类怎么学习？通过脑机接口,植入芯片,植入记忆,是否不用学习了？机器学习与学习的本质究竟是什么？机器真的会学习吗？大脑与电脑只是一种比喻,把人当机器来教,并不可行。学习是从"心"开始的,根本在于好奇心,好奇心是最好的学习动机,学习的未来在于意识,学习的目的在于唤醒、激荡意识。然而,机器会有意识吗？科学家说意识是"物质的",学习的未来究竟在哪里？人类的未来在哪里？

目 录

第一部分　动物学习

第1章　动物学习 … 3
动物学习 … 4
　　动物会学习？ … 5
　　植物也会学习 … 8
　　基因在学习 … 10
　　大脑反叛基因 … 13
　　"文化"取代进化 … 15
人是一种会学习的动物 … 19
　　基因不是神灵 … 19
　　天才是天生的吗？ … 23
　　"学习神经元" … 27
　　基因组决定一人，连接组定义一人 … 28
　　学习建构大脑 … 31
最强大脑的学习动物 … 33

最强大的学习动物	33
婴儿的数学意识	35
天生的物理学家和艺术家	37
输在起跑线的恐惧	39
懂脑才会学：大脑如何学习？	44
只用了大脑 10%？	45
一个叫"智商"的幽灵	48
左右脑的传说	51
男人来自火星女人来自金星？	53
脑科学的"神话"	55
把人当动物来教	59

第二部分　人类学习

第 2 章　语言学习 65
因为语言 66
因为语言　66
蚂蚁也有语言　67
人类语言有何不同？　70
语言之谜 73
语言之谜　73
进化或"文化"　75
语言的"七龙珠"　78
人类通过语言来学习 83
人类通过语言来学习　83

我们如何通过语言来学习？	87
语言决定思维？	90
智人如何学习？	97

第3章 文字学习　103

从语言到文字　104
- 有史以来　104
- 文字而文明　106
- 柏拉图曾抵制文字书写　108
- 文字重塑人类意识　110

文字的符号起源　114
- 人类最早的文字　115
- 文明史上最重要的发明　119
- 文字催生哲学　121
- 逻辑是文字的产物　125

数学是一种语言　128
- 先有数字再有文字　129
- 数学仅仅是一种语言　133
- 数学为何那么有用？　139
- 数学与语文完全不同？　142
- 数学能力的大脑建构　145

字母与汉字　149
- alphabet 独步天下　149
- 汉字自卑　152
- 汉字是"最讲道理"的文字　155

  中西思想差异根源   157

  鸡、牛、草，哪两个一类？   163

脑的阅读   167

  阅读悖论   167

  大脑如何阅读？   170

  文盲的脑   173

学习能力：听说读写   175

  听说读写   175

  如何学习阅读   178

  脑的写作   182

第4章 书本学习   185

书本与学校   186

  有文字才有学校   186

  世界上最早的学校   190

  轴心时代的莎草纸与韦编三绝   194

  "纸上"的太学与大学   199

印刷与知识革命   203

  印刷坑了一个苏东坡却改变了世界 203

  印刷机引发知识爆炸   206

  中国人不再能模仿的技术   210

现代教育与发现儿童   215

  工业革命改变学习   216

  现代教育的起源   218

  发现儿童   220

第5章 电子学习 　　　　　　　　　　　227

电子时代的读图学习 　　　　　　　　　228
- 从读文时代转向读图时代 　　　　　229
- 乔布斯、盖茨为何不让孩子用手机? 　　232
- 人无法将世界把握为图像 　　　　　235

信息时代的网络学习 　　　　　　　　239
- 李白难以适应的信息时代 　　　　　239
- 知识经济让学习直接变现 　　　　　242
- 互联网原住民的大脑 　　　　　　　245

焦虑的教育 　　　　　　　　　　　　249
- 学校里学不到东西 　　　　　　　　249
- 在校才是学习? 　　　　　　　　　251
- 教育的目的是谁的目的 　　　　　　254

教育的神话 　　　　　　　　　　　　258
- 三个教育神话 　　　　　　　　　　258
- 学历的真实追求 　　　　　　　　　264
- 学校扼杀学习 　　　　　　　　　　268

从教育到学习 　　　　　　　　　　　272
- 从教育到学习 　　　　　　　　　　273
- 教育的目的应该是去教育 　　　　　277
- 学习是人的存在 　　　　　　　　　279
- 互联网教育为何失败? 　　　　　　281
- 只有终身学习 　　　　　　　　　　287
- 教育的最大金主 　　　　　　　　　290
- "学习经济" 　　　　　　　　　　　293

第三部分 机器学习

第 6 章 机器学习   299
    当机器也能学习了   300
        人工智能的挑战   301
        ChatGPT 会如何影响我们？   303
        人工智能因机器学习而兴   309
    机器学习与学习的本质   312
        机器如何学习   312
        机器学习的本质   314
        把人当机器教   319
    学习从"心"开始   322
        学习在于用"心"   322
        学习的意识   325
        学习的根本目的   328
    学习的未来   331
        未来学习   332
        学习的未来   335

参考文献与拓展阅读   339

附录：学习简史   346

第一部分

动物学习

第1章 动物学习

公元前8000,非洲岩石艺术绘画

这幅岩画描绘了一只红白色相间的雨兽,它是给桑族人带来降雨的象征。桑族人相信,只有抓住并屠杀这种神秘的生物,雨水才会降临。这幅画现收藏于比勒陀利亚大学图书馆。数千年来,桑族人一直在非洲南部和东部,以狩猎和采摘为生,直到欧洲定居者到来。现在,他们仍然有一部分族人在纳米比亚的卡拉哈里沙漠地区生活着。

学习简史
从动物学习到机器学习

❦ 动物学习 ❦

求知是人的本性。

——亚里士多德

学习，自古有之，甚至在人类有历史记录之前。

尽管那时没有黑板课桌的学校，也没有拿着教鞭的老师。但是，人类滋生繁衍代代年年，学习与孕育相伴而生。人类的生存技术与生活经验，见闻习染，代代传续，是因为有学习。

假如到60万年前北京西南的周口店龙骨山走一走，你能看到一群最早能被称为"北京人"的类人猿：

砾石遍及的河滩上，他们打磨石块，学习怎样才能将石块制成刮削器、砍砸器与尖状器等劳动工具；

灌木丛生的山林间，他们奔跑追逐，围猎野兽，追捕跟踪，学习如何投掷石器，如何探查野兽足迹；

丘陵起伏的原野上，他们采集野生植物的果实或根茎，学习分辨哪些果实根茎能够食用，哪些有毒；

昏黑不明的山洞里，他们用火烧烤食物，围篝火长谈，分享经历，学习使用火，学习怎样保存火种。

很显然,这些远古时期的"北京人"已懂得学习,尽管这种学习与我们现在海淀黄庄的北京人学习很不相同。学习在现代,变为一种专门的活动。学习不再是一件随时随地自然而然进行的事情,也不再是混杂于吃穿行走之中的活动。

但是,当时的人类,和黑猩猩、大象、乌鸦无太大差别,黑猩猩也"学会"了做工具,大象也会"学习"分辨有毒果实,乌鸦还会往瓶子中扔石子喝水。

生物学家把动物划分成不同的"物种",当时的人类被生物学家称作"裸猿",和其他动物比起来好像也无太多殊异。

动物会学习?

人是唯一必须受教育的造物。

——康德(Immanuel Kant)

既然人类也不过是一种叫"裸猿"的动物,人类会读书会学习,那么,其他动物是否也会学习?

毛毛虫刚化蛹成蝶就会翩跹起舞,小鸭子出生没多久就能下水嬉戏,哺乳动物一出生就会找寻母亲的乳头并且会吃奶,蜘蛛从小会织网也是无师自通的。这些动物的行为似乎都是与生俱来,天赋遗传的,根本不需要学习。并且,除了人类之外,也没有一种动物学会识字读书,更不必说用"维基百科"网站学习。这样看来,动物应该是不会学习的。

但是,生物学家发现,一部分动物的本领并非天生遗传,而是在成长发育过程中,通过学习逐渐形成的新行为,尽管人们经常否认这一点,给动物"学习"加上引号。

20世纪60年代,动物学家辛德在大不列颠岛研究山雀时,发现一个有趣的现象:一只山雀意外啄开订户门前的牛奶瓶,偷喝到牛奶。一段时间之后,大不列颠岛的每只山雀都"学会"这种做法，致使当地送奶工不得不在奶瓶上加扣一个杯子。而其他地区的山雀就没有大量出现过类似行为，表明它们没有学会这种本领。

不但动物会主动学习，并且人类还通过训练教动物学会一些行为。

19 世纪末期，俄国生理学家巴甫洛夫进行了一系列著名实验。例如，巴甫洛夫在给狗吃肉之前总会按响蜂鸣器，因而，此后只需蜂鸣器响，就算没有肉，狗也会如同面前有肉一样流下口水。

条件反射的刺激多次训练后，动物便能表现出较为复杂的学习形式。例如，孩子想训练狗学习听令，他会拿一块肉骨头逗引狗，同时发出口令命其坐下后喂食。通过多次练习，哪怕孩子不给肉骨头，狗也会一听到孩子的口令就坐下来。

有人指出巴甫洛夫条件反射实验整个都是人为控制的，在大自然中没有什么实际意义，动物并非真的会学习。

后来，又有了著名的"斯金纳箱"实验：把一只老鼠放到一方木箱中，箱中唯一可触动的物体是一枚按钮，老鼠按一下按钮，箱顶就会掉下一颗食物。如此这般，老鼠一旦知道了按钮事态反应，便会不断地去按，以获得更多的食物。"斯金纳箱"实验的动物能主动尝试把特定的动作同食物联系起来，但唯有当它们饥饿时，并且有食物犒赏时，它们才会做出这一系列的行为。

"斯金纳箱"实验的确是更接近自然的一类学习，大部分动物的觅食及躲避行为都是这种条件反射行为。许多动物像人类一样拥有好奇心，喜欢探索新鲜事物，就像小猫总是围着家中新出现的事物转，表现出强烈的好奇心，以至于最后不出意外地打碎新买的花瓶。

并且，当一种现象反复出现，而没有产生有影响的后果时，动物对此的反应就又会逐渐减弱，最终视若未见。小鸡第一次发觉到头顶上掉下树叶时，它们显得特别警觉，会做出逃避或防卫的应激反应。但是，经历过几回落树叶后，其警觉行为便会弱化，对同一刺激的反应程度减轻。可是，若有新的物体从头顶掠过，如一只大鸦雀，它们会重新紧张起来做出警觉反应。如此多次,小鸡学会了识别危险前兆的能力。

还有一类特定的动物学习行为,只在特定的时期发生。

动物学家劳伦兹做过一个实验:把鹅蛋分为两组孵化,一组由母鹅自然孵化并照顾;另一组用孵化箱孵化,并仅由研究员在场照顾。使人惊奇的是,后一组的小鹅把研究员当成妈妈。研究员走到哪,小鹅就跟到哪。假如把两组小鹅混在一起,当释放阻拦时,小鹅们立刻分成两路,一路朝向母鹅,一路则跑向研究员。

劳伦兹和他的小鹅

这种学习结果是由最初的印象形成的,被称为"印痕学习"。

"印痕学习"对一些新生动物很重要,它能够使那些刚出生、还没有生存能力的幼年动物,自觉跟随刚出生就照料保护它们的动物,让自身的生存和安全有所保障。据观察,许多动物都有"印痕学习"行为,如大多数鸟类、多种鱼类,还有绵羊、山羊、鹿等,甚至包括人类。

"印痕学习"是一类固定而有限制的学习行为,这些技能只在动物一生中某个特定时段能学会,其他时段都不行。例如,很多鸟类学飞都是羽翼将成之时,若在这个时段强制压抑幼鸟的习飞本能,从此它们就很难掌握高超的飞翔本领。像流传已久的"狼孩"学不会说话、缝住眼睑的新生猫看不到东西等传闻,正是因为动物在生命早期神经系统处于某种特定状态,而唯有在这段时期内,才能接受某一类刺激。从此,神经系统会变得不再能进行这种"印痕学习"。

除此之外,较高级的动物还有推理学习的能力。动物学家实验,把食物放在透明玻璃板后面,较低级的动物只会紧盯着食物兴奋地乱叫,或是乱爬瞎撞透明玻璃,而不知停息。可是,较高级的哺乳动物如黑猩猩能够很快就尝试绕过玻璃吃到食物。

著名的猩猩学习行为实验,也证实了黑猩猩确有推理学习的能力:香蕉挂在天花板上,屋内扔三只木箱,唯有把三只木箱垒起来,猩猩爬到箱顶,才能摸到香蕉。刚开始时,猩猩到处乱跑,之后它停下来,仿佛在寻找解决办法,最终把三个箱子搬到一起吃到了香蕉。

在大自然中,高等动物还学会使用工具。黑猩猩会用藤条来抽打其他的猩猩,还会用树枝伸到白蚁洞里掏白蚁吃。而我们从小就熟知"乌鸦喝水"的故事,并非传说,也是动物可以学会使用工具的证据。

植物也会学习

如果你想了解生命,就别去研究那些生机勃勃、动来动去的原生质了,从信息技术的角度想想吧。

——理查德·道金斯(Richard Dawkins)

不但动物会学,植物学家表示"植物的学习能力也很强"。

在名满天下的巴甫洛夫实验中,狗知道响声总会在吃肉前响起。植物学家在豌豆苗身上做了一个类似的实验:"肉"换成光照,"响声"变作风吹。

植物学家先测试了豌豆苗对风的反应,发现豌豆苗并没有什么反应。说明对豌豆苗来讲,风本身是一个毫无意义的提示,就好像巴甫洛夫实验中最初的响声。

植物学家放豌豆苗于Y形小室中,顺应植物向光性,挑一个枝条,用风扇吹,再在同一方向用光照此枝条。这个步骤持续几天,而且每天更换风和光照的方向。

因为植物的向光习性,豌豆苗本能反应是朝着前一天阳光照射的地方生长。但在第四天,研究人员打开风扇,并没有开灯。使人诧异的是,豌豆苗违背其本性,在黑暗中,大部分的豌豆苗都向吹风的方向生长。豌豆苗记住了这一关联——风通常在光的前面到来。

就传统而言,专家们会直接把学习现象与神经系统联系在一起。即使没有大脑的低级生物,也有神经系统,人们能够教会它们一些简单的刺激—反应行为。其学习方式也是通过神经系统的神经网络形成的,该网络能探测和处理外部刺激,调节行为反应。

但是,连神经元都没有的植物为何也拥有这种学习能力呢?

众所周知,记忆是学习的基础。

而关于植物,最神奇的一点,也是人类最难接受的一点就是,植物的记忆是分散的。植物的记忆并不存贮于某一个固定地方,比如树叶或树根。若是非要用传统的大脑记忆方式来看待植物的记忆,那么,只能把整株植物比作是一个大脑。

人类的记忆以电化学活动的方式在大脑中存贮、激活与传递。实际上,在植物中,同样有万千电学和化学信号在传播。植物和人类拥有一样的离子通道和相似的化学递质。

之前,人类总是一直以人的方式去理解,去研究其他事物,因而越和人类相近的东西,我们就研究得越深入。

假如是动物,在某种刺激下,我们能够观察到,动物身上的电化学水平波动。比如,我们能够在人身上插电极,观察他们在观看快乐或悲哀的图片时脑电波的变化。在动物身上,我们可以用相似的方式来研究。但是,对于植物,同样的方法完全无效。

于是,植物能够学习适应,而且还能在细胞层面保留记忆,这种观点显得新奇而有争议。但是,对植物行为的研究表明,这类看似很低级的生物完全可以在变化的环境内,和神经元一样有所感知,传递信息,并做出相应的决策,解决问题。

事实上,对植物行为的研究,可以回溯到19世纪晚期,著名的达尔文和他的儿子弗朗西斯就发现,植物的根茎上某些细微部分(被称为"根尖"),在执行类似动物大脑的功能。

很明显,植物学的研究发现,让我们意识到,只有动物会学习的想法是不对的,甚至学习也并非只发生在大脑这个器官中。

比如,秀丽隐杆线虫没有大脑,体内共有302个神经元。它看起来是无法进行哪怕最简单形式的学习,更别提发育的可塑性和社会行为了。

然而,如果一只线虫能在合适的温度下反复找到食物,它便会偏爱这种温度;反之,不再获得回报,它又会渐渐失去这种偏好。这样灵活的学习受到了NCS-Ⅰ基因的影响。

线虫不仅可以学习,还会根据幼期的社会经验发展出不同的成年"个性"。研究人员敲击每个器皿的一边,让这些线虫逆转它们的移动方向。相比于独居的线虫,群居的线虫由于习惯了撞到彼此,对敲击更为敏感。

因而,不论是动物或是植物,假如它们符合人类一直以来对"学习"的定义,那么我们认为它们在"学习"。

基因在学习

在进化的过程中,互相竞争的主角虽然看起来是一个个独立的生物个体,但是真正的进化单位,其实应该是基因。

——理查德·道金斯(Richard Dawkins)

信息塑造DNA和生命结构,反过来又被其塑造。

——保罗·莱文森(Paul Levinson)

不仅植物会学习,以基因为介质的所有生物都会"学习"。

生物学家理查德·道金斯在《自私的基因》一书中，提出以基因为生物进化核心的观念："在进化的过程中，互相竞争的主角虽然看起来是一个个独立的生物个体，但是真正的进化单位，其实应该是基因。"

每一个生物体看起来好像是进化的主角，然而，小到单细胞的蓝藻，大到具有庞大身躯的蓝鲸、大象，不过是基因创造出来保护基因存活、促进基因传播、帮助基因繁衍的一种载体、工具或生存机器而已。它们存在的全部意义，完全在于基因存续。

因而，按照道金斯的逻辑，生物个体在学习，那么，作为生物种群的集合，基因也在学习。

基因是一种高效稳定存贮生命信息的完美介质，这无疑也是它成为"生命奥秘"的普遍承载者的根由。基因封装信息，并准许信息读取和转录。生命通过细胞扩散基因信息，生命体本身是一台信息处理器。生命体中的每一个细胞，都是纵横交错的通信网络中的一个节点，它们一息不停地发送和接收信息，不断地编码和解码。进化本身正是生命体与环境之间连绵不绝进行信息交换的外在体现，生命用基因来学习。

比如，将植物放在过热环境中，通过多代繁殖，它会适应，并在未来面临类似环境时更好地做出反应。这要归功于基因表达的改变。同样的事情也可以发生在单个植物体上，如前文的豌豆苗实验，充分刺激植物，其基因中的突变使之可以对刺激做出反应。

只不过，基因改变的这种硬编码的机械式反应，让人看起来像是植物本身在学习。并且，它们没有神经系统，也没有大脑，让我们人类从自身进行观察觉得有些奇怪而已。

不用说最简单的单细胞生命——细菌，更绝非一个典型的"学习者"。它们的一生，不但确定了"硬件"的构造，例如糖感应器和鞭毛，还写死了"软件"的内容。无论是"硬件"还是"软件"，都被固化，没有学习改变的可能。它们永远学不会"应该游向糖多的地方"；相反，这个算法从一开始就被"写死"在它们的基因中。

但是，因为基因，作为一个物种的细菌，仍然存在某种学习的过程。细菌在物种进化过程中，通过多代试错，在自然随机的基因突变中，挑选出能提高糖摄入量的一些信息并传递下去。比如，一些基因突变帮忙改进了鞭毛等硬件的设计，还有一些基因突变改善了软件，类似执行"寻糖算法"的信息处理系统。

一切生命体都通过基因来存贮信息，基因也是一种编码、一份字母表。正如基因用6个G的信息表达一人，处于所有生命核心的是信息。

信息塑造基因和生命结构，并反过来被它塑造。那么，难道不能说基因和生命本身就是一个完美的信息系统吗？

信息及其传输、保存和形成的结构，具有某种自然属性，至少在其初期是这样。50多年前，控制论先驱诺伯特·维纳（Norbert Wiener）就确定：生物同技术系统一样，都是在信息传播模式上运行的。

基因是一种极其稳定的信息存贮介质，同时，基因也存在一些机制，能改变基因的编码顺序，使生物的后代拥有一些新功能。当一个物种及其代表的基因即将灭绝时，产生新的突变对这一物种来讲特别重要，那些没有基因突变并适应新环境的大多数成员被淘汰，而少数幸存者的基因继承了一些新的信息，使其改变行为适应新的环境。也就是说，这一物种的部分成员历经一次次淘汰，一代代演变，在试错中不断学习前行。

学习并革新，生命的这种基本特性引发的一个必然结果是：原始基因库越来越拥挤，基因涌入新领域，诞生新物种。

最后，一系列特殊、全面的革新活动，在生命体内进行：感触环境，并将与环境有关的新信息储存在神经元上，而不再将这些信息进行编码并存贮到基因中。

生物体每时每刻都在自然环境中面临生死考验，其中环境信息至关重要。如果不能获取周围毒素污染的信息，秀丽隐杆线虫肯定夭亡。

于是，进化过程中产生了一些特定功能的细胞，如神经元，连成神经网络，并最终形成大脑。

大脑反叛基因

> 处于所有生物核心的不是火,不是热气,也不是所谓的"生命火花",而是信息、字词以及指令。
>
> ——理查德·道金斯(Richard Dawkins)

然而,如果基因是自私的,那么,大脑也可能会有自己的目的。

大脑通过四十亿年的进化,确实是有可能已超脱自私基因的掌控。在进化巨轮的推进下,神经系统的进化就演变为黩武穷兵的军备竞赛。

尽管意识到底如何产生,专家们还是言人人殊;人类有无自由意志,也还在争辩不休。但无法否认,如果承认人类有自我意识与自由意志,那么,自私的基因恐怕就不能在人类生活的世界中主宰一切了。

对自私的基因来说,最重要的就是自身的复制、物种的延续和生命的繁殖。然而,我们人类会违背传宗接代的自然目标,选择避孕、独身不生育,并非说我们做错了,也并非出了什么意外,而是我们的大脑会故意选择其他目标,反叛基因复制自身的目标。还有更难理解的极端例子,比如,为了信仰,选择终身禁欲,成为和尚或修女,甚至自杀。

为何我们会选择忽视甚至违逆基因及其复制自身的目标呢?

这是因为作为能够感知的生命体,我们只知道自己的感觉。尽管基因进化出大脑的目的是帮助其复制自身,但大脑其实根本上不在意这个目标,因为人类对基因完全没有感觉。

而且,实际上,在人类历史长河中,我们的祖先在大多数时间里根本不知道基因的存在。即使现在我们已经知道基因的目标是复制自身，但是，我们鄙夷这个目标，视为老牛破车，不再重视它，甚至当作需要克服唯一障碍。

此外，我们的大脑认为自己比基因聪明多了，不会为某一个固定目标所驱使。

现代人知道他们喜欢甜食，是因为在食不果腹的原始时代只有尽量多摄取糖分的基因载体才能存活下来，但现代生活中日常糖摄入量已经过高，因而人们也开始欺骗基因，生产同样甜味但零热量的木糖醇代糖食品，这样仍然能获得吃甜食的满足感，而不用担心长胖。

人们已经意识到他们会产生性欲快感，是因为基因想要人类替它实现复制自身的目标，但他们并不想为一宵快活而终生受累，于是他们绕过基因编好的程序，采取避孕措施，而仍然能赢得基因对性行为的快感激励。

这意味着人类的行事方式，并不一定有利于生存竞争、繁衍子嗣或基因复制。实际上，因为人们更多地听从大脑的判断，而大脑判断的依据，并非只有几个简单明确的欲望目标。

因而，我们需要记住，现在掌权的并非我们基因，而是我们的大脑。

尽管这些欺骗或对抗基因机制的行为，并非总能奏效，例如上瘾，而且，我们的基因狡诈近妖，又顽固如石，人类基因仍然与几万年前黑猩猩的相差无几。

不过这并不意味着人类从此就不用遵守生物法则。我们仍旧是动物，我们的身体包括大脑，我们的理性与情感，仍是按基因"图纸"施工构建起来的。

通常来讲，假如没有发生基因突变，动物的行为就不会有显著的变化，包括最早的人类。两百万年前，依赖基因突变，才让会制作石器的"直立人"出现。而两百万年后，只要直立人未出现新的基因突变，他们制作的石器就不会变。

但是，"大脑反叛基因"之后，基因不再是唯一的决定因素。过去想要制造出新的石器、创造新的社会结构或是移居到新的地点，多半是因为环境压力带来的基因突变，而现在常常是因为大脑的选择。

正因如此,人类只花了几万年就变得与我们的祖先面目全非。

"文化"取代进化

最令人鼓舞的事实,莫过于人类确实能主动努力以提升生命。

——梭罗(美国哲学家)

人并不是被浇铸或塑造成人的,而是依靠自身实现潜能的,环境对人的成长像土壤、阳光和水对于植物一样,只能促进潜能的现实化。

——马斯洛(Maslow Abraham Harold,心理学家)

"大脑反叛基因"之后,尽管基因和环境无甚变化,但智人仍可创新其行为方式,并将新行为传承给下一代。

最典型的例子,为破开骨头吃到骨髓,猿人进化出宽大有力的咬肌和颌骨。而智人只是学会用石头砸开骨头,就能吃到骨髓。自身不用任何改变,还可再学会投掷木枪拉射弓箭。而猿人好不容易进化出的咬肌和颌骨,只能用来咬开骨头,却没法在此之上叠加上木枪投掷和瞄准射击的能力。这是因为人类不再依赖基因进化出新的技能。

换言之,在远古时代,人类的一种行为可能保持几万年、几十万年不变,但对现代人类来讲,只需一场革命,几年十几年,就可能完全改变自己的行为模式和能力技巧。

人类"进化",改变大脑模式的速度,要远快于基因进化慢不可察的蜗牛速度。掌握一种新的知识或工具(大多是偶然的),从而拥有一种新能力(比如,智人学会用石头砸开骨头取食骨髓),可能只需要几周或几月,哪怕是将其大范围传播可能也需要几代人的努力。与进行基因组的改变所需要的几万年或几十万年相比,改变脑的速度要远快于生物进化速度,简直是快若闪电。

因而，人类开始进入大脑的学习机制，而不再需要等待基因的突变。

这就是人类成功的秘密：人类拥有不可思议的能力——学习能力。

以前，大脑曾被认为是天生注定的，人的贤劣智愚是先天造化而成的。然而，这种片面观点自相矛盾，无法解释我们为什么能够学习。现在我们都知道脑神经可塑——大脑能改变自身。大脑神经系统动态可塑，学习会改变大脑体积、神经纤维与突触。

学习把人类从基因突变的单行道中释放出来：我们编织棉衣而不是生长皮毛，我们刨制独木舟而不用腿脚蜕成蹼或鱼尾。

学习是有意识的进化。或者说，学习本质上是进化2.0。

在一个长期不变的环境中，动物只需最初一次性获取它需要的信息，此后就可依靠这些信息应对余生中可能碰到的绝大部分问题。但是，在复杂多变的环境中，则需要不断更新信息才能适应生存。因而，不同的环境有不同的信息要求，分别需要通过天赋遗传和不断学习知识。

学习行为本身也是这种环境要求自然选择的结果。在生物进化过程中，当环境变得复杂时，具备较强学习能力的动物，生存下来的可能性更大。动物的学习能力在自然竞争中被保留选择，并得以不断发展进化。

对动物和人类来讲，学习改变行为的能力，显然具备生存的意义。当进入一个新环境中，学习者多方尝试，直到某一次行动正好解决问题为止。第一次失败后就不再改变的动物，最终会被淘汰。正如，在人类社会中，首战失败就一蹶不振放弃努力的人，永远摘不到成熟的美果。

所有动物都试图适应并改变自己的周边环境。与黑猩猩相比，五个人类的体力仅及其一。而且，不仅体力弱，人类感觉也远不如黑猩猩敏锐。在丛林中，与黑猩猩相比，人类简直就是一个瞎子和聋子。然而，只有学习能力超凡的人类，而不是黑猩猩或其他动物，让地球大为改观。

因而，不能单从个体层次来进行比较。即使五对一，甚至十对一的时候，人类可能还斗不过一只黑猩猩。然而，当超过150这个数量临界点之后，形势发生反转，人类部落开始压制黑猩猩群。而等这个数字到了成千或上亿时，差别就已是判若云泥。假如像《人猿星球》中的几千只黑猩猩跑到香港证券交易所、老特拉福德球场、里根号航母或是美国五角大楼，绝对会弄得乱七八糟。但相较之下，我们人类成千上万人，同在一处地方密密麻麻却井然有序。人类学会如何共处，并创造了贸易网络、宗教集会和政治体制。

因此，真正让人类区别于黑猩猩的地方，绝不是身上是否长毛或"裸猿"这种表面现象以及其背后决定的进化历程，而是通过学习进行的"文化"过程，它才是真正把人类与动物界区分出来的根本原因。

大脑反叛基因，通过学习，文化取代进化，为人类构造了一条进化的高速公路，而不再停留在"基因演化"这条行进缓慢的羊肠小道上。走上这条快速路之后，智人学习能力突飞猛进，很快就远远甩开了其他所有人类和动物物种。

学习，让人与动物分离出来。

学习，让人类成为万物主宰。

人类的变化，开始更多来自我们社会的"文化"，而非基因的进化。

作为一类物种，人类在"进化"的进程中体现；作为一个人，我们在"文化"的过程中存在。

一种文化行为形式，只要进行充分强度的学习和训练，就能使我们的大脑接受，从而被"文化"。在这项意义上来说，学习即"文化"，作为动词的"文化"。

我们来回顾一下，就会发现：从植物到动物，越高级的生物，靠基因遗传的技能就越少，靠文化获得的越多，学习的能力就越强。

从低级的生物真菌和植物开始，学习的改变能力最差，甚至都不能"动"以改变自身的位置。几乎所有的生存技能都是由基因决定的，包括趋光、避害这些也是基因遗传的本能，仅仅只是能做一点策略性的调整，并不能改变自身。

再高级一点的，比如：蜜蜂采蜜、蚂蚁建巢、蜘蛛织网等。毛毛虫化蛹成蝶就会腾空飞翔，缝纫鸟天生会编织草窝。再比如爬行动物，蛇和蜥蜴，它们什么都不用学，从蛋里钻出的那一刻，就独闯天涯。

更高级一点的哺乳动物，一出生就会找寻母亲温暖的怀抱，吮吸乳汁。马牛鹿等食草动物，出生后几分钟到几小时才能走路。

最后说人，人刚出生，会哭，会叫，会吸奶，仅此而已，出生后差不多所有事情都需要学习。就连走路都不可能，要一年多后才慢慢学会。即使一岁多的孩子走路还不太稳，一不小心就会摔倒。

和其他动物相较，人类的学习成长期简直是漫长到悠久。羚羊刚出生就会走，哺乳3个多月就会自己吃草，1年左右就会离开母亲独立生活，以后一辈子的生活技能全都拥有。而人类的婴儿，从呱呱坠地起，人的身体和大脑一直在生长变化，有长达近20来年的成长期，因而，更易学习新的知识。在成长期中，人通过后天不停地经历和学习，大脑逐渐拥有了各种能力和知识。按生命时长比例来看，其他动物成长期大约占寿命的十分之一、二十分之一，而人类差不多快达到三分之一、四分之一。正是因为学习成长期更长，人才有更多时间，掌握更多知识，获得更多适应和改变环境的能力。

相较于动物，人类最会学习。因为学习，人的本质变得不再固定，直至他死去。比如，我们会说，马，是一种擅长奔跑的动物；青蛙，是一种会游泳能爬行的两栖动物；燕子，是一种善于飞行的鸟。然而，飞行员比鸟飞得更高，船长比鱼游得更远。

人可以通过学习，擅长奔跑，学会游泳，驾驶飞机，上天下海入地，而呈现出不同的性质，拥有不断改变自身本质的无限可能。

动物的种群进化，到人类变为个体"进化"。学习即进化。

因而，如果从这项意义来看人类的本质，可以说，人类是一种会学习的动物。学习，让人之所以为人。

学习是人类的本质。古人在探讨人的本质时，由于学习太过普通而熟视无睹，从未意识到学习这种改变人自身活动的意义。

希腊神话里有爱比米修斯（Epimethius）和普罗米修斯（Prometheus）的故事，这个故事有很强的象征意义。天神造完所有生物以后派这兄弟俩分配每一种动物一种能力，如鸟生下来就能飞，老虎生下来就会捕食。但是爱比米修斯很马虎，分到人的时候能力分光了，结果就什么能力都没有了，使得人缺乏先天本质。普罗米修斯在检查的时候发现人没有任何能力，觉得很不好，就把用火教给了人类。

这则神话暗含了一种寓意：人是没有本质的动物，在某种意义上说，人的本质是通过学习自我塑造出来的。人的本质无法定义，恰恰是因为学习是人类存在的方式，是人类塑造自我的方式。学习本身即是目的，正如人本身即是目的。

人类为何能够比其他动物"强大"成为主宰，就在于人类超强的学习能力，能够学习是人类的本质。

换句话说，没有改变自身的能力，宇宙中就不会有生命出现。因而，从某种意义上说，学习这种沧海桑田情随事迁、利用一切条件改变的能力，正是获得了进化的本质。

人类同列万灵，为生存而挣扎。但是，我们依靠学习的力量，"文化"替代进化动力，从而，在某种程度上，成为革新的主宰，同时，也成为地球的主宰。

✤ 人是一种会学习的动物 ✤

基因不是神灵

一个 99% 由基因决定而 1% 由自己的行动能力决定的动物，比一个 1% 由基因决定而 99% 由后天决定的动物拥有更多的自由。"

——亨利克·沃尔特（Henrik Walter，哲学家）

有一种说法，大脑反叛基因，但是，这反叛也是基因决定的，于是，进入一个循环命定论。

在基督耶稣重生二千年后，人类发现了基因，同时还发现人类早已在神—哲学领域中为其留好了一个位置：它就是古代神话中所说的命运（造化或宿命）。因此，基因被冠以一个"基本原因"的名称，难免让人敬畏。

时至今日，人类甚至可以分析基因组构成、观察基因的工作原理。比如，BDNF 基因让双眼借用经验校准深度并形成三维的视角：若没有它，你就不能如此这般看到这个立体的世界；FOXP2 神奇得让一人可以习得母语：若没有它，你都不能学会说话；CREB 基因让记忆成为可能：若没有它们，甚至连学习都不可能开展；而如此类似的基因举不胜举。

但是，基因不同于神灵，它是由条件引导的。

基因熟稔并擅长简单的"如果—那么"逻辑：如果给定某特定条件，那么，它就会以特定方式发展。如果刚出生时有一个移动物体离得最近，那么，小鸭就会认它为母亲并跟随于它，即使它是一个长了大胡子的教授。如果女孩成长于一个没有父亲陪伴的单亲家庭，那么，她的青春期可能会来得更早，但这是由一组尚不清楚的神秘基因影响的。

直到现在，在很大程度上，科学仍低估了以这种方式工作的基因组合的数量，根据外部环境调整自身的可能性。

尽管如生物学家劳伦兹们极力为"先天行为理论"辩护，主张动物表现出某种精心设计的复杂行为，并不由后天经验习得，而是由先天基因决定。

但是，越来越多的生物学家批评，他们一知半解就敢于夸夸其谈基因影响行为的

"行为基因",而忽视其机制复杂的不确定性及循环因果作用。

行为并不是在基因形成的那一刻突然形成的;基因形成了大脑的结构,然后依靠经验,再表现为行为。在这样一个系统中,先天究竟从哪里开始?

哲学家肯·沙夫纳(Ken Schaffner)指出,对于行为表现,基因和其他原因一样重要,它们不是"预先形成的",行为的形成高度依赖环境,而基因和环境的影响连续不可分。

尽管人们开始接受行为受基因影响的说法,基因影响行为的发现,可以让律师们大肆为自己的当事人开脱罪行,说其犯罪行为是由他们的遗传命运决定的,而不是自己的选择。

然而,事实上,迄今为止,法庭上尚未有律师为其辩护人脱罪而这样声明:"尊敬的法官大人,这不是他的错,这是他的基因决定的。"

为什么?

虽然律师们总是找出各种各样的理由来减轻当事人的责任,比如说他精神失常,或是受到童年经历的影响,因为他在孩童时曾被虐待过。

基因辩护罕见的根本原因在于:它是一个自相矛盾的辩护。在受审时,倘若犯罪嫌疑人承认自己天生有犯罪倾向,陪审团又如何相信无罪释放的他不会再去犯罪呢?这其中暗含了常人对基因在人类行为中实际上扮演角色的质朴理解,其实并没有科学所宣扬的那种确定性。

基因,只是奠基者,而非操控者。它们允诺了生命创造新的可能性,同时也没有剥夺其他选择。它们对新的可能性经验开放,而不是将一切预先规划好。

一个由基因预设并运作的生命体,与自由意志完全兼容。承认先天基因影响行为,并不意味着会对自由意志的存在造成威胁。恰恰相反,正是由于基因的存在,才使生物成为一个不是完全受制于外界影响的个体,自由意志才有存身之所。

完全否定基因的作用,并不能摆脱决定论的困境。如果个性在很大程度上取决于父母、环境、老师和社会的影响，那么它就是被决定的；自由意志并不自由。

正是自由意志与基因之间的这种深层联系，基因与自由意志之间的循环联系无所不在。自由意志是受不断改变的神经元网络循环影响的总和与产物，如此一来，基因本身也深陷于因果关系的循环之中。

基因不会约束人性，就如同计算机硬件无法决定其上安装的程序的表现一样。一台装有 Word、Powerpoint 与一台装有 3DMax、Photoshop 之类程序的计算机相比，两者在硬件上可能完全相同，但两者能处理的任务或向外部世界输出的东西，完全不同。

而且，生物基因这种"硬件"并非完全"硬"不可变，相反，可通过"软件"长期的训练强化，在其"硬"的形态上产生巨大改变。

近年来，脑科学最重要的一个发现就是：基因受到行动影响，反过来，行动也受到基因的支配。

例如，CREB 基因控制学习和记忆，就像齿轮组之间相互传导，对受到感觉调控的经验做出反应。正如齿轮组中的每个齿轮，不仅是整个过程的原因，同样是整个过程的结果。在吸收外部经验后，基因中的启动子设定对各种事件开启和关闭，而转录因子则开启其他基因启动子。一些基因改变神经元之间的突触连接，继而改变神经回路，最终改变 CREB 基因表达。

如此这般，循环无已，无穷匮也。就像咬尾蛇一样永恒旋转，你永远也无法分清哪是头哪是尾。

大脑中其他行为机制也遵循相似的循环，感觉、行动同样通过基因机制相互作用。这些基因不只是遗传单位，其本身即是把经验转化为行动的精妙机制。

与之对照，人类基因形成，可以从后天环境影响中找到线索。基因本能并非与后天学习相对立，先天基因也并非是为后天行为专门设计的。

如果想要理解某个人的行为与原因，你就得了解基因。正是基因允诺了人类能够去学习、记忆、模仿，吸收知识并发挥本能。基因并非牵动生物木偶引线的主人，也不是一幅建构起生物身体的完整蓝图,基因只是对环境、经验回应的产物。它既是我们行为的原因,也是其结果。简言之,我们越深入揭开基因组的真相,就能越多地发现基因组受到学习的影响。

如果没有先天赋予的学习能力,学习这个行为根本无法产生;反之,天生的遗传基因若不是通过学习这个行为,其基因本性也无从展开形成。

科学家们发现影响行为的基因越多,就越是发现它们是通过后天发挥作用的;科学家们发现动物学习的情况越多,就越能发现学习是通过基因实现的。

"不要被基因吓倒。它们不是神灵,只是小小的螺丝钉。"

天才是天生的吗?

给我一打健全的婴儿,并让他们在我设定的特定环境里成长。我敢保证,随意挑选出其中一个,我都可以将其训练为我所选择的任何一类专家——医生、律师、艺术家、巨商,甚至是乞丐或小偷,无论他的天资、爱好、脾气、才能以及他祖先的职业和种族是怎样的。

——华生(美国行为主义心理学家)

父母最重要的工作是给孩子提供支持和机会,而不是竭力塑造孩子持久的个性特征。

——桑德拉·斯卡尔(Sandra Scarr)

如果基因不是神灵,那么,后天的教育学习是否决定孩子的一生呢?

基因灵敏机警,既是生物遗传灵活性的支持者,又是适应自然环境的佣人。对自己的基因和本能了解得越多,我们就越有可能避免它们的影响。

如果站到"基因决定论"或"教育万能论"大决战的一方,完全站到教育学习一边或是基因遗传一边,将一切现象归为先天或后天,都是极具误导性的。

1995年,朱迪思·里奇·哈里斯(Judith Rich Harris)在从哈佛大学被劝退近30年后向权威期刊《心理学评论》(*Psychological Review*)发出了一篇振聋发聩的文章。文章的开头是这样写的:父母的教养方式对孩子的个性发展有任何重要的长期影响吗?该文的结论是:答案是"几乎没有"。

大量的证据表明,父母的养育方式与孩子个性形成之间少有明确的相关性,但教育心理学家们仍坚信行为主义的要义,即父母通过延迟满足、物质奖励等手段可以培养孩子的性格;他们也坚信弗洛伊德的假设,即成年人的心理问题大多是父母造成的。以至于当今,如果传记中没有挖掘到主人公儿时因父母的缘故而显示的奇异之处,它就没有揭示其成长的深刻必然性。

公平地说,孩子受父母影响,不仅是一个假设,而是有大量的证据都表明"孩子最终会成为父母那样的人"。满口脏话的父母的孩子将来也会满口脏话,冷漠父母的孩子也会对他人冷淡,等等。正如中国俗语所言:"龙生龙,凤生凤,老鼠的儿子会打洞。"

然而,教育学者和心理学者们穷年累月地发表父母养育与孩子成长相关性的论文,却只字不提另外一个选项:基因遗传。

父母身为罪犯的孩子以后也更可能犯罪——这凿凿有据,但是,如果孩子是领养的,情况就大不相同。同样,离异家庭的孩子将来更可能离婚——这千真万确,但是仅当离异的是其亲生父母才会如此。

一项了不起的研究发现,有些孩子不需要任何多余的教育就能成长为性格良好的人;而另一些孩子需要父母精心抚养,才能发展出正常的性格。差异源于基因。

当然,孩子们会像他们的父母一样:他们有许多相同的基因。别忘了双胞胎研究的结论:在人类社会,个性比智力有更高的遗传性。即使是分开抚养的双胞胎也证明了个性的高遗传性。

因此,父母塑造孩子个性主要是在未出生前,而不是在其漫长的童年里。

如果孩子不是基因完全决定的,也不是在父母这里形成个性,那么,他们从何受影响?

在父母决定论被颠覆时,心理学家发现了一个替代理论:环境和基因组一样,对孩子个性形成影响巨大,但它主要通过孩子的同龄群体发挥影响作用。

孩子们很难从父母那里真正学到什么,而更多的是从对同龄孩子的模仿中学习。即使父母无论怎样装小孩样行事,孩子们都不会把它当真,因为中间隔着巨大的鸿沟。

在成年人面前,孩子会努力做一个好孩子,而不会去模仿成年人一切行为。他们知道自己与成年人的差别,只会去模仿同龄人。这意味着他们会在同龄人中找到属于自己的位置:保持一致,又保持自己的特点;既合作,又竞争。

人类学家发现,孩子的语言口音更像同龄人,而不是父母。人类祖先在部落中抚养自己的孩子,全体参与合作抚养。孩子在这里形成个性,而不是在小家庭或与父母的关系中。现在的青少年也总是在"部落"面前服服帖帖亦步亦趋,无论是曾经流行的霹雳舞、杀马特、鼻环,还是脚上的耐克鞋。趋同是人类社会的共有特征。

然而,每个孩子很快都意识到,在"部落"生活的表面一致性下,个人更需要追求自己的特点,才能在"部落"中确立自己的独特位置。孩子们会发现和训练某种角色的能力,做他们擅长做的事,并避免他们不擅长的。强壮的人越强壮,聪明的人越聪明,如此这般。

这种分化首次出现在 8 岁。在 8 岁之前,如果有人问一群孩子,谁是最聪明的孩子?所有的孩子都会跳起来喊道:我!但 8 岁以后,他们开始说:是他。

事实上,即使在家庭中也会出现这种情况。每个孩子都在家庭中占据一个位置,扮演一种角色。如果大孩子老成持重,安分守己,那么另一个孩子通常更加叛逆,自由随性。即使同卵双胞胎中也会出现这种情况,他们天生的性格差异微乎其微,但是,在日后的生活中他们逐渐扩大这种差异,正如我们常看到的,双胞胎中的一个总比另一个更为外向。

第一个注意到人类专业化倾向的人可能是孔子。如果一些人适合专门做某事,那么,"君子不器"就应当不拘泥于像器具一样仅能"施于一用"。但是,以相反想法闻名于世的却是2000年后的亚当·斯密(Adam Smith),他创立了劳动分工理论。如斯密所言,"最不相似的人类性格之间的区别,例如哲学家和街头搬运工之间的区别,看来与其说是源于先天,倒不如说是源于习惯、风俗和教育"。屠夫、鞋匠和哲学家是后天造就,而非天生。

因而,即使是天才,在最初才能方面的遗传差异,也微乎其微细不可察,到后来,只是实践才让其逐渐扩大。

培养某种才能的欲望本身,已经成为人类独特的本能。经过成千上万年的自然选择,它被储存在青少年的大脑中,它会直接在青少年的脑中絮絮叨叨:做你擅长的事,讨厌做你不擅长的事。孩子们似乎记住了这个原则,熟能生巧,很快就把自己定位为一个群体的某方面的专家天才。后天加强先天。

因此,音乐天才或运动能力是先天的还是后天的?当然是两者兼而有之。无数小时的练习会使一个人拥有精湛的网球技术或拉一手悠扬的小提琴;但反过来说,那些渴望练习无数小时的人,何尝不是在某些方面有天赋的人。

正如一位网球天才的父母被问及,她是否从小就天生擅长打网球?父母回答说:她没什么特别的,只是她总渴望打网球,要和哥哥姐姐一起练习,并恳求父母报名参加网球课。

对于有不止一个孩子的父母来说,这并不奇怪。假设你现在是负责抚养7到8个孩子的父母,你会发现你的角色只会成为一个无助的旁观者和私人司机,孩子们会清楚地划分他们的生活。

父母的养育,就像维生素C:足够就好。多一点或少一点,也不会导致判然不同的长期效果。当然,那些过于冷酷自私或娇纵溺爱的父母养育,仍会扭曲孩子的个性,成为一个好父母仍然很重要。

"学习神经元"

> 镜像神经元之于心理学,犹如 DNA 之于生物学。
>
> ——维拉扬纳尔·S·拉马钱德拉(Viayanur S. Ramachandran)

人类是一种会学习的动物,人类学习学会某种行为都和大脑中某类组织相关,比如杏仁核负责情绪、海马体负责记忆。

那么,是否有一种专门负责学习的大脑组织,专家们还真发现了。

1990 年代,意大利研究人员惊奇地发现:当一只猴子捡花生时,一些神经元会发出电脉冲;而当它看到另一只猴子捡花生时,这些神经元也发出电脉冲。使用功能磁共振成像和其他技术,专家在人脑中也发现了相似的神经元。

研究显示,这种神经元使人类拥有一种特别的模仿能力,让人类在头脑里,像照镜子一样,进行镜像模仿,而感受和理解他人行为,并可做出相应的行为动作。因而被命名为"镜像神经元"(mirror neuron)。

该发现震撼了科学界,一些认知神经专家甚至断言:镜像神经元不仅可以弄清楚我们怎样学习和了解其他人,而且可以弄清楚人类在 5 万年前"向前迈出的一大步",即在社会组织中,如何学会一些新技能以及工具和语言的运用,而语言则是人类文化形成的主要因素。它将提供一种全新的统一框架,触动众多科学规则,重构人类对模仿、认知、交往、教育等行为和心智能力的理解。

因为镜像神经元赋予动物一种高级认知能力——获取间接经验的能力,而不要求所有知识都要亲身体验后才知道。就像"水中捞月"一样,假如没有镜像神经元的作用,每只猴子都要到水中捞一下月亮,才知道水中不过是月亮的镜像;而有了镜像神经元,猴子们看见同伴的经历,自己就能明白怎么回事。正如西方谚语所说:"monkey see, monkey do."（猴子看见，就会做。）

从这项意义上讲，镜像神经元就是"学习神经元"。学习的本质不正是获取间接经验吗？而镜像神经元的作用不正是获得与领会间接经验吗？因而，镜像神经元实则是遍布在人脑中的"学习神经元"。

镜像神经元把人类几十万年来的进化遗传和几万年来的文化成果，编制成具备镜像模仿机制的特定编码，储存于大脑的镜像神经元中，使人能够在瞬间模仿所观察对象的行为动作并领会其潜在意义。

那么，学习就是"学习神经元"？

但是，事情并没有这么简单。后来，专家又观察到一些异常现象，发现镜像神经元理论并没有想象中那般全能。

而且，更为根本的是，镜像神经元并非是为了理解动作，而是为了控制运动而生。要支持一些高级的认知行为，比如语言，仅仅是镜像神经元远远不够，还需要其他的东西也发挥作用。尽管镜像神经元的"超级机能"常扮演超人般的关键角色，但要成就一番伟业，还需要召集其他的"复联"英雄。

基因组决定一人，连接组定义一人

行为取决于大脑中神经元之间形成的适当连接。

——坎德尔（Eric Kandel）和施瓦兹（James Schwartz）

如果学习不是"镜像神经元"，那么，大脑在学习时发生什么？

现代科学家们已经知道，基因是带有遗传信息的 DNA 片段，它携带有生命繁衍、细胞分裂和蛋白质合成所必需的遗传信息。而你的基因组，就是你的所有遗传物质的总和，也是你的所有遗传信息的总和。

而大脑由神经元构成,神经元(neuron)是一种高度功能分化的细胞,具备接受刺激、产生兴奋并传导兴奋的功能。据测算,果蝇有十万、老鼠五百万、猴子有一百亿以上个神经元,人脑至少有860亿个神经元。

而这些神经元相互之间连接的数量更是惊人,每一个神经元约有1000条连接,能够想象这样一片连接网络有多么庞大。并且,每秒钟还有数十万新连接在建立和旧连接在"修剪"。

每个人的思想、个性和记忆都储存在神经元连接组之中,就像童年的记忆会伴随终生。即使深夜酣睡时,这个自我仍旧持续地存在。因而,基因组决定一人,而连接组定义一人。

基因先天决定人的物质内容,而连接组后天决定人的灵魂。

即使是基因毫无二致的克隆人,在他们同时睁开眼的那一刹那,他们的连接组就走上了不同的道路,而使得他们分别成为独一无二的自己。

每人的连接组在他一生中一直在变,受到他的经历影响,神经元会调整相互之间的连接,使它们变得更强或弱,从而改变这些连接。

例如,被蛇咬过,下次我会对蛇样的事物很敏感,这就是一种最简单的典型反应。假如我们大脑里有这方面的连接,此后看见蛇都会躲开,甚至看见草绳弓影都会惊出一身冷汗。

但反过来,我们也无时无刻不在改变这些连接组。我们无时无刻不在"学习",在通过感官获取信息和处理信息,每秒钟都在建立和"修剪"数十万神经元连接。

每一人就是他的所有神经元活动。

每个人都是独一无二的。在人类这一物种存在的十万年里,没有任何一人有过与你完全相同的大脑,或者更准确地说是心智,当然将来也不可能有人再拥有。

这正是大脑学习的奇妙所在。从这项意义上来说,学习是人的存在方式。

人脑的860亿个神经元,每个神经元又都有约1000条连接,每秒钟都有数十万条新连接在建立和旧连接被"修剪",而学习活动在很大程度上决定了这些连接的命运。

神经刺激从连接组中流过,铭刻现时的印象,激活过去的经历,就是我们的记忆。一条特定的神经元连接,记忆每提取一次,突触就加厚一层,信号传递速度就更快一点。同样的记忆,重复出现,可使连接变得粗壮,更易被提取出来。

当我们受到外界刺激时,会做出一类反应。你能够想象的是,大脑里头传递感官刺激,找到相关的神经元,随后得出一个印象,给出一通反应。这个反应的速度特别快,在几百万分之一秒内就已完成。

在这段过程中间,假如你有这条神经元连接——也就是你以前有这方面的经验,在眨眼间,你不假思索地就能做出一类判断和反应。假如你没有这条神经元连接,大脑在神经网络中也就搜索不到,就会一时不知道怎样应对。

比如,被火上的铁锅烫了一下,你立刻把手收回来,这就是一种最简单的、最典型的反应。假如我们大脑里有这条连接,此后看见火上锅都会躲开。

每一个技能的习得、知识的获取、习惯的培养、道德的形成,背后都是对神经连接的塑造。每一个大脑都是一片个性化连接的神经网络,决定每人面对外界刺激时独一无二的反应模式,而它由后天学习所塑造。

学习,成为人类生命过程中最为根本的活动。

"生命的意义"的本质就是"学习生活",它意指人类通过学习来帮助人类过上完满与丰富的人生这一全过程。学习就是人类生命存在及其优化。通过学习,我们会赋予自己的人生以完整的轮廓,构建自己的人生。

人通过学习才成为真正的人。

学习建构大脑

只有反复使用才能改变侧棘的形状,使信息传递更加容易,这便是学习与记忆的关联关系。

——玛丽安·戴梦德(Marian Diamond)

因此,并非只有某部分大脑组织专门负责学习,而是大脑所有神经元都具备学习的本能,全部都是可以学习新知识的机器。

学习,是重构大脑,是神经连接重构,是建立连接组。

人类大脑极强的可塑性,是人类学习成为可能的前提。正是大脑的这一特性——可塑性,促成了学习成为可能的生物学基础。

大脑会被外在环境或内在经验影响,具备在信息刺激作用下继续塑造其结构和功能的能力。学习作为一种有组织的环境刺激与信息输入,能够刺激与改造大脑的结构,而改变了结构的大脑,其功能组织也会发生蜕变。

因此,学习在组织与重构大脑。

正如,神经科学家实验证明了学习会正面影响大脑发育。研究者比较了发育中的蝌蚪在经过亮光与黑暗刺激后视觉系统的神经元情况,发现光亮中的蝌蚪试图建立更多的神经元连接。这说明学习对大脑发育产生有效影响,正如皮亚杰所说:"学习的全部意义,就在于训练生活中所需要的那些神经回路,而不是给心智填充事实。"

每当学习新东西时,不管是记住伦敦地图的司机还是不断练习三分投篮的 NBA 球员,他们的大脑都会改变。

学习能够有效刺激促使神经之间连接快速而强烈,而神经元连接强度正是记忆储存信息的有效机制。神经元连接的强度可能迅速变化,若使它维持一段时间,产生扩散更多的突触接触,就可变为长期记忆,永久留存。

神经元的组合构成了学习的基础,但是,比如,不同的颜色、邪恶的本质等,那么众多复杂抽象的记忆,也是由神经元组合形成的吗?到底又是如何一步步形成的呢?

理解现实物事的过程是这样:最初我们看到一个具体事物,比如,桌子放着的一个叫"橙子"的东西,我们看一看摸一摸尝一尝。我们的视觉神经会刺激识别"橙色"的一组神经元,触觉神经会刺激触摸橙皮的一组神经元,味觉神经会刺激橙汁甜味的一组神经元。同时,有人会告诉我们,这个东西叫"橙子",相应的声音会通过我们的耳朵,传入我们的听觉识别区域,刺激能识别出"橙子"音符的一组神经元。

随后这几组神经元就会连接起来。这样就形成了我们对"橙子"的记忆。每当我们再次看到"橙子"时,就会想到面前这个东西叫"橙子",每当我们想表达"橙子"时,脑海里就会回忆出"橙子"的视觉味觉特征,及相应的发音。人类对事物的理解得以用语言组织起来。

对于现实世界没有的抽象事物,大脑的记忆本质是联合那些解释它的神经元。比如,世间没有一种东西叫"橙色","橙色"连接到刺激能识别出"橙子"的那些神经元。不过,这些东西抽象层级低,能够直接使用具体事物解释。一些抽象层级更高的概念,比如"颜色",则由"橙色""红色"这些抽象层级低的概念来连接。世界上任何能够被人理解的抽象事物,实则最终都是能够被非抽象事物解释的。

可以看到,我们一生所学所得,实则是在大脑中建构的一大片神经连接的网络。我们对每个事物的知识都是多种信号输入大脑的联合,即使是对抽象事物的记忆和理解,也完全建立在解释这些抽象事物的更具体的神经元上。比如"坚硬",大多数石头就是坚硬的,特别容易理解。"美丽"可能直接绑定在"美女"的神经元上。实际上,就是一组或几组神经元连接构成低级概念,随后延续组合生成高级概念,最后所有记忆就构建起一大片网络。

学习新知识的过程,就是从已有记忆中找出相近似的,在大脑内进行重组,建立关联,将新知识嵌套入已有的神经网络中,从而形成对新知识的理解。

　　你想什么就会记住什么。记忆是思考的残留物。因为大脑是这样想的:假如你不经常思考一件事情,你可能不会需要再想它,那么大脑就把它废弃。唯有学习思考过的信息,才会建立起神经元连接,才有可能被回忆起来。寄托情感、简单重复、联结意义都能够帮助你记忆,需要记住的是,学习与思考才是记忆的必经之路。

　　在学习过程中,每一次学习,虽然不能完全消除每块大脑皮层区域或神经网络已存在的倾向和内在属性,但是,可以实现部分的改变和调整,甚至完全重建与全新建构。学习改变大脑神经结构,结构的变化会改变大脑组织的功能。

　　换句话说,实际上,学习就是在建构大脑。

❧ 最强大脑的学习动物 ❧

最强大的学习动物

人是一台学习机器。

——弗朗索瓦·雅各布(François Jacob)

大脑学习,因为这是它的工作。

——凯因夫妇(Renate 和 Geoffrey Caine)

　　直到 20 世纪,大多数心理学家认为,新生婴儿大脑里一片空白,思维与记忆像是在一块白板上刻录。婴儿懵懂的大眼和超大比例的脑袋,似乎也表明它是好写好画的白板。

专家们认为语言是人类知识的形式，没有语言，就不会有知识。因此，人类婴儿，因为尚处于前文化和前语言阶段，曾经一直被看作无法进行复杂思维的生物体，还不被看作真正的人。

然而，发展心理学家们发现，人类婴儿拥有独特的认知能力，并且获得大量关于婴儿拥有思维能力的证据，这些证据极大破除了以前对婴儿能力的迷信，并且表明婴儿具备思维能力，是主动的自我发展主体。

同时，这也意味着，人类思维形成，是基于人类社群性参与过程中涉及的某些更深和更根本的形式，而非只是语言文化层面。

"学习"概念，是理解婴儿成长关键之所在。

发展心理学家皮亚杰发现，人类胚胎发育以浓缩的形态，重演整个生物进化的历程，而儿童智力的发展，则以浓缩的形态重演和再现整个人类认识发展的进程。

换句话说，婴儿的学习发展，再现了生物的学习进化过程。

现在，我们知道，人脑有860亿的神经元，每个神经元约有1000条连接，每一秒又有数十万连接生灭。而新生儿大脑中的连接网络，则更是惊人的爆炸性突变。一名刚出生不久的婴儿大脑每秒能够产生三亿条连接，它不断地在吸收外界的刺激感受，不断地建立神经元之间新连接，出生八个月后就会有一千万亿条连接。

实际上，婴儿远远不止我们看到的这些。婴儿是最强大的学习动物，拥有最强大脑。

婴儿的大脑学习，是一个以自我为中心、向外扩散的世界。婴儿使用先天的感知能力，去获取他们知觉世界的物体和事件的信息。同时，对外在世界的表征能力发展，有赖于个体感官的观察、聆听与理解图式的逐步协调。而这个学习过程是快速进行的。

婴儿实际上是在感知环境刺激中来促进智力发展，他们对世界的认知，比如，初级数学概念学习、物理因果推理、自我的初始表征、语言、生物概念、早期的数字观和基础物理的理解等，是在一生中最初的两年里基本建立完成的。

婴幼儿学习认知周围的世界，在某些特定领域，如生物和物理、数字和语言领域，他们拥有记得深和学得快的超凡能力,这些超凡能力支撑着早期学习,并使学习成为可能。

我们的婴儿不仅是天生的数学家,也是伟大的物理学家和艺术家。这些近似奇迹的学习能力倾向,有助于人类迎接未来学习的复杂挑战。

儿童智力,并不仅限语言和逻辑思维,虽然这两种智力,学校青睐有加并常用于测试。但是,儿童其实更有多种相对独立的智力存在,如空间、音乐、运动、人际关系、自我认知等等。

只关注学校重视的语言和逻辑的智力发展,是不正确的。只会读书做题的聪明,是一种机械式的反应。人生不是做题,面对多变的世界和不确定的未来,他没有能力依靠直觉判断和感受引导,没法应对真实人生中众多具体情境,人生不可能把所有信息都摆到面前再作判断。只有这种聪明是有害的。

大脑是一个整体,大脑所体现出各种能力也是相互联系相互影响的一个整体,每一种高级认知能力都是由多种基础能力整合激发的。

因此,在儿童早期,最好是尽可能地给儿童提供丰富多样的环境和刺激,而不要片面地去发展某些单项能力。

婴儿的数学意识

虽然孩子的大脑在早年获得大量的信息,但是大多数学习发生于突触连接稳定之后。从孩子入读一年级的时候开始到高中、大学以及更高层次的教育,突触数量的变化不大。

——帕特里西亚·戈德曼-拉基奇(Patricia Goldman-Rakic)

长期以来,人们认为,婴儿出生时,没有关于数量的意识和能力,只是通过笨拙的感官探索了解世界。许多流行理论都低估了幼儿对数量的理解。

新近研究已发现,婴儿大脑具备数量意识,并且拥有两套基本数量系统,使他们尽管不能语言表达,也具有处理数量的能力。

其中一套系统,支持"1、2、3"等初级数量概念。婴儿能精确地把"1、2、3"区分开来,也能把"1、2、3"同大数量区分开来。并且,他们可能掌握把"1、2、3"当作抽象概念,而不受"1、2、3"形状变化的影响。

另外一套基本数量系统,是近似值。婴儿大概率能把相近数量区分开来,比如,婴儿能区分8和10,但不能区分7和600。

而且,有证据表明,婴儿能用这些数量进行运算。将两物品先后放在挡板后,当把挡板拿开时,如果后面不是两个物品,婴儿会觉得惊讶。这表明他们知道一加一等于二。他们也能进行近似值计算。比如,计算五加五大约等于十。

与认为婴儿大脑是白板的观念不同,这些研究表明婴儿在对世界进行有限的数量建构。婴儿如同天生遗传了数感,能够用数量去感知这方世界。婴儿天生富有用数量去解释世界的直觉倾向,而且一直在这种理解的基础上成长。

而且,越来越多的证据显示,婴儿具备一种奇特能力,这种能力让婴儿能够注意和表征视觉序列中物品的数目、击鼓的次序等。比如,给半岁婴儿重复放映有两个或三个不同物品的系列幻灯片,若展出的数目同他们以前看到的数目不同,婴儿目光会停留较长时间。这是特别重要的线索,表明他们可以在抽象的层面上处理表征数字的信息。

婴儿也能对加减算术运算的结果做出正确的反应。通过对他们的惊讶和反应表现来判断,我们可以知道,幼儿能"预测"出正确的运算结果。比如,先让5个月的婴儿反复观看装有物品的篮子,当突然发现里面多了或少了一个物品时,在数目"不正确"的篮子上,婴儿表现出惊讶并多看上一眼。

这些实验展示出儿童这样一段心理过程,即把增减物品的效果与数字表征连接的过程。结果显示,婴幼儿也能主动参与数字学习和问题解决。

当然，这并不意味着，儿童似乎天生拥有一些数学能力，就不必再学了。儿童早期对数量的理解，是他们进入学校后进一步的数学学习的基础。这些早期理解数量的基础，可用于促进理解正式的数学概念，并且，在数学符号与对真实世界的理解之间建立起联结，而这种联结对在数学上取得成功特别重要。

然而，现在很多儿童数学教学法，都是建立对幼儿数学能力无视的过时理论之上。不顾幼儿具备数量理解基础的教学，会增大儿童数学学习的难度，阻滞儿童数学能力的发展。

总而言之，这些研究特别强烈地表明，对儿童的数学教育，应该建立在早期非正式的、直觉的数量理解基础之上。

天生的物理学家和艺术家

神经的可塑性是神经系统内在的、有益的特征，它既使我们获得学习的能力，又使我们具有适应伤害、重新学习的能力。

——海纳弗德（Carla Hannaford）

每种文化都会对物理世界分类，这也是物理学的起步，而这一步在婴儿早期就已开始。

发展心理学、脑成像科学及神经认知科学已揭示，大脑是如何对植物和动物的知识形成不同模块的，而一些脑损伤病人对这些物理世界的事物进行区分的能力则消失了。这种对分类的关注，与大脑中一块专门负责获取与生命体有关的信息的模块相关，它对无生命的物理体没有反应。这对人类最初的生存有重大意义，会直接影响到其喂养方式、健康状况及对环境的适应程度。

调查研究还表明，婴儿早在 3 至 4 个月时，便开始拥有众多有关周围物理世界的知识。例如,他们明白物体需要接触点才不至于掉下;静止物体与运动物体接触可产生移位;无生命物体需要外力作用才能运动。

人们发现,在违反物理规律的事件上,比如悬空的盒子,3个月大的婴儿目光会停留较长的时间。他们感到意外,这不符合他们对世界的理解。

9个月大的婴儿,注视有形的不连续事件的时间,要长于那些与他们期望一致的事件。婴儿对时空断接尤为敏感。

一岁的婴儿已经可以了解到,无生命物体需要外力作用才能运动,物体自己是不会动的。婴儿可以区别有生命与无生命的运动,假如两个像人一样大的无生命物体放在一起,随后无接触地运动,他们会感到困惑。婴儿的理解是,有生命物体具备潜在的运动能力,因为他们是由"生物材料"构成的。而无生命的物体不能自我运动,在被其他物体碰撞时才能发生移位。

而且,同时,儿童对"欺诈"事件表现出苦恼或惊讶,他们把无生命物体的运动,把无接触点的附着,看成是变态的事件,因为这违反物理原则。

婴儿不但是伟大的物理学家,也是天生的艺术家。

在所有文化当中,人类从婴儿期便有对音乐中八度音域的停顿与五度音域的敏感性。当听到和谐的旋律,婴儿大脑初级听觉皮层会被激发,产生一致的神经活动;而不和谐的旋律,则会激发不流畅的、跳跃式的神经活动。

而一件伟大的艺术作品,无论是绘画作品还是雕刻作品,都能以同步的相位激活不同脑区,因而,我们在看到一件艺术作品时,会产生各种复杂的情绪反应。而这些反应,从我们婴儿时期就开始形成。

神经生理学家发现,野兽派艺术更多地激活了我们大脑 V4 的色觉脑区,动力学艺术更多地激活了 MT/V5 区及运动区……因此,他们推测,不同的艺术形式是与不同的神经回路相联系的。

从大脑神经元的角度来看,每一件绘画作品通过感官,进入大脑,都要进行分解,成为很多细小的成分,并分别激活不同脑区的神经回路。这些不同的脑区分别负责加工艺术品的某一部分或成分,比如色彩、纹理、面孔、表情等。

从某种意义上来讲,可以把艺术家称作神经学家,而婴儿则是最伟大的艺术家,他们每人以前所未有的方式探索大脑。艺术的目的,不仅局限于描述和表征外在世界,还包括使得艺术作品更为有力地激活相应的神经机制。

因而,无数伟大的艺术家称赞,儿童才是真正的艺术家。在他们的艺术作品中,经常暗含着多种的诠释方式,建立起和成人完全不同的神经回路,可以为欣赏者带来新的脑区刺激。

输在起跑线的恐惧

脑科学的大部分研究与课堂中所进行的实践相去甚远。
——费切尔(Kurt Fischer,哈佛大学教育学教授、"心智、大脑和教育"课程计划的主任)

不过,现在大街上早教培训班五花八门应有尽有,在培训班的招生宣传语里,有一句口号特别吓人:"千万别让你的孩子输在起跑线上。"

"输在起跑线上"的恐惧,来自"儿童决定论",而根源于"关键期"。

追根溯源,在1990年代全球发起过一场基于脑的早期教育运动,"关键期""敏感期"和"窗口期"等概念,获得了最为广泛的传播,成为早期教育竞相引用的科学依据。

而"关键期"(critical period)概念,最初是由动物行为学家劳伦兹提出的。1898年生物学家海因洛特发现,小鹅在出生后会自动跟随母鹅或研究员,确保它们获得照顾和保护,他称这种行为叫"印痕"(imprinting)。之后,其弟子劳伦兹继续研究显示,孵出来后的13—16小时是这些小鹅形成认知的"关键期"。

儿童教育家蒙台梭利借鉴生物学对动物的描述,提出用于人类儿童的"敏感期"理论。她指出,在生长发育的每个阶段,儿童都有某种特别的主导能力,促使他对环境中的某种事物极为敏感,对此类事物注意力集中且有耐心,而对其他事物则视若无睹。蒙台梭利称此时期为"敏感期",一些教育家则称之为学习的"关键期"或教育的"关键期"。

这种试图从动物的早期印痕学习造成的影响,来推断大脑发育的"关键期",以强调儿童早期教育的重要性,既不是神经科学研究的对象,也没有任何神经科学证据支持,充其量只不过是"对神经科学的推测"。

蒙台梭利"敏感期"理论后来在心理学界不再被人提起。更不用说,许多所谓的"敏感期",是蒙特梭利和国际蒙台梭利协会从未提及的。

然而,还是有很多人认为,假如孩子没有"完全而又彻底地"接受各种刺激,在将来的生活中不能获得"补救",这种能力在幼年就会"丧失"。

而最新版的"关键期"恐慌则来源于"头三年的神话"。神经科学告诉我们:婴儿出生后头3年是大脑生长最快的发育关键时期。婴幼儿刚出生时脑重约370克,3岁时达到1200克,接近成年人脑重的80%—85%,脑细胞分化基本完成。

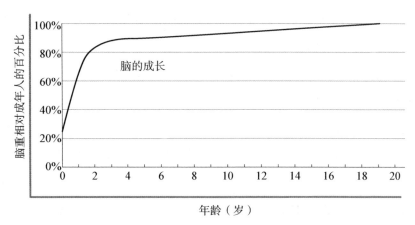

婴幼儿刚出生时脑重约370克,3岁时约1200克,增长了近四倍,已经接近成年人脑重的80%—85%,细胞分化基本完成,神经元的突触分枝变得密集。

如果我们不能在孩子3岁之前帮助他们,那么我们就根本帮不了他们。窗口期一过,窗户砰地关上,神经可塑性就会丧失,大脑就会像成熟的果子一样再也不可能成长。婴儿出生后的头三年决定了孩子是否会成长为一名成功、有思想的人。这让人想起中国老话讲的"三岁看老"。

这类"头三年的神话"倾向于忽视或淡化任何来自行为或生物科学的其他发现,而脑科学真正的新发现——大脑在一生中保持高度可塑性——则很少被提及。

2007年,美国9岁女孩卡梅伦·莫特(Cameron Mott)被神经外科医生取走了一半的大脑。卡梅伦自幼出现癫痫症状,随时会直接摔倒在地,以至于父母不得不每天给她戴上头盔。这种罕见的癫痫疾病会令患者瘫痪,并最终死亡,神经科医生提议采用激进治疗方法,那就是手术切除一半大脑。

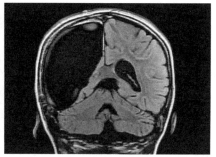

在女孩卡梅伦大脑的这幅扫描图里,黑色的半边,就是她大脑被摘除的部分。

摘掉了半边大脑,带来了什么样的长期后果呢?

结果证明,基本没什么影响。卡梅伦除了身体有一侧比较弱之外,她跟班上其他的孩子基本没什么区别。

刚做完手术后,卡梅伦的腿有点瘸,还丧失了一部分周边视力。

但是,通过学习和恢复,无论是在语言、音乐和数学等方面,还是运动方面,卡梅伦都一点儿问题也没有。她成绩好,爱运动,希望自己将来成为一名芭蕾舞演员。

这怎么可能呢？神经科学家们发现卡梅伦剩下的那一半大脑重新连接神经，接管被摘除大脑的功能。这就意味着，卡梅伦在用一半的大脑开展双倍的运作。

这案例并非说人类大脑有一半根本没用，而是突显了人类大脑非凡的可塑性：它能对自己重新接线，以适应神经反应输入、输出的任务。与电脑上的硬件模块不同，大脑是"活件"，它能重新塑造自身。这也是人类大脑有别于电脑一大不同之处。

即使成年人不如刚出生婴儿的大脑可塑性强，但仍保留惊人的适应和调整能力。

大众容易被这种说法误导，在于错误地将大脑发育情况与学习能力等同。首先重量增加高峰期不等同于大脑发育高峰期，同样，大脑发育高峰期也不等同于技能学习黄金期。大脑发育很重要，但对于一人的学习能力来说，只是必要条件，而非充分条件。

让婴儿大脑正常发育，其实很容易实现，人类数百万年来习得的育儿经验完全能够做到。一些年轻父母被广告激起了焦虑，反而上当用上了含有三聚氰胺之类的奶粉。

而且，在大量基于脑的教育文献中，广泛引用生物学和医学的这些研究来说明"关键期"，试图又从儿童感觉发育的"关键期"研究中，进一步来推断文化学习方面的"关键期"，从而形成双重谬误。

即使儿童在感觉运动系统方面存在着某种程度的"关键期"，但是，由此推出通过社会交往和学校教学所获取的文化知识（如阅读、计算等）也存在"关键期"，就明显不合理。

正如我们在后面几章中要讲到的，让人类不同于动物、"文明人"不同于"野蛮人"的是一些高级学习能力，比如语言的听说能力、文字的读写能力。而这些能力都是对已有神经元的"再利用"，并且都不是在大脑发育高峰时期习得的。

最新的神经科学研究表明，所谓"关键期"并不是短暂而严格限定的，只是在"关键期"期间，其影响程度达到顶峰，之前之后影响效果降低。但是，研究也发现，即使过了"关键期"后,感觉能力仍能够部分或全部恢复,却少有人提及。比如,在"印痕现象"实验中,一些刚出生就一直蒙眼而丧失视觉反应的小猫,之后又重新获得了视力。

尽管"关键期"的研究对儿童感觉发育方面有指导意义,但是,这并不意味着一人的教育需要集中于生命的早期,并以此来强调早期教育的重要性。大部分类型的学习终身都可以提高,因此,学习的"关键期"都在生命的早期,这种观点需要修正。

另外,专家普遍认为,只有"敏感期",没有"关键期"。存在感觉发育的"敏感期",但是没有所谓的学习必须进行的"关键期"。

大众对"关键期"的关注,大多集中在"关键期""窗口期"突然打开又关闭,由此产生永远不能更改的影响上。"关键期"观念的背后是"危机""不可挽回"的威胁,带有"早教决定论"的意味。这类含义在吸引媒体的关注、激发公众的兴趣方面,往往会产生特别好的效果。

总而言之,家长们既不要太紧张"敏感期",更不要被"关键期"吓倒,害怕错过"窗口期"就耽误孩子一生。

虽然一些科学研究支持大脑发育存在"关键期",但是,同样有大脑研究证明,学习和认知发展贯穿整个青少年时期,直至一生。神经学和心理学方面的证据表明,儿童和成年人的神经系统都在持续受到影响而发生改变。

父母应该认识到,孩子在各种各样的物质和文化环境中茁壮成长,并从他们一生的经历中学习和受益,而并非只是三年。

放轻松,想错过,还真不容易。顺应孩子的天性,在孩子的生活中引入多种兴趣,给孩子足够大的发展空间和成长的基本物质条件,也就够了。

懂脑才会学：大脑如何学习？

> 我们的学校是没有效率的，因为学校不了解突触，不了解神经递质的化学构成，而且学校还没有把大脑看作是学习的器官，使教学与环境适应人们日益了解的大脑的结构。
>
> ——莱斯利·哈特

大脑是一台精密而复杂的学习机器，对情绪、身体、时间、节奏乃至空间、环境都很敏感，它能觉察到很多我们的意识所注意不到的东西。

我们越是了解它的"奇怪"，越是能正确用脑，学习成果也就越大。

然而，在过去的几十年中，全球流传着众多关于大脑的谣言，关于认知与神经科学的流言。

"大脑10%的潜能""左右脑分工说""智商""关键期"等与脑科学研究相关的概念理论，在教育文献中频繁出现，并衍生出大量错误的教学方法和对学习的误解。

这些错误和误解经常含有一些似是而非的脑科学知识元素，让普通人澄清和辨别这些误解变得更加艰难。而一直以来，人们在教育和学习中，已经把它们当作正确无疑的脑科学论断来应用。

因此，为了不让学习陷入困境，我们要消除误解。

只用了大脑10%？

哈佛大学教授詹姆士过去常常说,普通人仅仅运用了其心智潜能的10%。

——卡内基(《怎样赢得朋友,影响别人》)

关于大脑和学习,这条误解是流传最广,差不多每名学习的人在不同的场合都听说或读到过:人仅仅利用大脑的10%。

从专业书籍到大众传媒,从国内到海外,甚至联合国都曾发布报告宣扬这类观念:人未曾利用的大脑竟高达90%。还有科幻电影《超体》专门演绎大脑开发到100%会发生什么,由著名导演吕克·贝松拍摄,大明星斯嘉丽·约翰逊主演。可见,这一观念是如何深入人心。

教育工作者常用这一观念来激励孩子们卧薪尝胆,玉汝于成,拓展自身未曾利用的大脑部分。可是,却从来没有人质疑其正误。其科学依据是什么?其观点来自哪里?真正的观点又是什么?为何人们会接受这类观念?

现在追寻其来源,能够确定的源头,最早可能来自"静区"的发现。

神经科学家们发现,大脑皮质中,有一些区域,不被感官感知,也不被运动神经激活,被称为"静区"(silent area),而"静区"在脑中占大部分。因而,可能有人由此得出结论,大部分大脑没有被激活,没有被利用。

但是,时至今日,脑功能成像已显示,大脑每部分都有功能,感知、情绪、运动、语言等功能在大脑中都有固定脑区,这些脑区占据整个大脑。所谓"静区",虽然不直接与感官或运动神经活动相关,然而,同样具有调节高级认知的功能,并非真的"静默"。

因而,认为大脑的心智能力局限于10%脑区的观点,是不成立的。即便是在睡眠时,大脑还是激活的,还在运行着,只是处于另一种活动状态罢了。

同样，关于脑损伤的研究发现，大脑局部损伤会导致人丧失某些思维与行为能力，假如大脑90%没有运用，按推论来讲，其恢复能力应当是相当强的。但是，并没有出现这种假想中的现象。

此外，从演化论角度来讲，假如大脑有90%未得利用，太浪费了，人类大脑就不可能演化出现。因为大脑只占据身体全部重量的2%，却要消耗20%氧气与葡萄糖。依据用进废退、优胜劣汰的演化法则，假如90%的大脑无用，那么大脑中的很多神经就会退化，身体不会允许一块消耗巨大却90%部分都无用的器官存在。

虽然早在一个世纪之前，已完成了第一次大脑图谱，神经和心理功能已经定位于大脑的具体结构上。可是，当时仅描绘出10%的结构与功能。或是，这也成为一种可能：该结论被行外人误传为"其他90%没有功能"。

而另外一些专家研究认为，大脑皮层的切除量达到58%都不会影响某种类型的学习。也可能是脑科学研究内部的这一论争导致了误传，并对这些数据进行了过度解释与夸大。

研究早已证明，人们可以通过学习来提高其认知能力。并非只有某部分大脑专门负责学习，而是大脑所有神经元都具备学习能力，而学习就是对神经元连接组新增、巩固和修剪的再组合过程。

一路追溯其源头，神经学专家从来没有得出类似的结论：人类只用了大脑10%。只用了大脑中一小部分的观点，在神经科学中完全不成立。

这样看来，脑科学研究中从来未曾有过"只用了大脑10%"的说法，"只用了大脑10%"的错误，源于对脑科学研究数据的错误解释。

但是，这一观点已经流传了100余年，并流传于心理学、教育学、生理学等众多领域。因而，这一流传久远的伪科学知识是怎样产生并传播的呢？

其中，知名人士或著名组织对某些观点或论断的传播会起到特别关键的作用。"只用了大脑10%"的传播就是源于一些著名人士的著作、文章与言论。

在20世纪50、60年代，著名的卡内基组织在成人中推动一项帮助商业人士开发潜能的教育运动，具有广泛的影响力，其著作《怎样赢得朋友，影响别人》发行了近500万册。书中序言说："哈佛大学教授詹姆士过去常常说，普通人仅仅运用了其心智潜能的10%。"该引言并没有说明出处，据考证，可能来自知名心理学家詹姆士在《人类的能量》(The Energies of Men)中的一句话："我们只运用了我们心理和生理资源的很少一部分。"詹姆士博士学医，精通生理学，没可能不知道10%的错误，这很可能是他在通俗作品中对其他主题的一项隐喻，而教材作者却过度解读，将它当作是一宗证明其观点的脑科学论断。

一些脑科学领域外的知名人士也多有提及这一观点，其中最著名的是爱因斯坦。有一则传说，1950年代，爱因斯坦成名后，面对记者们反复提问，自嘲回答说，他的天才成就来自他运用了大脑的10%以上。虽然这一传说已没法证实，但"只用了大脑10%"被大众媒体借爱因斯坦的天才光环传扬得人人尽知。而且，作为一名物理学家，哪怕是天才如爱因斯坦，即使给出了这一权威断言，也不可能当作是一条脑科学方面的可信论断。

对"只用了大脑10%"的追根究底，我们能够得出一条结论："只用了大脑10%"的观点，完全是一种曲解。

100多年以前，脑科学研究人员说，人类只认识大脑的10%，却被人们曲解为只用了大脑的10%，这种观点谬种流传，至今不息。

一项脑科学的发现怎么会被这样不可思议地曲解？为什么媒体那么迫不及待地进行宣传？为什么受到教育界热烈响应拥护？

这是由于脑科学的巨大魅力，大脑终身具有可塑性以及学习的一般神经机制存在，大脑的变化与教育学习甚至与每个人的才智成功密切相关。关于脑的科学观点很容易卖给公众，而且经过媒体过分简化甚至完全曲解的信息，比严谨艰深的脑科学知识更容易被很多人所接受。

而且脑科学是一门以实验数据与客观事实为依据的硬科学,比教育学、心理学这些解释性综合性的软科学更有说服力,因此大众媒体和教育人员为迎合人们渴望聪敏的心理,对脑科学的研究成果一直有着"浓厚兴趣",造成了这一曲解的流传。

"只用了大脑10%",给人这样一种暗示:假如人类只利用了大脑的一小部分,那么,我们每人就拥有尚待开发的巨大潜能;而假如人们完全开发大脑的潜能,那么,每人都可以成为爱因斯坦、卡内基。这种观点应和了人人追求聪明才智急于成功的思潮,其吸引力不言而喻。

再次,追求商业价值的商人、学者等借助广告宣传、电影、大众文学等大众媒体的广泛传播使得这一观点普遍深入人心。这一观点已经成为创造商业利润、追求名望的手段。

它为何流传广泛,一方面受益于其他专业的知名组织和专家名人的误传,另一方面满足了人们渴求成功、期盼聪敏的心理,而教育可以在其中发挥巨大作用,赢取巨大利益,因而,这一观点在教育中绿水长流历久弥新。

一个叫"智商"的幽灵

最糟糕的误解莫过于所有人都认为是正确的而实际上却完全错误的观点,一个普遍深入人心的观点很难清除,也无法完全根绝。

——斯蒂芬·诺瓦纳(Steven Novella)

聪明是天生的吗?

聪明,是我们日常口语中的说法。在专业领域中,常以智力的高低来指聪明的程度,更专业的用词就是"智商"。

专家们在遇到问题时,经常会创造出一些华丽闪亮的新名词。这些新名词常常对于解决问题无济于事,但是,莫名新生的概念,却如同幽灵一般有了生命,纠缠人类更为久远。

而"智商"这个概念,自诞生之日起,就成为一条令全世界不安的"幽灵"。除了少数人自信或偶然地测试得分 150 以上,被认定为"天才",大部分人都心惊胆战地怕被别人视为是头脑迟钝的笨蛋。

然而,这一切本来是以造福社会为前提开始的。

1905 年,法国教学管理机构,委托心理学家比奈设计一套测验,这套测验要求能够"科学"地得出结论:一位孩童是否适合就读于普通学校,或是需要给予特殊教育。

人人智力天生不同,这是一件不争的事实,测试的目的本来是,在承认这个事实的基础之上,让每人都更聪明。其目的是建设性的,这也意味着聪明是人类可以改变的。

但是很遗憾,人类的思想懒惰再次占了上风,直接颠因为果,使智力测验发展变成了一场淘汰"不够聪明的大多数"的破坏性大灾难。而导致这个不幸的基本原因,是一个不断自我强化又根本未经证明的核心观念:测验结果终生有效。

即使自比奈之后,智力测验已千百次"进化",仍然"遗传"了这个严重的根本性的谬误。智商是一种上天赋予、无法改变的东西,就如同天生的肤色,愚笨则成了一种不能救药的绝症。

在学生中间,尽管没有进行智商测验,但有了智商是天生的这种观念,学生们仍然会很快得出一致结论:谁谁谁是班上最聪明的学生,谁谁谁又较笨。遗憾的是,被认为聪明的经常仅有一两名学生,大部分人都可能在未曾觉察中,要么被自己,要么被别人,贴上"笨"甚至"特别笨"的标签。许多学生都会信以为真,把聪明程度视作影响学习成绩的重要因素。

那么,所有人的聪明是先天遗传固定而后天无法改变的吗?究竟是聪明才学习好,还是学习好才聪明?

通常来说,大家都知道,智力水平受先天(基因)和后天(教育)两因素影响。早期研究倾向于先天因素更重要，但近期研究越发显示出后天因素的重要性。或者说，基因会影响智力发展的初始状态，但到底发展到何种程度，则要依赖后天因素。

伦敦市中心的交通线路纵横交错，扑朔迷离。出租车司机需要花四年时间骑行熟悉路况和上课考试，才能上岗。

研究显示，这些司机脑部海马区后方的体积，比普通市民的要大，并且会随着他们驾驶时间增长而增大。工作年限越久的司机，脑部海马区后方区域就越大。这说明可以通过学习来提高人的认知能力。

大脑如同肌肉，能够通过训练而加强。专业运动员每天都要训练，才能有突出表现。因此，聪明是天生的，更是后天努力得来的。

"罗森塔尔效应"也告诉我们，聪明是能够被"塑造"的。

当老师误认为某学生更聪明并能够学得更好时，在不自觉中对他更热情，同时给他更多鼓励更高要求。即使学生表现得差强人意，老师也做出更多的努力而未放弃，最后增强了学生学习的主动性和自信心，使该学生真的表现得更为聪明。

夸学生聪明，会让学生真的变聪明。

因此，像成人一样，儿童也对自己是否变得"聪明"和该如何学习，有两种智力观和学习观：相信智力是天生不变的，和相信自己的智力是可塑的。

相信智力是天生不变的儿童，在学习情境中，他们尽力表现出色或看上去出色，博得他人对自己能力的表扬，避免批评。这让他们变得束手束脚，只是为了向他人外在地表现出自己的聪明，而不是专注于挑战事情本身。

相反，相信智力是可塑的儿童，他们相信通过不懈的努力和坚定的意志，智力是可以改进的。他们把自己不断增长的能力看成他们的目标。他们寻找挑战，能够长期坚持。

最终，自以为聪明只会让人变笨。把智商看成是先天决定的，因而认为聪明与否是确定不移的，自认为聪明的人会倾向于表现得聪明，因而经常害怕失败，回避挑战。而与之相反，正好是可能失败的挑战，才能让孩子们不断思考，也因此让孩子们有更多的机会刺激更多的神经元连接增长，从而让他们变得更聪明。

因而，聪明不一定学习好，可是，努力学习肯定会变聪明。

不论对本来聪明或是不聪明的孩子，夸孩子努力都会鼓励他做得更好。

比如，不夸"你真聪明这么快就做作业"，而是夸"这么多作业都做完了你真努力"；不夸"你真是位绘画天才"，而是夸"画画的时候发现你特别认真"；不夸"你脑袋真聪明"，而是夸"这个办法很好，怎么想出来的"；不夸"你上学真聪明"，而是夸"写完作业书包整理整整齐齐这个习惯真好"。

把夸奖聪明改为夸奖努力，绝对是更好的选择。

左右脑的传说

> 左右脑的分法……是一个很容易滥用的观点。
>
> ——罗杰·斯佩里（Roger Sperry，左右脑的发现者）

> 裂脑人每一半球具有不同的认知风格，这种观点在脑科学界没有流行很久，但却长久地流传在大众之中。
>
> ——米歇尔·加扎尼伽（Michael Gazzaniga，左右脑的发现者）

著名的左右脑分工说，早在 19 世纪就开始流行，其主要观点是：大脑左右两半球以全然不同的方式进行思维。左脑是语言的脑，演绎推理、抽象思维、数学运算、形成概念的能力较强；右脑是直觉的脑，形象记忆、图形识别等音乐、美术、空间知觉的辨别系统。因而，左脑也被称为理性的脑，右脑也被称为感性的脑。

并且，由此衍化出大量脑功能侧化的观念，比如最常听说的左右利手。左利手，偏好使用左手的人，多半右半脑发达，有艺术气质和天赋。而右利手的人，则为左半脑语言与理性偏好。（研究表明，利手与半脑偏好之间没有因果关系。）

因此，左脑和右脑需要分别培养。为了达到最大的学习效果，教育教学也应该围绕这种学说来组织。

百余年来，左右脑分工学说，风靡于教育、心理、文艺、商业、管理各个领域，并广泛出现在大众媒体、日常话语中。

但是，在大众领域盛行的观点，在专业领域内却并没有得到多久的认可。

左右脑分工说最早起源于大脑的颅相学研究，现在还在大众和教育中广为流行的观点，主要基于70年代美国神经生理学家斯佩里与加扎尼伽的"裂脑人实验"，该研究指出大脑两半球的认知风格不同，并提出"大脑半球功能侧化"理论。

然而，仅仅4年之后，该理论的提出者斯佩里与加扎尼伽，就告诫人们左右脑分工是一个极易滥用的观点，并对这个观点的各种变体进行了否定与批驳，认为这是一种癫狂。他们继续对更多病例进行研究发现大脑两半球的认知分工因人而异，并不是在所有病例中，半球优势都那么明显。

左右脑分工学说，由斯佩里和加扎尼伽提出，也是他们自己否定的。

到90年代后，学术界对左右半球分工观点的批判越来越密集。心理学家运用统计数据证明，左右两半球功能的差别，还不如大脑前后区域的差别大。

神经科学家们发现，即便是大脑的语言功能，也是大脑两侧功能协调的结果，因此，左右脑功能分工理论，在神经科学上是没有意义的，将复杂的思维能力归为一个半脑的做法过于拙劣。

通过最新脑成像技术可以观察到，任何一个思维活动，无论是理性的或是感性的，两个半球都被激活。实验证明，大多数活动中，大脑都是作为高度综合的系统整体参与的。

左右脑分工说的研究，在经历了百余年的形成和发展后，最终趋于认同双脑协同。

但是，左右脑的观点，在专业科学领域内遭受严厉批判，成为众矢之的时，在大众传播领域中，不但没有成为过街老鼠，反倒仍以强劲势头广泛流传，更是泛滥于心理学和教育界。

心理学家依据右脑半球功能侧化的"脑科学研究成果",推论出人的创新性来自右脑。教育理论则进一步以这个心理学推论为根据,把左半脑看作是语言逻辑半脑,右半脑是直觉创造半脑。并且,教育界依据这种观点设计了大量教育计划,如"右脑教育计划""全脑学习"和"基于脑的教育",等等,举不胜举。教育领域中,开发左右脑潜能的书籍更是不计其数。

毋庸赘言,左右脑分工学说来自对裂脑人的研究,脑侧损伤病人在某些功能上,显示出大脑一侧功能的优势,但对正常人来讲,这种优势并不明显。因此,依据损伤脑的研究,推论正常大脑的普通功能是不科学的。

可是,在更充分确定的证据还未出现之前,就迫不及待地将它推向大众,引入教育,标之为科学,并用它来证明教育的合理性,更是不慎重、不科学的做法。这是将严格的科学研究,过分简化,在科学研究还未稳固的流动沙丘上,凭空建造了一座富丽堂皇的教育宫殿。

从某种意义上来说,左右脑分工说在大众领域全面流行,更多的是因为这一观念已成为创造利润、追求名望的工具,并且直至今日仍旧有其赢利价值。

男人来自火星女人来自金星?

这意味着左半脑偏好的学习者(主要是女孩)在这种环境中感觉更舒适。

——苏索(David Sousa,《大脑是如何学习的》作者)

有人说,男人来自火星女人来自金星。男女大脑真的不同吗?

男女大脑不同的说法,实则也源于左右脑分工说。

左右脑分工说早在19世纪就开始流行,但是,那时传播的观念与现在正好相反。

当时人们认为左脑是文明理性与高级脑,而右脑则是原始冲动与低级的。很多人将右脑的地位置于左脑之下,认为右脑代表了野蛮、不文明、不开化。

并且,他们因此将左半球看作是"男性半球",更文明、更理性,而把右半球看作是"女性半球",更易冲动、更原始。野蛮疯狂,是因为右半球占据主导,大脑不平衡所致。这明显含有19世纪欧洲男性主宰社会的性别歧视意味。

并且,他们将男女个体的思维和个性特征划分为两大类。

男性大脑是语言的左脑,是阅读、书写和逻辑思考的脑,逻辑推理、概念抽象的能力较强;他们大多数是学识渊博的学者,喜欢逻辑思维和分析思维,是理智型的人。因而,左脑也被称为理性的脑、知识的脑。

女性大脑是直觉的右脑,是情感、音乐、艺术和迷狂的脑。她们情感能力高度发达,直觉先于认知,因而,她们擅长于情感与直觉,是情感型的人。

然而,100年后,大众领域又一次掀起传播左右脑分工的高潮。但与100年前恰恰相反的是,20世纪的左右半脑理论更为推崇右半脑,甚至赋予右脑很多高级功能,例如形象学习和记忆、艺术与创造、几何空间感觉,右脑也被称为创造的脑。

教育学家也据此观察到,男性与女性的大脑,在结构、成绩表现各方面都不同。女性拥有左半脑优势,在语言、表达等方面表现更好。而男性拥有右半脑优势,在空间、创造等方面表现更好。学校教学环境中,要求遵守规则而非创新,并以言语传授为主,这意味着左半脑偏好的学习者,主要是女孩,在这种环境中更加如鱼得水。

于是,大脑半球优势的理论,就又能够解释,为何女孩在语文方面优于男孩,这是因为语文和算术是线性的、分析的。而在几何和代数上,男孩优于女孩,则是因为这两个学科是整体的、关联性的。

直到1990年代,一些教育学家还建议教学人员,对男生与女生需要采用不同的教学方式,因为男女大脑结构与运行模式不同。很多教师特别重视这条建议,只是因为这是科学家说的。可是,教学实践并没有证明这条建议有效,也没有显示出有"男性大脑"和"女性大脑"这回事。

基本上来说,通过多年来对左右脑分工的深入研究,学者们已达成共识,即大脑左右半球的分工,并非泾渭分明。裂脑人左右半球的相对优势,不能得出正常人也有两个大脑或仅用半个大脑的结论,更不能将人分为"男性大脑"和"女性大脑"。

心理学家进行男女学生的性别差异调查实验,比如,在完成具体的空间思维任务方面,男生优于女生,可是这类差别极其微小,远不如相同性别中的差别大。很多女生的语言能力远远优于其他女生,而在空间思维和数学能力方面,很多女性也表现得比多数男性好。

专家们按照性格特点、活跃度等因素,将1400人的大脑,分为男性和女性两类,调查统计结果显示,一半以上的人同时拥有男性和女性"大脑类型"的因素。

这意味着大部分人没可能被划分到某一性别的"大脑类型"中,性别的"大脑类型"区分其实根本不成立。

脑科学的"神话"

脑科学的大部分研究与课堂中所进行的实践相去甚远。

——费切尔(Kurt Fischer)

我们应该承认神经科学的本质局限:意图是不能通过任何已知的科学测试捕捉到的心理状态。因此,每当听到关于某项技术能够揭示意图和动机的主张时,你就应该尽快跑向最近的出口,走都会来不及。

——罗伯特·伯顿(Robert A. Burton)

近年来,脑科学盛行天下,时髦摩登。

脑科学被视为心灵的卓越模型、文化神话的创造者和守护者以及辩论的最终仲裁者。它已经攀上了知识的终极高位,并已成为许多知识术语的必需组件。

哲学家经常引用脑科学的案例研究来支持他们的理论。人们甚至使用 fMRI 脑成像来解释股市崩盘,或者告诉我们为什么自己更喜欢可口可乐或是百事可乐。如安东尼奥·达马西奥这样的著名脑科学家自信地声称,人类很快就能解释意识。

然而,脑科学家扮演哲学家之王角色的缺点是,他们认为理所当然的推测和总结超出了他们的职业训练和专业知识所能证明的。

首先,连接组无法揭示意识。

脑科学家认为人类连接组计划将揭示人类的全部心理意识,"我即是我的连接体",然而,即使有一天,我们能够对大脑进行解构并重建超薄脑切片,重现一片完整的每一刻、每一颗神经元、每一条连接的神经元接线图,然而,这样大脑切片只能是让其死后才能解剖,我们无法找到代表思想或情感的解剖学对应物,正如脾气暴躁的意识不会在其切片上飘浮一个愤怒的标签,而好心情也不会在细胞上以 QQ 笑脸的形式出现。而此时,我们已经无法对脑切片进行采访,获知意识的内容。

了解解剖是必要的,但对于鲜活的意识,仅仅了解实验室玻璃皿中的人脑切片还不够。

另一个原因在于等级问题。

仔细观察即使最清晰的脑成像照片,并不能让他人感受到我们心中的爱或绝望。这就像你无论放大多少倍细心研究《蒙娜丽莎的微笑》原作的每颗像素,也无法感知画作的全貌,理解蒙娜丽莎为何微笑。知道大脑是怎么工作的,有利于描述大脑的生理作用,但我们还是无法推出,潜意识活动中的内容是怎样的。我们不能将高级行为还原为低级神经元活动,就像你不会指望一名三岁孩童真的读懂《红楼梦》,即使他真的从头到尾仔细翻看了每一页。等级问题,重如原子中的原子核,是脑科学局限的核心。较低阶的脑状态不能揭示更高阶的复杂属性。意识不是在一个个神经元中形成的,就像大猩猩或沙丁鱼的群体行为不存在于单只大猩猩或单条沙丁鱼中一样。

一个更为根本的困难是,无法量化潜意识活动。

脑科学的一个更基本的假设:我们的大脑有潜意识机制,无意识(或潜意识)活动像冰山,90%部分隐藏在水下。这是现代脑科学的背景。建立心理意识的唯一方法是科学。但是,如何正确研究隐藏的不可测量的东西呢?

无论未来新的脑成像技术有多先进,潜意识意图都超出了科学研究的能力。

我们必须认识到脑科学的基本局限性:意图是任何科学检验都不能探知的状态。

而现今几乎很少有报纸或网站会不报道脑科学上的轶闻了。与之相伴,脑的错误认识也随之增多并流行开来,被人们称为"脑科学神话"。

曾几何时,弗洛伊德精神分析被鼓吹为自然科学,与父亲关系不好被解释为恋母情结,多年的精神分裂症被归因于一个专横的母亲。诺贝尔生理学或医学奖得主安东尼奥·莫尼斯曾提议进行额叶切除术,仅仅因为术后患者更容易管理。当时有多少家庭被这个看似合理的观点破坏掉?事后看来,这些做法和观点扣盘扪烛大谬不然。

而且,现在似乎人人都是脑科学家。有人可能会反问:"什么样的教育不是以大脑为基础的?"研究基于大脑的程序的基本知识可能是有益的。

然而,我们错误地认为我们终于了解大脑——这颗"比宇宙还所知更少的神秘实体",并且激发了一些在教育方面善意但不充分知情的大胆应用。

由于神经图像(例如 PET、MRI 和 fMRI)在媒体上的广泛应用,它们揭示了认知任务中的大脑活动,于是,我们产生了一种错觉,认为我们理解了大脑的哪些部分介导了混乱、决策、情绪、学习和其他复杂现象。

教育工作者、研究心理学家和外行人,现在可以看到大脑在实时进行复杂活动时的图像,但是这些丰富多彩的图像诱发了错觉:难以置信的复杂现象发生在大脑的一或两处地方;因为我们知道负责认知功能的位置,所以我们能更好地理解它们。

而事实上,到目前为止研究的每颗大脑系统的每部分都参与了一些认知过程。大脑的任何部分都不是孤立运作的。现代研究越来越表明,大脑的大部分区域在大多数认知过程中都处于活跃状态。

脑科学实验室的一些原初发现,怎么会被这样不可思议地误解?为何媒体这样大张旗鼓传播?

因为脑科学是一门特别严谨而复杂的科学,大众要想真正理解,复杂的脑科学实验数据中得出的知识和意义,确实是一种过重的负担,大部分人没有时间或兴趣。因而,为了大部分人易于接受,大众媒体采用一种简单标签化的方式来表述这些观点。

然而,这些过分简化,将复杂结构琐碎化,有时是完全错误的表达,导致了大量的误解。

为何在教育界热情到迷信地拥护?

因为脑科学是一门特别严谨的硬科学,比起教育学这类不能完全实证的软科学,更具权威。教育界强烈期盼教育能成为一项基于科学研究的事业,而不仅是一门艺术。因而,教育人员对脑科学的研究产生浓厚兴趣。

然而,另外一方面,脑科学作为新生学科,可以为教育人员提供的有用数据,仍旧很少。脑科学的大多数研究,与课堂教学实践风马牛不及。作为教师,指望脑科学家告知,课堂中应该怎样教学,还是不现实的。正如哈佛大学教育学教授、"心智、大脑和教育"课程计划的主任库特·费切尔所言:"脑科学的大部分研究与课堂中所进行的实践相去甚远。"

于是,教育人员对脑科学较为浓厚的兴趣,与自身还处于"幼稚期"的脑科学研究,构成了"危险的组合"。基于脑的教育运动中,常常引用少量的研究数据,随后赋予大量的意义,其意义远远超出了脑科学所能给出的证明。可是,因为脑科学的巨大魅力,这些推论经常被许多教育人员毫不犹疑地应用于教学实践之中。

同时,媒体相对容易地对脑科学做出大胆简化与总结,这些简化与总结很可能脱离真实的科学基础。可是,因为脑科学作为硬科学的巨大权威,这些标签式的观念,很轻易卖给公众,在社会上引起普遍教育焦虑和教育盲从。

基于大脑的教育或基于大脑的学习课程的扩散,是大脑迷恋的最新表现。

然而,这些基于大脑的假设既不新鲜,也不具有革命性。它们来源于丰富的学习理论的历史;它们可以被有效地称为基于学习理论的假设,尽管把它们与大脑联系起来更性感。

他们欠格式塔心理学家一笔沉重的债务,欠爱德华·托尔曼(Edward Chase Tolman)一笔沉重的债务,还要感谢其他先驱者,他们在20世纪辛勤工作,为理解学习现象打下了坚实的基础。不幸的是,这些债务似乎并没有得到承认。如果你了解你这门学科的历史,你就不必重新发明轮子。脑科学和神话没有什么新的东西可以说。

脑科学,即使我们加上行为科学,现在(可能未来)也不能告诉我们如何科学地培养一名正确的孩子。

科学是一种反复的试验,需要时间从坏科学中筛选出好的科学。然而,在当今快节奏的社会中,邋遢的科学观点正在成为常态,这往往会带来可笑的结果,而有时则会带来可悲的结局。

而只有真正了解大脑,甚至了解脑科学,才能更好地学习。

把人当动物来教

背诵是一种最野蛮的手段,也是一个文明的办法。

——黎锦熙

事实上,无论动物是否真的能学习,反倒是人类众多教学活动早已把人当动物来教。

从巴甫洛夫到桑代克,理论简洁实用,使教育工作者将动物学研究成果应用于人类学习领域,阐释人类学习,规范教学。

驯兽师的必修课是奖励刺激。它还对学生学习过程的控制和激励起到示范作用，成为教师教学的常用工具。教师的教学过程和目的，已经成为激发学生行为（比如问3加2等于多少？），然后奖励学生的行为（如果学生回答正确，老师会奖励）和惩罚（如果学生回答错误，老师会批评）。学生最终通过培养这样一个刺激反应链来掌握正确的行为。教师教学生，要做的其实就是形成条件反射。学习是指刺激（3加2等于多少？）增强或减弱与反应（5）之间的联系。

自20世纪初以来，动物学习的研究在教育教学过程中得到广泛的应用，逐渐成为教育教学三大基本传统中的行为主义。随后的教育科学化和教育研究专业化运动，对行为主义也亦步亦趋。反应增强的学习隐喻广受欢迎，将人还原为动物，将教育研究关入实验室。高举科学旗帜的行为主义教育研究仍然是教学研究的主流理论框架，尤其是在技能培训方面。

然而，实际效果并不像预期的那么美好。教学过程和评价结果表明，该教学减少了师生直接对话的机会，阻碍了师生之间的真实交流；只关注学习成绩和外部行为结果，而不讨论学习过程和内部心理机制。这对学生的学习非常不利。

新生动物的"印痕学习"，也启发了很多教育者，借鉴生物学对新生动物的描述，将"关键期"的概念运用到人类儿童身上，总结推论出婴幼儿智能发展过程中的"敏感期"理论。或是利用新生动物的"关键期"影响，来证明儿童早期教育的重要性。或是强调孩子若没有给予相应刺激，将来无法"补救"，某些能力会永久"丧失"，比如，外语学习。

类似的启发和推测大量出现。从生物学家那里借用一些成就，教育学家和心理学家认为人也同样适用，这引起了很多生物学家的不满。不幸的是，它仍然被早期的行为主义教育学和心理学家复制。把人当动物教可能是当今各国从中小学生到大学生普遍厌学的重要根源。

把人当作动物来教，过于重视重复练习的有效性，导致对个人学习的兴趣，尤其是对创新学习能力的破坏和扼杀。

以练习弹钢琴为例,这便是一种过于重视重复性练习的学习。

东亚很多国家的家长都推崇让孩子学习弹钢琴,认为这就素质教育,虽然也大量重复性练习。他们让孩子们从小就花很多时间练琴,同时通过曲目的难度或等级测试来衡量进步。

研究表明,大量的钢琴练习确实对特定脑区的神经连接有明显的影响。

与非音乐家相比,一些音乐家的大脑结构明显不同。专业键盘手、业余爱好者和从未演奏者的大脑扫描显示,专业键盘手在运动、听觉、视觉空间等一系列大脑区域表现出灰质增加。此外,音乐家的能力与他们的练习强度密切相关,这表明解剖学的差异与学习过程本身有关,而无关音乐天赋。特别是大量的钢琴练习对各年龄段特定脑区的神经连接有明显的影响。

然而,弹钢琴、投篮和骑车的练习大多是认知复杂性低、重复性高的活动,儿童需要更复杂、更高级的能力来迎接挑战。

创作、管理等认知复杂性较高的活动中,很难找到对"一万小时理论"支持的证据。

其中,钢琴、小提琴、游泳,这类所谓的素质教育的热门内容,其特点是难度训练阶梯相对固定,知识总量普遍有限。

然而,为什么钢琴小提琴的训练在西方已经衰落,而在东亚国家却蓬勃发展?

由于东亚国家提倡这些高质量教育的钢琴儿童家长大多没有音乐偏好,也不太了解古典音乐的背景知识,但他们让孩子花很多时间练习。只需要更多的练习,学习进度可以通过曲目难度或等级测试来衡量。这些活动大多是认知复杂性较低的活动。

其内在动机,就像著名笑话中的愚人,他只在路灯下找钥匙,因为路灯下很亮。

而且,即使选择成为一名钢琴家,走音乐专业路线,这也是一条比其他职业更狭窄、更困难的道路,并且与艺术素养本身无关。

然而,动物与人类终究有别。

* * *

人类会学习，动物同样也会学习。

不过，无论智人是不是凶手，但每当他们到达新的土地，当地的原始人类和大动物都马上消亡。智人很快就远远甩开了其他所有人类和动物物种，与动物分离出来，让人类成为万物主宰。

智人胜出的秘诀是什么？

相关的辩论将不可避免地继续下去。目前最有可能的答案是：智人可以征服这个世界，因为他们有一种独特的语言。一次偶然的基因突变改变了智人大脑的内部连接，让他们以一种新的语言思考和交流。

人类的学习是在社会生活实践中，自觉积极地掌握社会的和个体的经验的过程。其根本区别就在于：语言。

人类思维的重要方面起源于语言。既然语言如此重要，下一节，我们将看看人类如何通过语言来学习，从而主宰地球改变世界。

第二部分

人类学习

第 2 章 语言学习

公元前 3372,玛雅历法第一天

这是玛雅文明的四部手稿中,保存最完好、最古老的一部:《德累斯顿古抄本》,原名为《墨西哥之书》,收藏于萨克森州立大学图书馆。这部古抄本使用玛雅象形字、数字符号和图画,记录了各种仪式和占卜的日期,以及关于金星相位、日食和月食等的天文知识,并对玛雅新年庆祝仪式和雨神位置进行描述。抄本中所提到的众神、数字和日子名称,都与玛雅卓尔金历 260 天的周期有关。抄本最后一页是一幅大洪水的整页微型图展示。

∽ 因为语言 ∽

因为语言

太初有言。

——《圣经》

道可道,非常道。

——《道德经》

10万年前,古老的欧亚大陆上,并非只有一种人类在四处游荡。尼安德特人就是一种和智人基因相近的人类,然而,在遭遇智人后,这一人种和其他很多种人类及动物物种都遭到了灭绝,智人代表的人类从此登上生物界食物链的顶端。

究竟是什么原因,让智人战胜尼安德特人,使得人类能够散布于远古大陆的每一处并改变了地球的面貌?

《人类简史》认为是因为大约就是在距今7万到3万年前,发生了认知革命,智人学会了虚构,编织出种种共同的虚构故事:祖先、神灵和国家,使智人可以灵活合作,并有了"文化"积累,从而大规模合作起来战胜其他人种。

称其为虚构或是认知革命,是一种浮泛的说法。具体一点,或者说其中最重要的就是语言。

语言如此重要,是因为人类通过语言来学习和理解世界。语言并不是哪一种任意的能力,比如进化出的翅膀能飞或尾鳍能游。语言的到来,全面升级和影响人类所有的能力。

没有学会语言之前,婴儿、动物都会学习,人和动物差别不大。但是学会语言之后,人和动物明显有了差距。人类社会中起主导作用的不再是威猛强壮的身体,而是擅长语言的大脑。

人和动物的差距从学习语言开始。人类通过一种全新的语言来学习,最终站到生物链的顶端,与动物彻底分离,让人类自认为是"万物之灵"。

智人的新语言究竟特殊在哪,竟让我们区别于其他动物,让我们可以征服世界?

蚂蚁也有语言

如果一只狮子能说话,那么我们将不能理解它。

——路德维希·维特根斯坦

然而,显然,智人的语言,并非世界上的第一种语言。

每种动物都有着某种语言。纵然是蜜蜂蚂蚁这些"微不足道"的小虫子,也有极精密复杂的沟通方式,可以相互告知食物所在。

在语言最简单的定义里,语言意味着"信息交流媒介"。

自从地球上出现最早的有机体,就形成了通过基因的化学物质来交流传递物种和性别等信息的原始机制。为了生存与繁衍后代,每一生物要同其他生物不停交流,这种持续上百万年的交流需要,使得信息交流逐渐演化出世界上最复杂的活动方式。

因为这演化进程,最广泛意义上的"语言"产生了。这包括震动、气味、面部表情、手势、姿势、口哨、手语、文字、数学语言、编程(或电脑)语言等等。

从最普遍的意义上讲,语言是动物世界的联系方式。因此,语言的这个定义也适用于蚂蚁的化学"语言"。

蚂蚁差不多遍及地球上的每一处角落,在数量上超过人类数百亿。每只蚂蚁能用身体气味传递至少40种信息。颚腺分泌气味以作警告,直肠腺分泌气味标记路线,胸腺分泌气味召唤同伴。每种气味为每一只蚂蚁提供了一套简要信息,其中包含共同生存和群体交流的必要信息。在蚂蚁的"信息素语言"中,简化到最基本程度,被称为"地球上的最原始用语"。

20世纪动物学家卡尔·冯·弗里希发现蜜蜂用"舞蹈"进行交流,当时震惊全球。通过"8字舞",蜜蜂向同伴传递信息,包括它发现的食物类型、数量和距离。此后,蜜蜂"8字舞"常被作为动物语言的证据。

大象能使用许多种声音:隆隆声、低吠声、喷鼻声、喇叭声。只有一小部分高于30赫兹的隆隆声为人所听,更多低频次声音如管风琴低沉鸣叫,能穿越草原森林传于远方族群。

海豚"语言"听起来像人的咯咯笑或呻吟,而蓝鲸发出的啸声是地球上所有生命中最有力量的发声,几百海里外都能听到。驼背鲸更是大自然中最高明的"作曲家",绵长动人的"鲸歌"正源自它巨大的胸腔。

声音交流在人类熟知的哺乳动物中如马、狗中更是广泛地使用,并早已引起民众普遍注意。神秘学爱好者甚至把这些"语言"与超自然的交流方式关联在一起。这些说法无疑是荒唐的,它们仅仅是交流方式与我们不同。

是否真的存在非人类"语言",还是我们把语言这项殊荣"赠予"了其他动物?语言是只属于人类的创造,唯有人类语言是真正的语言,"动物语言"不过是一种比喻?

因此有人指出,即使认可蚂蚁气味、蜜蜂舞蹈、海豚声波是"语言",但是,这些和人类语言的形态差别实在太大。因此,哪怕是这些动物确实以某种方式在交流,可是他们的交流方式与我们的完全不同。

人类语言是所有动物中最复杂的信息交流方式,而没有任何证据表明其他哺乳动物交流在形式上是"高级的"。

这些事实促使我们相信：人类是动物，但是，进化出了"更为复杂的交流方式"——语言，而且，这种交流方式只被有智慧的人类所掌握。尽管所有动物都有语言，但是，人类语言最复杂。

人类区别于其他动物，就是因为人类语言这套更为复杂的交流方式。

可是，近来一些实验表明，动物也能传递复杂信息。人类的语言，并非唯一的有声语言，也非唯一的可复杂表意语言，这迫使我们对这则古老的假设进行重新思考。

一些人认为，动物即使能传递复杂信息，它们所传递的内容也不可为人所知。然而，人类的声音也能被一些动物掌握，说出人类能听懂的语言，比如鹦鹉。

鹦鹉或许是鸟类王国中最不凡的"语言学家"，爱因斯坦能说出的话，它都能说，还能模仿手机铃声和警笛声。

有人说，鹦鹉单单是对人类语言"鹦鹉学舌"，并非真的学会人类语言。即使爱因斯坦可能在模仿语言方面比不上鹦鹉，但是，无论如何鹦鹉也不可能发现相对论。

然而，在 20 世纪 40 年代，研究者们观察到非洲灰鹦鹉能很好地完成需要复杂思考的任务，比如找到某种物体对应的数量。

专家还教非洲灰鹦鹉学习用英语交流，它学会使用各种概念，并有相当出色的准确性。比如，鹦鹉能够根据英语词汇，区分绿色和紫色的钥匙，对塑料和木头分类。

也许，鹦鹉还不能和人类进行高水平的交流，不能叙述明天它想要做什么，也不能创新性地运用语言，比如在复杂的水平上进行推理。

可是，黑猩猩不但可以听懂人话，还能够学会人类手语并与人类进行交流。

尽管黑猩猩不能自如地控制喉舌发出清晰的话语，但是，黑猩猩能像人类一样通过听把人类的语言符号和它们所代表的物体事件联系起来。

在 20 世纪 60 年代实验中，一些黑猩猩完全掌握了北美式手语。当看到一匹马嘴上绑着嚼子,黑猩猩做手势说:"马难受。"另外一只黑猩猩用手语做手势向人请求:"给我糖果。"

在一间研究中心,研究员发现她的钥匙被偷走,于是用手语告诉倭黑猩猩坎兹把钥匙找回来。坎兹走到偷钥匙的猩猩身边,在它耳边"咕哝"了一会儿,就把被偷走的钥匙拿回来了。在另一项测试中,让坎兹和人类儿童完成660项像"把苹果放在帽子里"这样的随机任务,坎兹比两周岁孩童的得分还高。坎兹能理解两岁半儿童智力水平掌握的语言,并回答问题。

因此,动物有语言吗?

假如语言被定义为一种信息交流方式,那么,动物显然能够进行个体间的交流。除了声音,一些动物还能利用气味、行为、超声波来进行交流。

但是,这些信息交流方式的复杂层次和系统程度,远远低于人类的语言,在这里就只能给出一条简单的结论:动物没有语言。

人类语言有何不同?

人类与所有其他物种之间存在着巨大的语言鸿沟。动物王国的交流系统与人类语言不同。只有人类语言具有象征符号,只有人类语言是由多个部分组成的,其话语能够分解成更小的有意义的部分。

——丹尼尔·L.埃弗里特

那么,人类的语言究竟有什么特殊之处?

最常见的观点,是认为人类语言最为灵活、最为复杂。

很多动物可以像人类一样以某种方式来交流传递信息,可是,这大多是一些固定的程式和片段,不成系统。比如蜜蜂的"8字舞",不能根据距离远近、食物多少,改变成"0字舞"或其他约定形式。

唯有人类,会把无意义的语音系统组合成有意义的语言独立单位,再把杂乱繁多的语言单位系统组合成有秩序的语言语句,用有限的声音语言组合表达无限多的句子和变化无穷的意义。

的确,人类能够教会非洲灰鹦鹉和倭黑猩猩像人类一样进行片段的交流,可是,从来没有一只非洲灰鹦鹉或倭黑猩猩尝试来教人类以非人类的方式交流。毕竟,人类语言的系统性、复杂性,不是一只非洲灰鹦鹉或倭黑猩猩所能完全掌握的。

研究证明,即使未满周岁的幼儿,哪怕还不会说话,也能以手指物,意指不在眼前的事物。相反地,黑猩猩虽会指着它看到的某样东西,告诉人类它想要什么,却没有能力用以手指物的方式,指示不在现场或不存在的东西。

显然,正是这种语言认知技能,成为在生物学意义上区别人类儿童和黑猩猩的一条重要分界线。

人类语言不但交流有关野果或豹子的信息,并且还交流传递一些基本不存在的事物的信息。只有智人可以表达一些从未碰到过、看见过或听到过并不真正存在的事物,相信一些不太可能的事情。

假如你跟猴子说,只要它现在把香蕉给你,明天就可以按利息计算多给它3根香蕉,或者等它死后就能进入猴子天堂,在那里有吃不完的香蕉,它还是会死也不放手。

但是,即便如此,这又有什么重要?毕竟,虚构的事物可能带来危险。智人甲说要去山谷里找雨神或神兽,智人乙说要去草原上采野果或抓野兔,听起来好像智人甲活命机会更渺茫。

而且,我们都知道生命宝贵,不去好好享受生命多吃吃多睡睡,拿来向基本不存在的神灵祷告,难道不是一种浪费?

但是,语言"虚构"这件事的重点不在于,可以让人类拥有想象,而在于可以让无数人能够在一起想象,认同同一宗虚构的故事,并依此分别行事。

无论是《圣经》的《创世纪》，澳大利亚原住民的"梦世纪"，或是现代国家的建构，实则都只是一种想象。

这样的虚构故事赋予智人，不仅仅是能力，更让人类能够汇集大批人力、灵活合作。尽管一群蚂蚁和蜜蜂也会合作，但方式死板，并且实则只限近亲。至于狼或黑猩猩的合作方式，尽管已比蚂蚁灵活很多，但仍旧只能和少数亲如手足的族群内成员，按照从小在一起磨炼而成的行为习惯展开合作。

动物的合作是为了适应环境，是被动的。而人类不仅是为了适应具体的环境，还要适应人类语言的抽象信号系统，在与他人语言交流过程中学习和与他人合作，并依据抽象信号系统来改造环境。因此，智人的合作不但灵活，而且能和无数陌生人合作，并积极地作用于环境。而其他动物根本做不到。

正因为这样，无数的智人才能合作起来统治世界，而野狼只能被驯化成狗吃我们的剩饭，吃人的狮子老虎则被关在动物园和实验室里供人观赏和研究。

尽管他们万万没有想到，他们的这一突变竟然让其后代，在若干年后的某一天，能改变基因人造人、在月球上漫步，还能分裂中子毁灭地球。

但是，这里更为重要的，并非这种突变带来的结果，而是突变的原因。

最重要的问题仍旧存在：究竟是什么原因让智人掌握了新语言，并让人类得以征服世界？为何这只发生在智人身上，而尼安德特人则只有灭亡？如果我们不清楚原因，那么，我们就算知道结果，这一结果也可能只是偶然的，并没有多大价值。

最终，我们不得不回到人类语言起源这个谜一样的问题。

❦ 语言之谜 ❦

语言之谜

语言这个题目也许是所有题目中最重大的一个。

——柏拉图

语言让人类区别于动物,人类被称为"语言动物",没有一门学科比语言学同人类的本质更为接近。然而,我们对语言起源的了解,甚至比对宇宙起源的了解还要少。

语言这片我们普通人最常见不过的现象,在专家眼中,却是一片最为神秘难解的谜团,而在这所有谜团中,语言的起源又是最神秘莫测的"谜中之谜"。

人类语言从何而来?人类的语言能力究竟是天生的还是后天习得的?人类语言是一种自然本能还是社会文化?语言的演化是自然基因的进化产物还是社会文化的发明成果?这些问题的探究和论争至今还在继续。

现在,我们大体上可以把语言理解为由多块组件合成的系统:一条经由进化改良的声道;一串的语音知觉、音位规则和学习机制;一部海量词汇与意义的心理词典;一套句法词法的分散组合系统。

而在这些之下,高速运行着一条条由基因铺设而成结构精密的神经回路,这些神经回路让我们人类拥有了一种不凡的能力:我们能够精确细致地调节呼出的气流,将无数清晰想法从自己的脑中传递到他人脑中。

这种能力显然对生存竞争大有裨益,我们只需设想一下听话者的不同命运,就能明白这一点:父母叫二狗和长生不要去虎穴玩,也不要去招惹小老虎,结果听话的长生活了下来,而不听话的二狗却命丧虎口。

和眼睛的视觉本能一样,被深深地打上了大自然造物者——自然进化的烙印,语言本能,甚至更复杂,也是足以引起我们惊叹的一套拥有完善的奇妙构造和复杂适应性的系统。

假如语言本能,不过是随机地将神经网络连在一起,或是胡乱地构建一条声道,我们绝没可能获得一套具有如此神奇功能的系统。

不过,如果语言能力依靠自然选择缓慢进化而来的,语言的最初形式绝没可能像王勃所写的诗文那样典雅神妙。就好像人属动物,只剩下人类一种,直立人、尼安德特人、丹尼索瓦人这些人属动物的中间形态都灭绝了,才让人类显得格外神奇,自以为神。

那么,语言应该存在一系列中间形式,并且每种形式都应具备使用价值。那么,中间形态的语言会是什么样子?

从黑猩猩的手势、亚马逊部落的皮钦语、儿童的双词句及错过语言学习期的狼孩所说的零星破碎的语言,到上海的洋泾浜英语,再到高深的大学生国际辩论赛,这些语言形式,都证明了这样一项事实:世界上存在着诸多实际使用的语言形态,这些形态在有效性和表现力上从低到高,构成了一套连续发展的统一体系,而这正符合自然选择进化理论的要求。

至此,所有这些知识都指向一条结论:语言是自然进化的结果,是人类大脑中固有的心智模块。人类之所以拥有语言,就像蜘蛛之所以会织网,是一种与生俱来的本能。

然而,这条答案太过简单了,并不能够作为"神谕"用来贴在语言的一切性状上来阻止疑问。

语言是自然进化的说法,首先遭遇到来自人类学的一项挑战:在亚马逊一个叫皮拉罕(Pirah)的部落中,人类学家发现他们的语言中没有数字,只用"多"和"少"区分;

蓝色和绿色同音，也没有形容红、黑、白的颜色的词；最惊人的是他们的语言没有"递归性"，他们的句子里没有"妈妈说爸爸曾说过他要带你去公园"这类能够套从句的句子。

按乔姆斯基普遍语法理论所说，递归性是所有人类语言必然拥有的普遍特性。这一发现意味着并不是所有人类语言都一样，语言是自然选择的说法就不成立，也意味着可能是社会文化而并非自然遗传决定语言。

而皮拉罕人的语言中没有数字、颜色和复杂句子，并不表示他们不会数数、看不到颜色或是比其他人笨，而只是他们所在环境中不需要，没有这些就能活得很好。

语言学家继续发现，皮拉罕语的特性并非个案，在其他语言中也有新发现。语言学家们考察全球 300 多种语言，分析语句成分的位置是否影响句子的其他部分，结果显示，语言的演化跟人脑中的语言处理部分关系不大，而主要跟这种语言发展的历史背景相关。他们认为，是文化的演化而并非人类所共有的特征，对语言发展起到了重要作用。语言结构与人类的生物学结构并没有很大关联，语言结构是受文化影响而传承发展的。

然而，社会文化是如何影响语言进化呢？好像比自然本能缺失更多环节。

进化或"文化"

所有语言最终都是为人类的互动交流服务的。

——丹尼尔·L.埃弗里特

当最初的人说出第一个单词或句子时，语言并没有真正诞生。它是在第一次对话时才诞生的，对话是语言的源头和目标。

——丹尼尔·L.埃弗里特

在过去几个世纪有关语言的探讨中，存在着一种怪异倾向：语言要么是偶然的生物进化产物,要么是某种恒定不变的文化规则。人们在语言的自然生物进化与社会心智发展的问题上,采用的是两种截然不同的研究思路。

为什么必定如此?难道没有第三种可能:建立在自然生物进化基础之上的社会合作,促使语言不断演变成今天的样子?人类语言本能为何不能是社会选择作用于自然选择的结果?

初听之下,这种思路好像荒谬绝伦,人类语言形态多样且差异极大,仅凭这一点,好像就足以否定这个想法。可是,假如我们探究再深入一步的话,这种误解就会风流云散。

从演化论的角度看,人类语言是一种浪费的行为,因为它过于强大,完全超出了适应自然的需要。比如,智人在围猎猛犸象时,使用一种简单映射规则的语义语言,比如黑猩猩的手语,就已完全能满足需要。

然而,人类语言的复杂程度,远远超出了这种水平,我们只能从社会合作的角度来看人类语言的发展。

试想不论在地球的天涯海角,人类都需要依靠合作来谋求生存发展,复杂的语言自然更利于交流信息、沟通承诺和互助发展。假如能与其他同类交换用生命换来的环境信息与狩猎经验,这一定能带来难以预计的好处,而语言正是传递这些信息的主要手段。

可是,仅仅是信息交流的需要,真的就可以促产出复杂精致的语言吗?或许可以。

当各物种成为死敌为了生存而展开"军备竞赛"时,进化经常会创造出使人惊叹的奇迹,比如猎豹和瞪羚之间生死存亡的剧情,造就这名地球跑得最快运动选手和瞬间启动最强爆发力的生物。

一些人类学家认为,推动人类大脑持续进化的因素,主要是与人类社会内部的对手所展开的智力较量,而并非自然界中来自其他物种的竞争或环境的挑战。因为当智人遍布地球的每处角落,适应各种环境,站到生物链的顶端时,这些外在竞争已经不再成为人类进化的主要动力。

相较人类早期而言,此时人类最大的敌人不再是外部的剑齿虎和冰寒,而是人类的其他人种尼安德特人或其他部落的智人。这种人类生存环境已迫使人类转向人类内部之间的合作竞争生活方式,使得人类的思维更多地服务于怎样同他人合作,好达到共同或群体目标,而正是这种改变,造就了人类的不同。

毕竟,投出尖茅杀死一头野鹿,或是与一头猛犸象抢夺一片果林,并不需要太多脑力,但是,当面对另一头与自己智力相当却充满敌意的尼安德特人或其他部落的智人,前来抢夺野鹿和野果进行生死竞争时,要猜透他的心思以智取胜或联合更多同类以多取胜,就不太简单了。这迫切要求我们不断提升自己的认知能力与沟通能力,而认知能力的提升显然也会促进语言沟通能力的发展。

而自然进化加上足够漫长的时间又反过来促进这种优势。比如,一只澳大利亚袋鼠面临着增长脖颈的选择压力,这种压力并不算大,它的后代只要增大1%,就能获得1%的繁殖优势。简单的计算表明,只需经过数千代的繁衍,这只袋鼠的后代就会长得和非洲和长颈鹿的脖子一样长,而这在进化看来不过是转瞬之间的事情。

智人社会有了产生更高智能和语言沟通的需要,其他人类则朝着更高更强(比如巨颊人更强有力的下颌肌)的方向发展,这最初毫不起眼的分道扬镳,因为大脑远比其他器官更为强大的可塑性,智人最终胜出。

语言自身有固定的结构特征。而且,语言不仅是人与动物竞争的自然选择的结果,在人类登上自然食物链的顶端后,更是人类社会内部竞争的结果。语言这种本能,虽然是一种自然本能,但大多是因社会合作竞争推动形成的。

合作带来人类思维的变革,思维变革先于语言而非相反。

因而,我们必须回到人类社会内部去观察。

人类在登顶生物链顶端之后,自然竞争并不必然要求人类产生以语音为特征的语言,猿类及其他人属动物在语音器官的进化方面陷入停滞。只有智人种动物因为社会性强,社会合作的需求压力大。

智人从社群内部所能获得的物资补给远多于从自然或社群外所获,社群内部的个体竞争取代自然界的物种间竞争,成为进化的主要动力。人与动物的竞争让位于人与人的竞争。人与自然界其他动物的竞争,开始让位于人与其他人的竞争,首先是部落间的竞争,其次是部落内部人之间的竞争。

然而,人类的合作要求比这些复杂得多,合作竞争的压力也大得多。而且,这种竞争的压力,强化了合作的重要性,对沟通能力的需求压力增大。

尽管多数动物的社会行为能够看作是合作性的,甚至能够说,群居动物靠着大伙儿聚在一起而相互合作,因而能遏阻掠食者的侵略。但是,它们的合作更多的来自初生的习惯性行为,比如幼狮间自小玩耍而熟稔的围猎游戏。

这些社群性差别让我们得以确立人类不同于动物的思维方式。

语言是一种合作沟通方式,人类的合作需求比其他动物更强烈而复杂,人类的合作促使人类语言不同于其他动物语言。

语言的"七龙珠"

语言不是一种本能,不是基于离散皮质"语言器官"编码并通过基因来传递的知识,而是一种习得的技能……分布在人类大脑的许多部分。

——菲利普·利伯曼

相比于创造全新的东西,进化总是更喜欢修补或者利用已经存在的东西。发出我们美妙人声的器官不过是我们执行其他任务所需的身体部位的临时集合。这告诉我们,语言不是生物性实体,而是符号性实体。它不是来自基因,而是来自文化。

——菲利普·利伯曼

尽管人类有合作意图,也进化出深度合作的思维能力,可是,人类仍旧可能发展出其他复杂的语言系统,比如手语,而非一定是口语的语音沟通系统。

我们人类今天的语音语言沟通模式,还得归功于人类的一些器官的演化和基因的突变,其中最重要的是喉头的下降和FOXP2基因。

语言的生成,依赖于众多因素,正如,只有集齐七颗龙珠,才能召唤神龙。

近些年来,挖掘出一些原始人化石,考古学家研究发现,人类最早的口头语言表达的身体器官演化,大约在160万年前至40万年前之间有了一段突飞猛进的变化。

在160万年前,能人和之后的直立人,在胸椎上还有一个小小的孔洞,作为脊髓的通道,这和今天的黑猩猩等灵长类动物身上发现的小孔相似。因为有这小孔,说话必需的呼气就没法被有效控制住。因而,这两类最早的原始人只做出短促缓慢而又难以调节的发音动作,没可能像我们现代人这样通过口头系统安排、清楚地发音。

能人的头骨化石还显示,在他们头骨的底部有稍稍的弯曲,能人的喉还没有进化成现代成年人的喉。即使说话的神经通道可能已经存在,但是显然缺少相配套的发音器官。

而类人猿的喉,则从来没有下降过。黑猩猩的喉头没有像智人一样下降,这让它们无法像人类一样送气(发音),它们只能发出简单的咕噜声、尖叫声、呜咽声等。

解剖学发现,人类婴儿的喉像原始人或类人猿的一样。人类婴儿在一岁或一岁后,当喉下降到嗓子里后,才能清楚地发出人类的大部分声音。

一些没有经验的年轻爸妈,在婴儿刚出生时,就迫不及待地教孩子学说话,天天训练孩子张嘴模仿讲话,这其实做的都是无用功。少数婴儿在七八个月会叫"爸爸""妈妈",年轻的爸爸妈妈们就高兴得不行,以为自己的努力起了作用,自己的孩子是语言天才。而这实际上并不代表什么,只不过是婴儿在咕哝,跟哑巴嘴差不多。因为不到一岁的婴儿喉头还未下降到嗓子里,根本就不能真正发出人类的声音。

人类需要具备一定的生理条件,喉头和口腔、声道都必须进化到能够发出清晰的声音,才有可能产生有声语言。

除此之外,类人猿还缺少一份关键的语言基因。

1990年,遗传学家在伦敦发现一个"不会说话"家族。这个被称为KE的家族中,三代37名血亲成员中有15人表现出语言障碍。虽然参加过语言强化训练,但他们大都从事不需要开口说话的工作。因为他们说话别人难以听懂,他们也难以理解别人说话。假如让他们重复对方话语,他们会一直说得结结巴巴,每次都好像是在学说生词新句。

最初,语言学家以为他们只是在语法掌握上出了点问题,但随后发现问题严重得多:患者的发音、脸下部肌肉都有问题,尤其是上嘴唇移动控制困难。

有研究者把这种缺陷归于大脑智商,但是,患者的智商范围(59—91)尽管偏低,但与家庭中其他没有语言障碍成员的智商范围(84—119)也有所重叠。所以智商不是根本原因。

根本问题在于,他们脸和嘴的精细配合出了问题,难以连续清楚发声。

1998年,剑桥大学的遗传学家终于找到了原因:这家族的患者都从他们的祖母那里继承了一份残缺的基因,而有问题的那个基因,其缩写就是FOXP2。

FOXP2是一种古老的基因,连猴子都有。在猴子体内,FOXP2基因对发声和运动发挥着重要作用,而这两个功能对人类语言至关重要。因而,FOXP2也被遗传学家们称为"语言基因"。但自从人和黑猩猩分支后,它的演化突然加速。人与黑猩猩的FOXP2相比较,有两种蛋白质完全不同,表明它遇到更大的进化压力,而这肯定和人类语言的发展变化有关。

不过,只有语言基因,还不够。

人类要进行口语沟通,除了要控制住嘴,还要打通耳朵和脑。声波怎样进入脑中成为信息,大脑怎样理解语言,同样重要。

研究发现,当我们听人讲话的时候,耳朵将声波转化为神经信号。有趣的是,这些信号同样会出现在大脑控制语言的运动皮层中,大脑的听觉和运动皮层出现一定程度的同步,就像大脑中在无声地重复念出他们听到的话。而且,在听觉皮层里,被分节装载的信号大约是 4.5 赫兹,正好也是人们对话中口语的频率。一旦声音变化的频率超出 5 赫兹(也是人类正常口语变化的频率范围),大脑的运动皮层便不再与之同步,声音对语言大脑随之失去意义。

而大部分动物用低于或高于人类认为"正常"的频率进行声音沟通。比如蓝鲸和大象能发出低于 20 赫兹的次声,而蝙蝠、海豚则发出 20 000 赫兹以上的超声波。而人类的口语语音沟通,只能在这块很小的范围内进行,既不能低了,也不能高了。

我们看似简单的语言沟通,只有在集齐了合作的社会性思维、喉头的下降、FOXP2 的基因突变、听觉运动皮层的适配等众多条件,才能顺利展开。

依赖语言学家、考古学家和生物学家们的共同努力,现在我们能够大体上给出人类如何学会使用语言的概貌。

大约 200 万年前,直立人已有了近似于现代人类的大脑:800 到 1 000 毫升(智人大脑是:1 100 到 1 400 毫升)。最早 170 万年前直立人制造了第一把手斧。因为有着多功能的工具并获取更多的肉食供应,直立人成为第一批站到自然界食物链顶端的人类。

而此时,人类真正能称之为语言的两项基本特征还未出现,即"词"和"句法"还未产生。类人猿或其他动物类似的"火!"的简单喊声,并不能算作真正语言中的"词"。

直到 80 万年前,直立人第一次穿过 17 公里的海峡到达澳大利亚,这意味着人类的智力要发展到一定水平,应该能够对客观世界的事物进行分类和概括,并具有一定的记忆和想象、判断和推理的能力。因为像横渡海洋这种复杂的社会合作项目,没有复杂思维能力与社会合作的类人猿,就未能完成。

到 15 万年前,语音器官进化成功,喉头下降,发音完全清晰的语言完全形成,继而产生了我们今天所说的语系。

一、南方古猿 （410万年前）	手势，声音（咕噜声、尖叫声、叹息声等）
二、能人 （240万年前）	手势，声音（咕噜声、尖叫声、叹息声等）
三、直立人 （200万年前）	到大约100万年前，或许可以说明简单的句子，包括条件命题
四、从直立人开始出现了三个明显的分歧 1. 尼安德特人 （从30万到3万年之前）	复杂的句子使复杂的思维过程成为可能，使以语言为基础的社会成为可能。但这些种类不有发了[i]、[a]和[u]音。
2. 智人 （30万年前）	复杂的句子使复杂的思维过程和形成以语言为基础的社会成为可能。
五、现代人 （15万年前）	到15万年前，像我们今天所知道的、语言表达必需的所有身体器官与条件都形成了。

人类语言可能的进化顺序

大约到1.4万年前，从竞争中唯一幸存下来的原始人——智人，已把上千种语言分成数百套语言体系，跨过茫茫山海，分布到地球几乎所有的陆地上。

随后不久，大约1.2万年前，来自在大约六个"起源中心"的人类第一次开始人工种植小麦和大麦，并且，开始运用（文字）符号把语言记录下来。

从此,人类与语言紧密结合在一起了。

同时,人类学习也与语言紧密结合在一起了。

✤ 人类通过语言来学习 ✤

人类通过语言来学习

如果说我比别人看得更远些,那是因为我站在了巨人的肩上。

——艾萨克·牛顿

毫无疑问,语言是一种沟通交流方式,可是沟通还能以各种途径实现,例如跳 8 字舞或发出怪异的气味。

如果仅仅将人类语言视为一种沟通手段,那么绝对是严重低估了它给予我们的助益。

世界上几乎所有动物,都会有一种或多种方式进行沟通,只是,语言让人类所获更多。

一本"小米"的空气净化器说明书与一首屈原的长诗《天问》,显然不能相提并论,但二者也有一点特别重要的共同点:有了它们,我们无需真正重新做过或经历那些可能需要花费大量时间尝试、瞬间即过、难以复制或令人痛苦甚至难以忍受的过程,就能学到我们想要的东西。

人类除了以直接经验的方式掌握知识外,还可间接通过语言来学习。

也许,真正的区别就在于此,动物语言只是沟通工具,而人类却通过语言来学习。

正如巴甫洛夫所说,动物学习不过是条件反射。

动物学习,是通过对具体信号(如颜色、形态、声音等)系统建立条件反射的过程,而人类的学习,不但能够对具体信号产生条件反射,并且可对抽象信号(如语言、文字、符号等)系统建立条件反射。

抽象信号系统的出现,给人类学习带来了新的机会,也让人类的具体信号系统有了与动物不同的内容和形式。

利用语言,人类不但能把握具体的经验,还能掌握概括、抽象的经验,因为语言是事物关系抽象化概括化的符号。

人类和其他动物都有语言沟通能力,但唯有人类不仅有语言,而且,人类还通过语言来学习,而这给人类的认知能力带来的巨大的优势,为人类带来了另一种学习能力。

这其中一个特别有趣的问题是:为何我们进化得可以通过语言进行学习,而其他动物却不能?通过语言学习能给我们带来怎样的额外优势?

依据直接经验,我们看到太阳是从地平线上升起,但通过语言,我们学到太阳实则根本不会升起。

若是细细回想我们是怎样认知周围世界的,会发现我们人类似乎在以两种不同的方式在学习。

通过语言,我们了解到学到了许多虚构的事物,而假如依据直接经验,这些事物根本不存在,比如三岁孩子知道孙悟空是假的但还是喜欢。

通过经验学习,我们反复观看或收听同类经验信息,可能还会经历相当多的试验和摸索。而通过语言学习,相关信息可能只需收看或收听一次,就能达到目的。

请思考这样一则简单的事例:橙子是橙色的。

许多水果有自己独特的颜色,一目了然:西红柿是红色的;紫葡萄是葡萄紫色的;红石榴是石榴红色的;橙子就像橙子的颜色一样,是橙色的。

我们是如何学到这些知识的?好像并非通过语言学来的。这种关于橙子是橙色的知识,是我们通过直接经验,而非语言学习的例证。

我们再来想想这样一件事实:青蛙会冬眠。大雁、燕子等会迁徙到南方过冬;大部分麻雀、老鼠和鱼,无论冷暖都会留守家园;而青蛙大多会在深秋季节挖一处泥穴,开始冬眠,直到来年水暖叶绿。

再问一下自己:我是怎样学到这些知识的?有一点是肯定的:我们不会冬天亲自钻到泥土里观察多只青蛙来发现其中规律。假如你并非专门研究两栖动物的生物学专家,那么你一生中看到的青蛙次数可能也不多,而且,差不多没有一只是正在冬眠的。

或许,你看过一些科学纪录片。在纪录片里,你也只能看到青蛙在秋天钻进洞穴,随后在春天再磨磨蹭蹭地从洞里爬出的景象。青蛙在洞穴里不吃不喝、一动不动几个月等信息,需要依靠旁白解说即通过语言来传达。

假如你没看过纪录片,就只能完全通过他人语言讲述了解这些知识,或在哪本科普读物的文字中读到它。

这种我们不太容易亲眼看到的事情,就是我们通过语言进行学习的常见范例。

至此,我们学到两条常识:一,橙子是橙色的;二,青蛙是会冬眠的。但我们学习这两条常识的方法却迥然不同。

再看看,我们是如何学习行为的?

想想你是怎么掌握游泳的。

你肯定不会去找本游泳研究手册,仔细研读,随后就开始第一次的游泳。恰好相反,可能是有人教你,并且你在年龄很小的时候就开始在浅水游泳池里学游泳。第一次自己游泳的时候,你肯定兴奋又害怕,甚至还要喝几口水。假如说老师对你有过指导的话,也单单只是告诉你不要怕水,应该用脚打水。

从来不会有人告诉你应该怎样在水里调节自己的重心,或是怎样调整游泳节奏,防止头未出水就换气呛水。也从来不会有人告诉你怎样能掌握水性学会游泳,你依靠反复实践,不断纠正错误,不断提升,就像鸟儿学习飞翔一般,你掌握这一技能之后,它就成为你的第二天性。

夏天过去后,你逐渐将游泳淡忘。可是当你再次下水时,你的身体会下意识地就知道该怎么做,而你则能够自由自在地漂在水上做其他事情。

这就是典型的学习吗?

让我们再想想,你是如何学会饲养宠物虎皮鹦鹉的。

一般来说,你不会完全盲目无知地摸索如何饲养虎皮鹦鹉,而是会通过语言向宠物店老板简单咨询,上网搜索虎皮鹦鹉饲养教程,或是通过文字从《虎皮鹦鹉饲养手册》中获得相关知识。比如:

虎皮鹦鹉酷爱洗澡,但是,如果没有及时保温,往往会导致死亡。

如果喂食梨、菠菜或过多菜叶,虎皮鹦鹉可能会拉稀,甚至小命不保。

如果菜叶上有残留农药,没有浸洗过,虎皮鹦鹉也可能因此而失去生命。

饮水器要挂得高,如果鹦鹉拉屎到饮水器中,喝了污染的水,就容易生病。

毫无疑问,我们也能够通过在无数只虎皮鹦鹉身上反复实验、不断摸索中来获得上述信息,前提是你拥有并愿意无数只可爱的虎皮鹦鹉让你来活活养死。

自有人类以来,人类的每个部落群体都积累了大量的知识和经验,这些知识和经验通过语言一代代传递保存下来。而每人自出生以来,就通过语言向长辈学习掌握前人所积累的经验,还通过与同代人的语言交流而获得大量他人经历探索的经验。

这种通过语言进行的间接学习,内容和形式上特别复杂丰富,这是在动物学习中不太可能出现的。

通过语言,我们能够快捷地了解前人的经历,无需经历前人的辛劳,就能够获得他们花了一生才有所得的经验。

艾萨克·牛顿曾说:"如果说我比别人看得更远些,那是因为我站在了巨人的肩上。"这句名言我们一般说是,牛顿在谦逊地承认其他科学家所作的贡献;我们也可理解为：他通过语言文字与"巨人们对话"，从前人停下的地方开始，而无须重新经历人类之前所经历的过程。

这也是我们通过语言知道青蛙冬眠的习性和学会饲养虎皮鹦鹉的方式。

我们如何通过语言来学习？

人类表现得仿佛他是语言的塑造者和主宰者，而事实上语言始终是人类的主宰者。

——马丁·海德格尔

通常人们在思维的过程中需要语言介入，虽然这并不是必需的。动物没有人类的语言，一样有认知能力。但是，人类的认知能力因为语言而不同。

人类理解世界，几乎全部通过语言。没有语言，除了一些具体存在的事物，所有概念和抽象事物都将无法表达，也无法被理解。

人类通过学习，大脑中有了各种知识和信息的记忆。这看似平常，但其实并非一件简单的事：这些储存起来的信息，通过怎样一种方式组织记忆下来，让我们能够在几十年后耄耋之年还能重新记起提取出童年玩伴的姓名呢？

试想我们每人都会长久记住多方面信息，除了你生活中发生的一些事情之外（如你所记得第一次吃生日蛋糕的味道，第一次到动物园看到大象，及你小学一年级开学的第一天等），你还记得大量的知识：你所认识的英语单词、乘法口诀、中学物理公式，还有历史、社会及地理知识，甚至是有关记忆方面的脑科学知识。

将之与图书馆的书架相类比，也许可以帮助你更好地理解。假如你不是按照作者名字的字母顺序来整理书籍的，或按照题目或是题材的划分办法，那么，如何能找到几万本书中某一本？

我们不得不考察，被我们称为概念的事物是怎样被大脑表征的，各种类型的知识记忆是怎样组织的，而这种组织对我们获得这些信息的方式又有何意义。

首先，人类的成长要理解实际存在的事物。比如婴儿时期开始学到的各种具体物品，奶瓶、苹果、蓝莓、小狗等。

理解现实物事的过程是这样的：最初，我们看到了一样东西，例如，这个叫"蓝莓"，我们的视觉神经会刺激大脑的关联区域，刺激识别蓝莓的一组神经元。同时，妈妈会告诉我们，这个东西叫"蓝莓"，相应的声音会通过我们的耳朵，传入我们的听觉识别区域，刺激能识别出"蓝莓"两个字音符的一组神经元。随后这两组神经元就会联合。这样就形成了我们对"蓝莓"的记忆，每当我们再次看到"蓝莓"时，就会想到面前这个东西叫"蓝莓"，每当我们想表达"蓝莓"时，脑海里就会反映出"蓝莓"的视觉特征及相应的发音。

有实体的物品，比如还是"蓝莓"，我们还能摸到它，那么通过触觉神经传入大脑相应控制触觉的区域，刺激到木头触感的一组神经元，这组神经元同样会跟视觉区与听觉区的神经元联合。

我们还可能把"蓝莓"放到嘴里尝一尝，"蓝莓"会刺激舌头上的味觉神经元，并同时与视觉区、听觉区、触觉区的神经元联合。

有气味的东西，比如"蓝莓"的气味，也同样会跟其他刺激区域的神经元联合。

这样就形成了我们对各种各样现实世界物品的记忆。

现实世界中，除了具体物品，还有各种动作、行为、事件等。对它们记忆的本质也类似，同样是视觉区，看别人和自己这个动作怎样做的，比如骑车；外加听觉区，这个动作的名字叫什么，"骑车"两字的发音；再有亲身的体验，自己亲身动手骑车，这就联合了动作记忆。

这也解释了，有一些脑损伤病人失去了记忆，什么都想不起来说不出来，可是身体的动作记忆还在，比如打高尔夫球，虽然忘记他们的名字叫什么，甚至看到别人打高尔夫球也没有印象,可是,人一握住高尔夫球杆,身体就会正确打出高尔夫球。

那么,对于世界上不存在的抽象事物,比如国家、自由、美丽、邪恶等是怎样学习的呢?

实际上,世界上任何能够被人理解的抽象事物,最终整个都能被非抽象事物解释。

不过是有些东西抽象层级低,能够直接使用具体事物解释,比如"坚硬",大多数石块就是坚硬的,极易理解。

而有的东西的抽象层级高(比如"国"),先需要使用抽象层级相对低的抽象事物解释(比如"家"),随后再一层一层地往下使用抽象层级更低的事物解释(比如"房子"),但不论如何,到最下层时一定是能够被可见的具体事物解释的。

我们理解"国家"这个概念,根据的是由这个词联想起的大量的视觉及其他知觉表征,例如对家庭生活、国旗与国庆等众多场景的视觉记忆,对种种国家故事所传达的场景的视觉想象等。注意,就国家故事来讲,关键的并非对国家故事中的语词本身的记忆,只是对故事所传达的场景的视觉想象,后者比前者要丰富得多。

这就好像,我们从一开始就是使用具体事物解释什么是抽象的运算,比如一颗苹果加上两颗苹果等于三颗苹果,往上就开始使用小学学到的知识解释更高层的知识,随后慢慢一层一层地往上学习往上解释。

因此,对于现实世界中没有的抽象事物,大脑的记忆本质是联合那些与之相关具体事物的神经元来解释。

对"美丽""邪恶"之类的相对初级的抽象词,解释起来就简单多了,"美丽"可能直接绑定在"美女"这个词义上。"邪恶"可能会使用一些人的罪恶的行为,比如抢劫、杀人等作为解释。

实则,我们大脑中的记忆,除了亲身经历过的各种感觉记忆之外,绝大部分都是一个一个概念的结合。也就是说,我们一生所学的知识,实则在大脑中就是一大片以概念词语为结点联结而成的网络。

而且，世界上具体事物的数量与抽象事物的数量比较起来，实在是微乎其微。更不用说，还有大部分具体事物，比如蜂鸟、蓝鲸，我们大多数人一辈子也不可能见到真的。而大多数抽象事物也没有具体的图像与之对应，我们对抽象事物的记忆和理解，全部建立在解释这些抽象事物的词语上。

因此，假如我们失去了语言，我们的知识体系将不复存在，我们的文明将会崩塌，因为人类文明中的几乎每一个重要概念，如国家、金钱、学校等，他人都无法不通过语言给你解释清楚。

因此我们通过词典学习，而非每一物事都须亲身经历才能知晓。

正所谓，人坐家中，而知天下事。

语言决定思维？

语言是世界观。

——洪堡

我的语言的界限意味着我的世界的界限。

——路德维希·维特根斯坦

人类语言如此重要，从一出生就要学会语言，而且，人类通过语言来学习，那么，语言是否会决定我们人类的思维？一名会英语也会普通话的武汉人，在思维时用的是什么语言呢？武汉话？英语？普通话？

一些人主张思维依赖语言，因为思想离开了词语就是混沌一片无法区分（就像我们没法想象眼前的人从三维变作二维），没法说这思想是否还能叫做思想，只有上帝才能给出证明。认为思维依赖语言的人，会认为动物没有思维，而那些不能说话之人可能也没有思维。

语言影响思想，因为人们的许多知识都是通过语言习得的。只有通过语言向他人学习，不然人们不大可能学到这些知识，例如，十二生肖的由来、卫青征匈奴的史实或是勾股定理。它差不多就是运用语言进行重述的过程，这段过程本身就是语言对人类的重要性的阐释。

问题是，没有人会对这些产生怀疑。

语言除了简单地传达"谁对谁做了什么"之外，还能够对事件重新架构，影响人们对该事件的接受结果。比如，用武断或果断来描述一人的处事方式，用入侵或是解放来说明一国军队进入另一国家的事实。

实际上，词语重构事实的巨大影响能力，早就被应用到修辞和劝导中，并且其效果很容易获得证实。比如，当一项公共卫生项目被宣读为"可以从 1 000 名病人中拯救 300 人的生命"时，年轻医生极易选择加入该项目，但当这项目被告知为"1 000 人中有 700 人死亡"时，他便会选择远离这项相同的项目。

语言影响思维的方式有许多，当下各领域的研究的确发现了语言的内在特征可以改变你思维方式的证据。然而，人们极易将它们当作语言决定思维的证据，或将二者混为一谈。

特别是，人们经常会将生活中的观察结果，比如，一人的话会影响另外一人的想法（假如连这点都做不到，语言就太没用了），与一些极端的主张混淆起来，比如我们只能用母语进行思考，我们的母语决定了我们无法思考某些问题。

依据语言决定论的观点，人使用的语言等同于其思想的语言。思想的差别都是语言带来的，而非其他原因如文化或环境对思想模式影响的结果，语言与思想的决定关系是"由语言到思想"。

语言决定着该语言使用者的思维方式，使得这些人完全丧失了解解决某些问题的能力，这些人无法理解其语言中没有名称的观念。进而，若两种语言中含有不同的文化概念，那么，两种语言使用者的文化信仰就没有可比性，他们之间的沟通交流也成为不可能，就如同"夏虫不可以语冰"一样。

假如这些主张是正确的，它们不但意义深远，并且引人深思。比如，因为人们用语言思考，因此，有人说，要学会用英语思维。再比如，如果语言决定思维，那么，先天聋哑人没有思维，还没学会语言的婴幼儿没有思维，语言中没数词的部落不会数学。

但是，这些好像与人们的常识观念不一致。没有语言，我们就没法思考？——真的是这样吗？

有一则墨西哥聋哑人伊尔德方索的故事，在出生后的二十七年里，伊尔德方索从来没有听到过任何语言，可是，他可以做简单运算，也拥有良好的记忆。当他学会手语后，能够用手语对他人讲述自己小时候发生的故事。没有语言这件事，并没有阻碍伊尔德方索进行思维活动，他仍然独立生活并顺利长大成人。假如我们说没有语言就无法进行思考的话，这种情况又应该怎样解释呢？

还有一则没有数词的皮拉罕人部落的例子。皮拉罕语中仅有"1、2、许多"，连3都没有。皮拉罕人学不会"3"，因为其社会生活简单原始，超过2的概念对该部落社会来讲是不必要的，在该部落社会生活中完全用不到这个概念，从而在其语言里不需要，而非因为语言里没有这个概念所以学不会。

思维方式更大程度上由社会生活决定，而非语言。一个民族一方社会一种语言，这可能不过是相关关系而非因果关系。

语言并不等于思想，不能将语言与思想相混淆。大量的研究表明，语言对概念的影响实际上是微乎其微的。人类有评估观念框架是否忠于实际的能力，语言框架并不能将我们的心智锁定在理解世界这某一种特定方式中。

正如，词不达意时，人们并非就哑了，而是会用比喻、借用，创造出新词新义。

假如人们离开语言就不会思想，那么，这些语言是从哪里来的？这绝非在"思想的囚笼"里所能预想到的。

这就是为何语言学家们对一些常见的观点（比如，德语是最理想的科学语言、只有拉丁文适合真正的逻辑表达式、原始语言与现代世界不相适宜等)不以为然的原因。

正如一位名人所说"由于没有人用古英语讨论电脑,因此就不能用现代英语来讨论它",这就好比是文言文中没有火车飞机与共和民主,我们现代中国人就怎么也没法真正理解它们。

语言不决定思维,最根本的原因是:语言只有一维,而宇宙却是四维的。因此,语言无法完全表达世界。

我们交流使用的语言,是一维时间中的语音流,必须按时间前后一次一词一句顺序来说。因而,语言符号只能以一条一维的符号串中的相对位置来记录世界的信息。但世界至少是四维的。所有物体本身占据三维空间再加上在一个时间维度中发生改变,因此所有物体都是在四维时空中与他物发生关系。

用一维的语言记录四维事物的时空结构信息,很显然,以这种方式来记录世界,会难如用乐高零件搭真正的房子。比如,现在让你描述一下你现在所在房间的整个情景细节,你只需要抬头扫一眼,用手机拍张照片,就能瞬间记录下你所在房间里巨细无遗的四维时空结构里的所有信息,而让你用文字把房间里的每处细节全部描述一遍,你可能得几个小时,还不见得能够胜任。其间不得不进行大量多余的不自然的转换,产生巨额的信息冗余。

以智能的方式表现世界,表征出的结果应该比被表征的世界更简洁,这样才能体现出生物进化出智能的价值。语言表征世界携带大量冗余信息的情形,显然不符合这一规律。

相对丰富的世界,人类语言太过单调。例如,"梨树"两字,和童年记忆里你家小院中春日阳光下正在千花怒放香气芬芳招蜂引蝶的梨树,根本就不是一回事。

语言过于简单,显然不足以记录人类从世界中获得的丰富的视觉、听觉、嗅觉众多感觉信息。可以想见,人类大脑对世界的表征,很可能是通过某种由神经元网络实现的多维表征系统,而非一维的语言符号系统。

人类大脑用四维来表征世界，人类记忆是四维的。而语言文字是人类把四维世界经过折叠编码后成为一维的符号，获取语言文字中的信息，需要人类大脑主动解码，通过想象力重新获得对四维世界的感知。

一维转换为四维，需要编码解码与感官刺激。语言文字中的鲜艳色彩、生动场景、鲜活细节描述，无法直接成为读者的体验，需要读者脑中有相关感官刺激印象，并在大脑中进行转化解码，从文本符号转化为画面信号，最后在各人自己的脑海里浮现影像，但因为个人经验的差别，转换得出的影像姿态万千、大相径庭。

这也决定了，语言最终是不可交流的。

然而，语言一维并非必然，只是因为人是靠声带发音来传递信息的偶然生物，而声音是一维的，因而人类语言也是一维的。对于不需要语言的智能生物或机器人，一名机器人能够直接感知另外一名机器人大脑中的东西，不需要我们的语言这种传递媒介。

例如，一名机器人"用"摄像头"看"到一只老虎跑进院中，它能够直接把这段影像传输给另外一名机器人，而不需要输出一段文字："一只老虎跑进院中。"

尽管这段影像实际上和语言一样，也是按照固定的规则进行的数字编码和解码，可是，数字影像所包含的信息，与一段文字"一只老虎跑进院中"相比较，丰富太多太多。仅仅是从二者数字编码后的信息量，就可以看出差别：文字"一只老虎从院中跑过"，每个汉字两比特，9个汉字加起来18比特；而一段影像压缩至最小也得几十兆，未经压缩的原始影像得好几G，1G约等于1000兆，1兆约等于1000比特；因此，一段影像所包含的信息量至少是这段汉字的成千上万倍。

因此，对世界多维表征与传达的"语言"，是可以想象的。

人类语言，只是人与人之间交流的一种媒介，而非大脑与世界之间的媒介。要理解这两种媒介的不同目的：语言是利用人类一维语音的形式引发大脑联想进行人际交流，而人脑是在四维的世界中利用多种感官来获取并存储四维世界的信息。这两种媒介从产生之日起就完全不同。

语言的真正功能是在大脑间传递多维表征的标记,而非在用一维符号表征多维世界,因为这根本不现实,也不可能。

于是,有人认为,语言符号存在的意义,在于表达抽象概念。然而,这也是一桩误解。

例如,"国家"这两汉字所能直接记录的信息量也是太少,只有 4 个 byte。而我们理解"国家"这个概念,是基于由这个词联想起的大量的视觉及其他感官表征,例如对"祖国像母亲""祖国是我的家"的感受,以及国旗与国庆等众多感觉记忆,对种种国家故事所传达的场景的视觉想象等。

注意,就国家故事来讲,关键的并非对国家故事中的语词本身的记忆,仅仅对故事所传达的场景的视觉想象,就比前者要丰富得多。

一个抽象名词的主要功能,同样不过是令人联想起一些特别复杂、非语言感官记忆的标记,而其概念意义来源于感官记忆,而不在于这些名词本身。这些名词只不过是一条索引罢了。

不过,认为这条索引本身就表征了世界,只要研究分析这一条索引,就能找出世界的全部真义,那就是天大的笑话了。

因此,维特根斯坦在早期说"我的语言的界限意味着我的世界的界限",实则等于说"我的大脑与他人大脑之间传递信息的声(光)波信号的界限,就是大脑全部感官认知世界的界限",这当然荒唐。他显然也意识到了,才有了后期的哲学转向。

人类的语言只是一套符号编码,试图从语言本身分析出我们世界的真相,就如同妄想通过反复诵读电报密码本,就能得出敌台发布的所有电报内容一样可笑。

这无异于缘木求鱼。

假如语言不适于表征世界,那么语言是用来推理思考的?

但是,对一个四维的世界展开推理,却同样不是一维语言所能承担的。

因为基于语言的推理就是对符号串的匹配、切割、连接及替换。比如,假言三段论就是匹配和切割,代入规则是替换。可是,通常不得不先将世界的四维结构信息拆解、碎片化,再用一维的语言符号串来记录一小片信息,随后又以一维的连接方式拼接,推理时再一次切割、连接及替换,好不容易拼接起来的这个结构信息又支离破碎了。

更为困难的是表达四维物体的动态规律,如"碰瓶子的上部更易使瓶子倾倒",就更难用对一维符号序列的处理变换,来对应四维世界中的物体的改变。

语言不适合担当推理的媒介,人类也不依靠语言进行思考。

如果语言决定思维并不对,那么,语言和思维究竟是什么关系?语言真正的作用是什么?

人类语言的真正功能,既非表征也非推理,而是传递沟通的媒介。或者说,首先是为了交流。语言的真正作用,其实还是传递信息,而不是表征世界或推理运算。

一名会英语也会普通话的武汉人在思维时用的是什么语言呢?这个问题实则并非好问题。它暗示了思维依赖于语言,但这个暗示是错误的。选择用武汉话或是普通话和父母交流,不过是一种习惯性的无意识过程。因此不太能算"思维",只涉及认知。学会用英语思考,不过是一句笑话。

语言不完全表征真实世界,语言世界更不等同于真实世界。关于这一点,一些哲学家弄错了。

但这并不表示语言没有用,而且恰恰相反,正是这种编码压缩与简化,让我们去除了交流过程中的信息干扰,去除大量丰富但是冗余的信息,只提供对方必需的信息。

还是"一只老虎跑进院中"影像与语言的例子,我们只需要大喊一句,而不是把影像给对方慢慢看完,真的等他看完,可能老虎已经进来把人吃掉了。在计算机网络中进行信息传输,经常需要各种协议、标准、格式和压缩,这些努力,都是为了把丰富而庞大的冗余信息,压缩简化到可用的程度。

我们的语言就是为做此事而生。

智人如何学习?

奥德修斯听到诗人吟唱他在海外的卓越事迹时,不禁潸然泪下。因为一旦被人传唱,这些事迹就不再只属于他自己,而是已经属于听到这吟唱的每人。

——沃德·贾斯特(心智中并无词典)

大多数情况下观察仅仅是第二位的,它对通过语言先认识的事物进一步加以明确化。

——O. F. 博尔诺夫

人类学习的历史告诉我们,虽然早在语言诞生之前,人类就开始学习。但是,通过语言来学习,让人类从动物中区别开来。语言如此重要,我们再来看看这时候的人类——智人如何通过语言学习,智人的学习和我们现在的学习又有何不同。

根据考古学家们发现的智人头骨化石推测,智人的脑容量、智商甚至语言能力,可能并不比现代人差多少。也就是说,假如一名智人的婴儿被带到在现代社会,与你家小区的孩子一样上学校、看电视,他会和现代人没有多大区别。而此前的人类则可能被发现有所不同,比如尼安德特人的婴儿,虽然长大了很强壮,但可能不太会说话;虽然可能动作很敏捷,但脑子反应可能比较慢。

但是,语言出现后,智人学习不再同于其他人属动物。

在学习产生和发展的过程中,起重要作用的,是人的大脑和语言的发展。只有当猿脑发展成为人脑并有了语言时,人类才真正具备了近似于现代人的理解和思维能力,才能支配人体去学习与从事创新性劳动。

学习制造工具,与手的进化分不开,但更重要的是脑,手只有在头脑的支配下才能制造工具。而学习既源于劳动,又和思维与语言有直接联系。没有思维和理解的能力,使用工具是不能想象的,进行学习也是不能想象的;同样,没有发音功能,没有语言,仅靠个体摸索,进行学习是很缓慢和困难的。

生物学和人类学的专家告诉我们,大约5亿年前地球上就有了生命,大约1500万年前在非洲森林里才有出现了南方古猿,又过1200万年,到大约300万年前,猿才变为人。

这一变化过程,在某种意义上说,也就是学习的过程。从最简单的石斧到出现石矛、石刀,经历了几十万年的时间,年轻的原始人类要掌握制造石器和熟悉使用石器的技能,绝非简单地看一看,就可模仿学得,而是需要通过有意识有目的有计划的学习过程才能实现。

人类学习的起源,与人类社会的产生发展直接相联。人类社会从猿变为人的时候开始,当人类学会制造第一件工具,便完成了这一伟大转变。人类从开始制造工具进行劳动,就需要学习。人类为了自身的生存与繁衍,必须掌握在大自然与族群中获得和积累的经验技能。

学习是生存的需要,是人类生存下去的必需。人类社会形成之初,学习的内容,还主要是生存经验和使用工具的技能。

随着原始人族群社会的壮大复杂,社会生活的经验日益增多,种种生活习惯、行为规范及原始宗教仪式也日益增加。这些习惯、准则和仪式,成为维持和发展原始社会族群共存发展的关键因素,因此也就成了学习的一项重要内容,这种社会生活经验的传递,也就成了学习的重要内容之一。传承社会生活规范和传授生产劳动经验,在学习过程中占有相当重要的位置。

因此,学习是人类社会一种特有现象。自有人类社会,就有学习。学习与劳动同源。起初,学习主要作用于自然生存活动,此后,逐渐与族群社会内部生活联系,并更多运用于社会生活内部。

在漫长的原始狩猎采集社会时期,学习随着原始社会的演进而演变。尽管总的说来,原始社会的学习形态很原始,处于萌芽状态。不过,早期和晚期也有所不同,晚期更复杂丰富,学习开始具备多方面的对象与形式。

原始社会没有阶级划分,社会成员全体劳动共同生活,平等相处。因此,这一时期的学习没有等级区分。全体社会成员,所有少年儿童都是以相同的方式进行学习。

狩猎时代的文明成果,主要以经验的形式储存于成年人的大脑中,家庭是唯一的教学组织形式,父母是孩子唯一的老师,学习方式是言传身教,家庭承担着差不多全部学习职能。此时,学习与生产、生活完全一体,学习的目的就是为了传承生存技能。

动画电影《疯狂原始人》,还原了原始狩猎时代以家庭部落为载体的学习方式,生动再现了原始时代文明传承、学习的困难。老爸格鲁格是全家的监护者和老师,他的脑中记忆着整个家族赖以生存的全部经验和技能,每日如临深渊般地防备来自各个方面的危险,喋喋不休地劝导和不厌其烦地劝解,试图维持着全家人的生存,其核心法则就是"生存第一"。假如格鲁格遇难了,就意味全家都将难以生存。在一场意外中,他们遭遇来自另一个部落的年轻原始人盖伊,对盖伊的"高级文明",格鲁格开始不屑一顾,最终通过盖伊的语言指导,在盖伊的帮助下学习新的文明,实现了全家生产、生活水平的升级。

因而,假如没有这种通过语言进行经验文化的学习与传递,无数个像格鲁格这样家庭族群部落的低级文明,如同黑暗原野中的一缕火苗,要么是在随时随地来临的危险与灾难中被扑灭无痕,要么就是摇曳挣扎图存难以维持,人类的文明进程不会有如此快速的质变。

原始社会时期,学习还未从生产劳动中分离出来,学习在生产劳动过程中进行,与生产劳动紧密结合。当然,这种学习也是在参加原始社会生活过程中进行,与社会生活相联系。

在同时同地进行简单的力所能及的劳动过程中,老年人把制造使用工具的方法技能,把生产劳动的经验知识传授给下一代。除生产劳动经验的传授外,还有意识地告诉少年儿童们一些族群生活的习惯、行为准则等社会生活方面的经验。这就是前氏族时期学习的大体轮廓。

这时期学习的特点是,全部孩子无一例外地都要在共同劳动中进行学习。孩子属于整个氏族,所有孩子都能在同样的条件下学习同样的内容。学习与生活生产密切结合,学习与生活是同时进行的,是人类生存、社会活动的一体两面。

因而,原始社会中还没有(也没可能)形成像学校那样专门进行学习活动的场所,也还没有出现像教师等专门从事组织学习活动的人员。没有出现专门专注于脑力劳动活动的人,也没有出现部分特权人物和知识被特权人物所独占的现象,因而,也没有出现学习分隔的现象,人人都能同等学习。

现在,我们有专门负责"学习"的人:老师,还有专门进行"学习"的场所:"学校"。不论是小学、中学或大学,我们每天要到学校去听教师教我们怎么学习,告诉我们学习的内容和督促我们进行学习。

而远古时期的人类学习,内容形式极为简单,没有专业教人学习的人,没有固定让人学习的地方,也没有专门用来学习的时间,学习混杂在吃穿行走、生活生产甚至是游戏中。

文字和学校产生之前的学习,是与生活混为一体的。或者说,生活就是学习。

* * *

人类生活中真正重要的,永远是那些在人类诞生之初便对社会非常重要的东西,例如语言,人之间的合作,以及我们创造和应用的各种信息技术。

自从成为能思考和说话的人以来,人类开发了大量的信息技术,但语言是所有信息技术的核心,没有与语言功能相当的信息技术,更不用说超越语言功能了。

智人可以告诉其他人,隔山可能有狮子,这就是人类比黑猩猩更强的优势。黑猩猩向同伴传达狮子危险的唯一信息只能是用手指疯狂地比比划划或大叫哇哇。抽象的语言符号使我们能够交换不存在事物的信息。

但此阶段,整个人类的文明进程千年一梦少有变化。一个重要原因可能是:有语言无文字,信息异时异地传播,难于上天。通过口口相传,文明成果积累慢如蜗行牛步,文明难以实现"迭代升级"。

因为没有文字记录,知识的代际积累好事多磨难上加难。掌握文明成果的成年人死亡率很高,代际信息消散和数据丢失率很高。文明成果无法实现无损积累,例如,掌握某一部落先进技能(如祈祷神、快速猎杀野兽、灵活使用特定工具、制作原始陶器)的专家死亡,可能意味着部落特定专业技能的文明清除或文明倒退,部落其他成员可能需要几十年或几百年才能恢复文明水平。

因为没有文字记录,交流学习能力薄弱。不仅同一部落内的文明成果难以代际无损积累,而且不同部落之间的文明成果难以共享和交换。由于各部落之间的语言体系独立演变,各部落之间存在着残酷的竞争关系,各部落的文明成果难以顺利交流。

在文字出现之前,信息的积累和传输成本非常高。此时,一无学校,二无专门老师,三无书本教材,人类学习没有"学校""教师""读书"等概念。学校、教师和考试是文字发明后的产物。

第3章 文字学习

公元前1200—1180 手稿 四方风

　　这段甲骨文出自公元前约1200年的齣组卜辞,共24个字,字迹雄健有力。它是典型武丁时期(约公元前1200—前1189年)卜辞,记录了代表四个方向的神与四位风神,反映了春分与秋分、夏至与冬至,以及四个季节的变化。他是中国商代人发明的独立标准四季体系,用来确定日历与闰月的日期。此作品来自中国国家图书馆馆藏的35651件骨刻藏品集,保存至今最为完好。

🎵 从语言到文字 🎵

> 声不能传于异地，留于异时，于是乎书之为文字。文字者，所以为义与声之迹也。
>
> ——陈澧（清代）

> 口语符号，会立刻消弭于无形。即使它真的存在，也只存在于听到了这些符号的人的思维中。
>
> ——塞缪尔·巴特勒（小说家）

人类学会语言之后，又发明了文字。

语言比文字早出现至少 14 万年，现代人的语言大约 15 万年前形成，而人类最早的文字——楔形文字出现在大约 1 万年前。

语言是人类最根本的信息交流形式，而文字是语言的视觉表达载体。文字是语言的延长和扩展，使语言打破空间和时间的限制，"传于异地，留于异时"。

正如，自从有了语言，人类智能才得以交流与传播；自从有了文字，人类文明才得以传承与创造。

语言让人类区别于禽兽，文字使文明区别于野蛮。

有史以来

> 人终将化为腐朽，肉体归入泥土；其亲皆会化为尘埃。唯书写使其永存于记忆。
>
> ——无名埃及书记员（约 4000 年前）

> 人类生生死死,代代相继,已逾百万年,但我们学会书写的历史仅有 6 000 年。
>
> ——勒内·埃蒂姆柏(Rend Etiemble)

直到 20 世纪 30 年代初,学者们才开始不情愿地承认这一点:最初的《荷马史诗》是在不借助文字的情况下创作和传唱的,希腊文学兴起之初并未借助希腊字母。而在公元前 2100 年,世界上最早的史诗《吉尔伽美什》可能就是由诗人歌者开始为乌尔第三王朝统治者吟唱。不仅《吉尔伽美什》《伊利亚特》,而且希伯来的《圣经》、印度的《摩诃婆罗多》、中国的《诗经》,所有这些人类各族最早的经典,从一开始都是口述作品,靠的是世世代代的口传。

在文字发明之前,口传已经持续了千年。然而,口传信息传播是即时的,人类通过语言传递信息,声音停留于时空之中极其短暂。甚至偶然出现的回声,还会被当成一种魔力,古希腊人尊称为厄科女神(Echo)。

语言作为一种听觉符号,仅凭口耳相传,声音一发即逝,语言在传播信息的时间和空间上就会有限制(一直要再过数千年之后发明电子留声机)。而文字作为一种视觉符号,它能够克服语言在时空方面的局限,把人要传达的信息,传到远方,留给未来。

人终有一死,大脑也难免凋亡。因此,任何以人脑为载体的信息,绝大部分在百年之后,都会随之丢失。自然,我们能够通过口传把记忆从一颗大脑传递到另外一颗大脑里,但几次输出输入之后,信息难免会有"出入",开始乱成一团或是遗失。

语言的稍纵即逝,是不言而喻的。而文字的作用,能够在时间上无限延续。在文字中,人们能够跨越时空相互沟通思想。文字可以让读者跨越生死,同久埋地下的枯骨进行对话。文字可以赋予写作者另一条生命,这条生命近乎永生,仅受墨水纸张存续的时间限制,而超越作者肉体大脑存活的时间局限。因而,文字成为最强大的时间机器。

借助文字,人类将记忆用视觉符号存贮,留下白纸黑字的痕迹,供后人追寻。雌蛾会在空中喷洒信息素,留下化学的痕迹,供雄蛾追寻。文字发明的目的,就是为了留存信息,跨越时空。

过去之所以为现在所知,全赖于文字记录。有了文字,人类才有了历史。没有书面文字记录的历史,人们称之为"史前"时期。所谓历史,正是有了文字,才成其为历史。在考古之外,历史和文字是一回事。

文字而文明

见龙在田,天下文明。

——《易·乾·文言》

在写下名人姓名的地方,我将建立我的名声。

——吉尔伽美什(4000年前,苏美尔国王吉尔伽美什自矜道)

文字不仅克服了时间的限制,还摆脱了空间的束缚。

文字出现之前,人类祖先通过语言交流协作,那时的交流只能面对面进行。因为语言的传播不但稍纵即逝,且局限于狭小区域,语音传出数米之外就会消弭于无形。因此,语言限制了交流协作范围,造成地域分割,形成不同方言。

随着人类交流范围扩大,需要一种能跨越时空限制的工具,才可以开展大规模协作。人类发明文字,信息以文字的形式存载,使得不同地区、不同民族之间可以广泛交流。

有了文字,信息的传递,思想、情感、经验的交流,才突破了口耳相传或直接耳闻目睹的局限,可进行非面对面的交流,突破了空间的障碍,大大扩展人类的交际范围。

语言可以拉近彼此距离,文字能够促进大规模协作。文字发明之后,突然人类能够开始虚构长篇复杂的故事，不再单靠人类大脑，而能记在人脑之外的泥土板和纸莎草上。

有了文字之后，人类个体、部落、国家的规模，由百人扩大到上亿人。就这样，文字带来了强大的虚构实体，组织了数百万人，也重塑了现实。

那些最早产生了文字的民族，便是最早给人类带来曙光的民族；那些最早产生了文字的地方，便是文明智慧之光的源点；而那个最早产生文字的时间，便是人类文明史的开端。

人类开始从"野蛮"走向"文明"，自从直立行走之时，人类就形成了以语言为基础的社会群体，从而与其他动物有所区别。而区别于原始人类的一项重要标志，则是建立了系统运用书写的文字社会。

所谓文化，恰是人类社会的"文字化"。"经天纬地曰文，照临四方曰明。"文同纹，字而记之，教化而明，是为文明。文字而文明。文字成为促成文明的关键因素。

自从有了文字，人类的经验和智慧得以记录下来，传承后人。文字使人类的世世代代联结起来，让后代可以在前辈的经验和智慧上继续创造，而不必重新再来，代代轮回。文字的产生是人类社会发展史上一次突破性的飞跃，它揭开了人类文明史的第一页。

在人类五千多年的文明史中，每个阶段都见证了文字的奇妙，而文字也确实不负人类发明最多功能的工具之名。伏尔泰曾说文字是"声音的油画"，实际上，文字的作用远不止于此，它是人类的终极信息工具，人类所有知识都以文字的形式存在。不论文字书写以什么样的形式出现，它不断处于人类知识、统治和记忆的中心。文字的裁定是基本性的，它已塑造了人类一切文明。

正如约 4 000 年前的一位埃及书记员写到的那样："人终将化为腐朽，肉体归入泥土；其亲皆会化为尘埃。唯书写使其永存于记忆。"

柏拉图曾抵制文字书写

柏拉图做出这番观察时,他无法知道西方世界接下来的两千年都将是手抄本文化。

——麦克卢汉

人们基于粗放的经验生活,没有方法。换言之,没有人来播种和培植知识,只有谬误和臆测的杂草和普通植物丛生。

——托马斯·霍布斯(他清醒地看到无文字社会的悲惨世界)

柏拉图本不应成为抵制文字书写的人,因为西方历史上第一位长期受益于文字这项发明的人正是他(怀特海说:西方 2 000 多年哲学史都只是柏拉图的注脚)。但在《斐德罗篇》中,他构造出埃及法老泰玛斯(Thamus)和书写之神图特(Theuth)的对话,并借泰玛斯之口发出警诫,文字将带来思想的贫瘠:

> 你的这项发现将会在学习者的灵魂中产生健忘,因为他们将不会使用自己本身的记忆;他们会相信依赖外部的书面文字,而不靠自己进行记忆。你发现的这种特效药对记忆没有帮助,但是有助于回忆,你传授给信徒的不是事实,而仅仅是事实的假象;他们可以从别人那里听到许多事情,却什么都没有学到;他们貌似无所不知,而事实上却一无所知;他们会成为令人讨厌的同伴,他们炫耀的智慧是脱离现实的。

柏拉图推崇口语而贬低文字,列举文字著作的种种缺陷,强调其相对于口传的从属地位。他认为文字技术是人类联系的死敌,它造成了交流对象之间的分离。书面文字是凝滞僵固的，提供的感官信息是稀薄、抽象甚至是干涸的。

在柏拉图的时代，文字书写刚刚普及，口语与文字的运用仍缠绕难分，听觉与视觉的分合孕育新的奥妙，柏拉图敏锐地觉察到这种新鲜事物所携带雪峰般的力量和隐忧。借助文字，死者能够对生者说话，但这些话语也会像死尸一样僵硬不变。

两千年后，被誉为信息社会、电子世界"先知"的传播学家麦克卢汉，同样细致地感到了语言与文字间的奥妙。他认为"字母是一种视觉碎片化和专业主义的技术"，只会带来"一片已分类数据的荒漠"。而他称颂新的"电子时代"带来口语文化的复兴，而这会引领人类创造力本源的回归。因为与文字相较，口语是面对面传播的，人的全部感官全情投入，伴随着手势、表情和身体接触，而不仅仅是一段干枯的书面视觉刺激。

而根本原因其实在于，相对于语言，文字是一种外在的符号。当文字被雕刻在一块石头或涂抹于一张纸上时，它立刻成为一种独立于人而存在的外在事物。而口语语言不论是其符号如何复杂，都是一种心内之物，是人脑本身的功能。语言与思想结合得如此紧密，就好像是一回事。而书写的文字则显得不那么真诚，文字看上去是要将人们鲜活生动的交流和记忆抽取出来，存储于别处。它还可能让作者和读者分离间隔在两个遥远的地域或年代。

但是，柏拉图的警告，在之后漫长的两千年中差不多没人在意，因为书面文化结出了累累硕果：科学与哲学、法典与经文，以及历史和文学等等系统反思与知识保存的成就。这些成就中没有一粒在口语文化贫瘠的不育之地中生发壮大（交流是口语的目的）。

在口语文化中，确实有可能而且也实际上产生了像《荷马史诗》一样伟大的成果，可是它出现的代价高昂且概率很小，其创作、传播和长时间保存下来，无疑需要占用相当可观的文化资源，并有着相当大的偶然性。

而且，柏拉图的这些言语能够被今天的我们所看到和知晓，正是因为当初他把它们写了下来（包括他的老师，只在街上找人辩证的苏格拉底的言论），这或是文字对他的反击和嘲弄。

正如 18 世纪的霍布斯清醒地看待无文字社会："人们基于粗放的经验生活，没有方法。换言之，没有人来播种和培植知识，只有谬误和臆测的杂草和普通植物丛生。"这并不是一个浪漫世界，既无魅力，也不神奇。

在文字昌明发达的时代到来之前，柏拉图预感到文字的力量，同时又惧怕它带来僵化。当时的情况，同当前对使用电脑网络的担忧显然特别相似：担心过多使用计算机网络，人们不再会算数，不再记忆知识，记忆力下降。新技术被看作是对人能力的一种侵害，是懒人的扶手。

文字读写，是需要人专门学习才能掌握、外在的一种技术（而语言则好像是内在天生的）。正如众多刚诞生的技术那样，它因此立即招来异化的非议。

实际上，两者都扩展了人的思想。因为新技术，不必再把一切都记得精确无误，若有必要，通过新技术再查找记不清楚的信息，也来得及。（既然只需上百度一下就能获得信息，为何还要费力去记住所有知识呢？）人们可以把节省下来的脑资源，用来干更复杂和更有创造力的事。

正如麦克卢汉所言："柏拉图做出这番观察时，他无法知道西方世界接下来的两千年都将是手抄本文化。"这种首次出现的信息技术（一种人工记忆），力量之大无法估量：它重塑了人类思维，创造了一种全新人类。

文字重塑人类意识

文字对于创造性想象力的微妙反作用怎么估计都不为过，它好比把创意、图像和成语等进行零星存款，这样增值和积累起来的基金可为所有艺术家不限额度地进行提款。

——乔纳森·米勒（传播学学者）

> 它犹如人类历史中的一声惊雷,口口相传的吟诵变成了桌面上的纸页窸窣声。它侵入口语文化,造成了不可逆转的后果。事实上,它为口语文化的生活方式和思维方式的毁灭奠定了基础。
>
> ——艾里克·哈夫洛克(英国古典学者)

文字产生后,越来越多的信息以文字记载,尤其是商业数据和行政档案大量采用文字来记录。大量的记录带来一个问题:如何从大量的记录中找到那一条记录?

记在人脑中的信息找起来特别快捷方便,只要人记住。尽管人类大脑里只能存储几千兆的信息,但差不多是能够立即想起美国首都的名字,再想起自己在多年前上小学那一天做了什么。至于,大脑为何能做到,仍旧是一个谜,但我们都知道它的检索系统效率惊人。

但是,刻印在泥板上的信息,又该怎么查询?信息记录下来了,但是怎么用?假如仅有10片甚至100片的泥板,还不成问题。要是像萨尔贡大帝,面对乌鲁克神庙中堆积如山成千上万片的泥板,他该怎么找到他想要的那一片泥板?

显然,如果只是把信息压印在泥板上,倒是记录下来了,但是,若是不能有效率、准确和方便地找到相关的信息,写在泥板上也没多大用处。因而,要让信息真正有用,还需要有严谨实用的组织工具(如编目、索引、分科)、快速准确的检索工具(如博闻强记的大脑、搜索引擎)、方便快捷的复制工具(如雕版印刷或复印机),并且还得有足够聪敏的负责人员(如图书管理员、电脑客服),熟练学会使用这些工具。

于是,因为文字记录的这一特点,信息检索、分类分科、条块分割和层级逻辑等技术手段,应运而生。

事实上,地球上出现过的文字种类,远比我们所知道的多得多。考古学家不断发现新的被遗忘的文字遗迹,这些文字系统大多数成了"失败的发明",最终湮灭无闻,因为这些文化没能找到有效编目和检索数据的方法。

而苏美尔楔形文字、古埃及象形文字、古希腊字母和古中国文字之所以能成功推广，是因为这些族群都发明出了有效使用文字的技术，大量培养具备书面档案记录整理、编目检索能力的专才，负责撰写、档案管理和核算方面的工作。为了让工作能够完成，负责这些工作的人，需要进行专门训练，思维方式非同常人，而须具专业书吏会计之面貌。

古往今来，我们都知道文书和会计的思维与行事方式，有点古怪，机械不灵活。然而，若是不如此，他们管理的数据和抽屉可能会一片混乱，也就无法为国家、公司或主顾工作。

当更多人学会了运用文字时，更多人的思维方式也变得像文书和会计一样，而这正是文字对人类所造成的最大影响：它逐渐改变了人类思维和看待世界的方式。在原始人的大脑中，记忆都是自然而然地相互连接。过去自由连接的整体思考，已转变成分类分科、分层分级的分割思考。

于是，信息从语言的连接、整体（自然也是混沌）的形态，转变为我们今天科目严谨、逻辑严密的知识体系形式。简单来说，我们的信息，也包括我们获取、存储、运用信息的大脑，被格式化了。

一些学者坚持，理论知识最早是由书吏阐发。在早期文明的社会中，都一直存在试图控制、获得超自然力量的因素。书吏源于祭司，书吏和祭司被鼓励找到获得神之护佑更有效的方法，护身符和咒语能够通神驱魔，文字也有类似的魔力。

在没有文字之前，我们不能对语言进行研究，就像我们不通过镜子无法清晰地看到自己的面貌。我们通常只能通过文字来认知语言。研究母语，要求助于文字。对于那些已不存在的语言，更是如此。

时至今日，即使我们可以采用历史和逻辑的方式来分析文字的本质，然而，历史和逻辑本身，也是文字思维的产物。

文字成了我们获取知识的机制和组织思维的手段。在通过文字所获的诸多能力中,内省的力量不容小觑。文字使得复用和"回忆"成为可能——这是全新的模式。通过文字这种可以反复看见的媒介,人们对其所传递的讯息进行反复分析和批判。

文字的力量,不但在于对知识的保存和反省,更在于文字运用背后的方法论。

文字书写鼓励思维方式逐渐脱离具体情境,对视觉指示物加以编码、转换,利用符号替代实物,进而利用符号替代符号。信息以全新的架构加以组织,更抽象、更关注逻辑统一,促成了哲学-科学的系统发展,进而分化成如历史、哲学、法律、商业、数学和逻辑等科目。抛开具体内容不说,这些新知识的出现本身就是新的思维技术的体现。

正如,一切新技术的兴起,会带来一种新生活;而一种新的信息处理模式出现,也会带来一种全新的思维方式。

* * *

回望文字发明至今的岁月,现代人已经沦为整天对着文字发呆的家伙,很少有人真正明白文字文化对当代产生了何等深刻的变革。

文字的产生,让人类的精神世界发生剧烈嬗变,文字本身改写了人类的意识形态。

经历一万多年的演化,人类已把这种信息技术内化。文字,位于一切技巧之先,成为人类心智中最根深蒂固的基础。而只要习得之后,回归人类伊甸园蒙昧自然的退路就不复存在了。早已记不得从何时起,我们仅仅看到一个词,便会产生对该词的感情。

文字,将语言表达成符号。人类通过千百年的努力,让这种能力内化为本质,它重新定义并创造了全新的人。人类文明的成就都建立在文字之上,文字读写成为人类的第二天性。

❧ 文字的符号起源 ❧

> 口语是心灵的经验的符号,而文字则是口语的符号。
>
> ——亚里士多德(《范畴篇·解释篇》)

虽然我们经常把语言和文字混为一谈,但是,其实文字的产生并非源自语言。文字另有渊源,而且这个源头甚至比语言更为源远流长,那就是,文字的符号起源。

人类发明文字的目的,最初并非为了记录语言。

在远古时期,我们的祖先游荡在森林草原间狩猎采集,只需要记住长在草丛间的红蘑菇可能有毒或是自己族群里几十个人的过往和关系,就可以生存下来。

但是,在农业定居之后,为了保护固定财产和兴修水利促进农业,需要几千人甚至几百万人一起分工合作,陌生人之间建立起国家。人类有了帝国之后,储存和处理的信息极为庞杂。历史长度远超过三代人的记忆,一些比如地契、协约、祖先起源的信息,要求记录下来并长期保存。

在此前的千万年间,人类仅有一处地方能够储存和使用这些信息:我们的大脑。但很遗憾,大脑的容量有限,而且人类的记忆并不精确还主观。

对于存储和处理一个帝国如此海量的信息来讲,人类的大脑不是一个能够胜任的工具,语言也达不到这个目的,于是,近乎能够无限存贮精确信息的设备——文字应需而生。

口语是为交流与沟通而生,文字是为记录和查询而生。文字记录与语言沟通不同,后者主要是为了让沟通者清楚明白地获得信息,前者则是为了长久稳定地记录。

人类最早的文字

"29 086 单位大麦　37 个月　库辛"

——这是迄今为止我们能找到的人类祖先留给我们的最早文字片段。

来自古城乌鲁克（Uruk）大约公元前 3400—公元前 3000 年的泥板。这是一块词汇课本，一行行排列有序，内容是一系列指称种种木制品的文字。它是目前已知的最古老的文字实例之一。

这是人类历史上的第一份文本，对于这个文字片段，专家们给出最为认可的释读是："在 37 个月间，总共收到 29 086 单位的大麦。由库辛签核。"这块泥板可能是当时的财政文书，记载着 37 个月内收到了 29 086 个体积单位（约 138 200 公升）的大麦，并由"库辛"签核认可或记录。

它既不是哲学论著,也不是史诗小说,甚至也不是对神灵、祖先或国王的赞歌,而是无聊至极的财务文件。有人可能会特别失望,我们的祖先在5 000年前写下的最早文本,居然不是超凡绝圣的智慧哲理或神谕启示,它只是记录着一些平常无奇的财产债务信息。

而且,文中的"库辛",可能是当时的一个职称(类似现在的"会计"),或是一人的名字。假如"库辛"是个人的名字,他可能是世界上第一位青史留名之人。史上第一个记下的名称或名字,是属于一位会计,而非什么神圣先知、天才诗人或伟大帝王。当时,库辛的同事邻居,会每天朝着他大喊"库辛"。然而,正是因为这些文字,人类开始可以不再只能经由人的嘴巴听到一些过去的事。

虽然这些苏美尔文字还只可部分表意,就像现代的数学符号或音乐符号,但不能完整表达出口头语言,不能表达人类口传的全部内容。

苏美尔人刻在泥板上的文字,运用了两种符号。一是图画象形符号,表示人、动物、物品、日期等。另一种是数字,苏美尔人的数字系统以6和10作为基数。为什么一天有24小时而不是10小时,一个圆有360度而不是100度,都是来自苏美尔人当初的约定俗成。直到现在,人类生活仍然处处可见有些怪异的以6为基数的常量。

结合这两种符号,苏美尔人可以存储留下的信息,就可远胜任何一颗大脑的信息容量,或任何一类基因所包含的信息量。

对苏美尔人来讲,这些符号不能用来写诗记录口语,好像并非什么大问题。毕竟他们发明这些符号的目的不是为了复制口语,而是想要完成一些口语没做到的事。

事实上,这些符号的历史极其久远,其源头甚至比语言更为古早。

3万多年前,西班牙阿尔塔米拉洞窟中,一支远古人在这里栖身,用红色黄色的石头作颜料,在洞窟的石壁上留下自己的手形,寥寥几笔刻画出一头头牛、马、鹿和猛犸等动物,还有一些至今没能破译的符号。在距今2万多年的法国南部拉斯科洞窟,也发现类似的神奇记号。

拉斯科洞窟崖壁画

被誉为"史前的卢浮宫"的拉斯科洞窟崖壁画,给人的印象是线条粗犷、动态强烈。然而,图中的"鸟人"很值得注意,其形态已被图案化。学者们认为,"鸟人"长着鸟头或是戴着鸟冠,可能是为表达某种观念,或有某种纪念性目的,比如伪装成动物的猎人,或是巫师正在为祈求狩猎丰收施行巫术。类似的画例不仅在其他洞窟岩画中可以找到,稍后时代的非洲岩画中也可以找到。

这些新石器时代的洞穴艺术家们,在昏暗的动物油脂燃烧照明中,着了魔似的忽视身边的匮乏与危险,坐在那里雕刻涂画,在周遭留下有意义的记号。

没有人确切知道,人类是从何时开始有意识地运用视觉符号来与他人沟通的。如同当时在古大陆上游荡的猛犸、剑齿虎一样,人类无需文字记录,依靠口头交流,便可以在这个残酷的世界中度过严冬酷暑。年复一年,没有动物会停下来沉思"我从哪里来?我为何存在?"这样的问题。猛犸如此,人类亦是。

这或许是人类第一次在自己的神经系统之外进行信息的操控,正是这一点,可能让人类特别着迷。人类的神经系统天生就具备加工这些图画信息的能力,通过雕刻绘画,人类第一次发明了神经元的外在刺激形式。

最常见的理论认为,文字的产生源于对大自然各种形态的表征。若想要表示一头牛或一只羊,只需描出牛或羊的标记或图形就够了。对文字最初的尝试,实际上,只是一些容易的简笔图画。

这些图画符号正是人类在外部媒介上记录自身精神状态的开始,随着岩画、图像、标记、象形符号等形式不断抽象,就越来越接近我们所熟悉的文字形式。

不过,这些最早发明的符号,在实际使用中,面临众多挑战。

在古埃及人墓穴中,象形符号雕刻之精致,令人感叹神乎其神,但是,这种神圣的创作也要求严苛而且耗时,无法实现常人日常使用的可能。

在所有普及文字的文明中,人们都改变了文字的使用形式,迅速从具体象形符号转换到某种抽象而易用的符号化文字形式。

导致象形符号与文字区分开来,还有一项因素:图画很难表达抽象观念。

没有一幅画,能够直接说明什么是逍遥、什么是帝国主义、什么是民主。通常,人们只是利用联想来表达这些含义。在象形符号中,人上一横代表着天,人靠在树旁意味着休息,三人堆叠意味着众多等。遗憾的是,尽管当时的人们特别聪明地发明了这种表现方式,但只有通过特定的联系,不然人们仍旧无法掌握这些模糊的规则,因为在图画和其意义之间,并没有建立起系统一致的对应关系。

这些留在泥板和石壁上的图画符号,多是作为艺术创作和巫术魔法之用,语言学家并不情愿把它们称为"文字"。

但是,随着这些符号形式变得更为风格化,逐渐约定俗成,也越发抽象的时候,它们就逐渐接近我们所熟悉的真正文字。

而下一步的转换则举足轻重,即从表现实物向表示口语的转换,才真正成其为文字。

文明史上最重要的发明

征服和影响之所以能够层层推进,正是借助了前所未有众多的字母、泥板和石碑。文字是进行社会控制的新方法,实际上,其模式也是今天我们基于备忘录进行沟通的政府的开端。

——朱利安·杰恩斯(Julian Jaynes,心理学家)

文明史上最重要的发明,是把符号与语言结合起来发明了文字。

通过象形符号,我们能够容易地读懂一个简单故事,而当故事变得复杂时,问题随之出现。想象一下,全部用古埃及早期象形符号来"写"的《荷马史诗》会是什么样子,谁能读懂它?

大约十万年前,原始人将刻印的一系列点、线的图形符号,约定俗成重复使用,成为最早的象形符号。

不过,这些象形符号绝对跟语言没有一点关系,文字学家也不愿把它们称为文字。象形符号和文字更应该被视为两种不同的记录系统,而非文字的不同阶段。

这些象形符号只能够用来表示少数孤立的具体概念,如人名、物品,不能记录连贯的言语。它们只是列出不同种类的物事,附带数量和属性,但完全无序。

更好的做法是,使用表示语音的符号代表口语的声音,这样才能分辨出一句话与另外一句话之间的差别。表音符号至少有一项赛过图形符号的重要优点:它所能表达的思想与理念的组合，要比图形符号多得多。因为它已经不再受图形需要直接表现现实的约束，它只需要表示语音就够了。人类开始能够更自由地发挥，创造更丰富的概念，记述更复杂的故事。

符号开始对口语进行一种粗糙的模仿。

到公元前 3400 年苏美尔人的乌鲁克第四王朝时期，出现了能够读出固定词序的会意符号系统，这是最早的也是最为人接受的"文字"。

直到公元前 2600 年，楔形文字和古埃及象形字这两种文字系统，才发展到足够灵活的程度，能够用来记录人类抽象的语言和思想，如圣歌和智慧语录。

至此，文明史上最重大的发明：把语言与符号联结起来的文字产生了。

尽管文字出现前有符号，文字出现后也有符号，口语是一种符号，文字本身也是符号，但口语是一种听觉符号，文字是一种视觉符号。

可是，文字与其他任何符号的基本差别在于，它是用来记录语言符号的符号。文字是一种双重表征，它是语言符号的符号。文字通过视觉符号来表示听觉符号从而表现现实。也就是说，中间隔了两层，文字成为符号的符号。

这种双层间隔，让文字远离现实世界，构建出由符号组成的一重世界。

最初的文字是刻在泥板、石柱和青铜鼎上，即使无形抽象的概念，利用文字进行交流和表现外部世界，也要比使用口语交流显得更加客观和长久。同时，通过石壁铜鼎这些坚固的材料刻录表现出来的文字符号系统，也显得更稳固坚实。

人类渐渐习惯了透过文字的抽象符号中介来生活，因而更易相信这样的虚构实体的确存在。甚至，当文本与现实发生冲突时，现实会让步（比如宗教战争）。

从此，人类开始活在一种三重世界之中。

高等动物，大都活在两重世界之中，一方面很依赖外在的客观实在世界，如山川河流树木；另一方面，也感知自己的主观感受世界，比如恐惧和欲望。

而人类除了树木河流、恐惧和欲望，还有存在于虚拟符号世界中各种关于神祇、祖先、帝国、金钱和公司的"故事",正是这种符号带来的力量,推动着人类,从石器时代一直走到硅晶时代。

文字催生哲学

文字作为一种代码形式,绝不仅仅是语言的记录形式或外在设计,它是全部交流活动的"意义"的一种必要的构成,说出来的信息和写出来的信息会在交流活动中具有不同的意义。

——罗曼·雅各布森(Roman Jakobson,语言学家)

这场斗争为充实抽象概念的词汇库做出了至关重要、影响深远的贡献。物体与空间、物质与运动、永恒与变化、质量与数量、合成与分离等概念,直到今天还在沿用。

——艾里克·哈夫洛克(E. Havelock,英国古典学者)

在早期文明中,为何没有产生类似后来轴心时期古希腊或中国先秦智者们的系统性哲学反思?或者说,为何要到轴心文明时期才产生轴心突破?

现在看来,书面文本成了一种新兴的关键因素。当产生了第一批文字材料,作为反思的对象,识字人越来越多并形成争论。这种反思类型的认知,可能受到识字率的强烈影响,并受益于经验知识的去巫术化。

文字无疑促成了对知识更细致的生成,其作用超越了语言在人与人之间的直接传播。可是,这个优势直到很晚近都没有获得广泛承认。

有了文字,才能有系统反思,才能有哲学。

这是因为有了文字之后,思想才能不再以时间中的口语流的形式展开,而是像雕塑绘画一样有了空间结构。正如亚里士多德将诗文比作建筑物,只有在空间中才有结构。于是,思考开始结构化,不再只是意识流,人类不再只是随波逐流,思考开始像建筑码墙一样有了成果。

我们自可以试一试，如果不把自己的思绪写下来，一直在脑中来回反思，过不了多久，思绪就乱成一团麻，反思进行不下去。因为没有一件对照物，思绪很快就自我纠缠在一起。有反思才有自我，而不是相反。如果不形诸文字，即使是口语辩论，也可能在下一阶段的驳论中遗忘自欺，误导辩论的前提，反思的靶子移位而不自知。

有文字才有（系统）反思，更为根本的是，语言（无论是脑中的还是口语的）随风而逝，只有用文字将其固定下来，成为一个固定的靶子，才可能针对其瞄准进而反思。

没有文字，思想行之不远。文字是思想的台阶。没有这个台阶，思想经常在原地打转。

维特根斯坦说"哲学是语言游戏"，更具体一点来说，哲学是文字游戏。有文字，才有系统反思，才有理论知识，才有了哲学。

正如轴心文明时期之前被人们看作是人类文明的童年时期，同样，作为个人儿童时期的童年也没有哲学。

一些人对儿童进行哲学教育持有强烈热情，主张儿童从幼儿园开始，不仅能进行哲学思考，而且应当投身到哲学探索中。

然而，尽管儿童从一出生就开始学习语言，但是，语言的功能主要是为了交流，因而，儿童通过语言所理解的主要是他所生活周围的世界，他把这里当作他的全部世界，或第一世界。

只有当他通过文字，文字的功能主要不是为了交流而是记录，了解到另外一个与他所熟知的第一世界不同的世界之时，比较开始，反思开始。毕竟，反思反思，得先有思。

如果理性思考先于一切，那么，只是怀疑，就足以摧毁一切理性，或至少让理性踌躇不前、自我攻击、一无所获。理性只能是第二性的。至少要到儿童"第一世界"认知形成之后,面对"第二世界"的触动而有所比较,才有所谓之反思。因而,儿童哲学概念并不成立。

文字的这种作用,让科学家在不识字与识字的人之间发现了惊人差别——不在于他们所知知识的多少,而在于他们的思维方式。

科学家曾问道:"请给我解释一下什么叫树。"一位农奴回答说:"为何要解释呀?每人都知道树是什么,他们不需要我来告诉他们。"

摸心想想,这个农奴说的没错。在口语文化中,我们没理由斥责他。若要给"树"下定义这种做法有意义,只有离开口语语境,进入书面文字语境。

柏拉图就曾警告说,这种思维方式会让当时的大多数人无法理解:一人能够认识许多美的东西,但不能认识美本身,别人引导他去认识美本身,他还总是跟不上——你认为这种人的一生是如在梦中呢还是清醒的呢?

不只是定义概念,识字之人的思维方式不同于不识字之人。口语文化中的人缺乏范畴的观念,无论如何引导,看到圆形,他们只会说是个盘子或月亮或桶。

而且,他们也不能理解逻辑三段论。

当被问到这个问题时:

在极北之地,每只熊都是白色的。

新地岛位于极北之地。

请问,那里的熊是什么颜色的?

他们的回答是:"我不知道,我见过黑色的熊,其他熊我没见过……"

与此形成对照的是,即使只学过一点点读写的人就会说:"依其所言,那里的熊肯定是白色的。"

"依其所言"——就这四个字,反映出的却是一种层次的差别。

现在,会读写的人将他们对文字的意识,视为完全理所当然。信息摆脱个人经验的束缚,显现在一个个文字当中。有了文字之后,人类才学会了定义、分类、引用等这些(思维)技术。

从实物到文字,从文字到范畴,从范畴到逻辑,这是一段曲折的历程。给"树"下定义看起来已不够自然,而若要给"定义"下定义,就更使人一筹莫展了。

在荷马时代,口语文化中并不存在这类给文章自身构成下定义的词。因而,所使用的语言需要转换为新的形式,因而,新的词汇亟待产生。

作为一位好学求真、严谨周详的思想家,亚里士多德意识到这类主题"至今没有名称"。于是,他着手进行对知识系统化的工作。

亚里士多德意识到,文字作品应有"论题",这个词希腊语原意为出现的"场所";文字作品该有"结构",由情节和台词构成,这是借用了建筑物的说法。

如此这般,亚里士多德利用文字的持久性,逐渐建构起一处脱离具体经验的抽象世界,把关于这个世界的已有知识加以结构化,进而,他能够总结有关知识的知识。

而只要发动,知识本身就具有了推动自身前进的能力。从一张白纸开始,一人只要把一个字词写下来,对它们以不同的视角加以细细考察,并苦苦探究它们的含义,他就成了一名哲学家,哲学家的工作就是从定义概念开始的。

在亚里士多德看来,最基本的概念,不但值得定义,并且需要加以定义。

例如:"起始"指不必跟从任何它者,而"结尾"指本身自然地跟从某个它者,"中段"则指既跟从某个它者,也被另外一个它者跟从。这些表述与经验无关,它们是在运用语言来组织经验。

于是,亚里士多德奠定了这样一种传统:任何语言表达式,都是基于一种最基本的语言表达式之上的变化。而这种最基本的表达式,就是命题式的语言,或是说是下定义式的语言。

在下定义式的语言中,必须有主语,这是天经地义的。

亚里士多德的哲学中"本体"概念,就来自对希腊语法中"主语"的确定。本体就是本体,属性就是属性,就像在语言上,主语就是主语,谓语就是谓语,分工明确,不能颠倒。这是西方语言的最基本结构。

对于西方语言学而言,也只有这样才算语言,才叫说话。西方哲学、形而上学、逻辑学,都是这种语言"名词化了"的学问或知识。

亚里士多德的哲学,第一要回答"是"(Being)什么的问题。"是"到底是什么呢?它只"是"西方语言中的系词,除此之外,它什么都不是。而系词,只是语言中的一个成分罢了。

这样看来,当亚里士多德阐述在他看来最为根本的问题,也就是本体论问题时,也许他没有注意到决定本体论的先决条件。

也就是说,还有比本体论问题更为基本的问题。这个更根本的问题,也就是思维习惯。

任何习惯,都是一些"没有道理的道理"。我们能够在一种逻辑规则中说得理直气壮,可是,在另外一种逻辑规则中,可能并不会一样说得"特别有道理"。在这项意义上,逻辑也是一种思维习惯。

亚里士多德所谓的"主—谓"表达式,它显然"更"适宜于西方传统的哲学,或逻辑学。

逻辑是文字的产物

谁不信从逻辑,谁就将遭受万世秽辱,须臾不得停歇。

——索尔兹伯里的约翰

我们知道,形式逻辑是古希腊文化在吸收掌握字母文字以后的产物。

——沃尔特·翁

柏拉图曾抵制文字，警诫文字将带来思想的贫瘠，然而，历史证明，他所担心的那种"健忘"，并未成为现实。

为何没有成为现实？

因为在柏拉图之后，其高徒亚里士多德沿着抽象之路再进一步，发展出了一套文字符号中判断真假的规则系统：逻辑学。

亚里士多德定义了思想的根本概念，将种种观念系统性地纳入不同范畴，并确立了各种关系之间的逻辑规则。

因此，他实现了文字技术的最大潜能，使知识自身更为准确。逻辑关联的文字环环相扣，结论由前提推出。逻辑成为一种判断真假的工具：真理除了能够来自具体经验，仅从字面也可得出。

"如若马可能不属于任何人，那么人也可能不属于任何马；如若白的可能不属于任何人，那么外衣也可能不属于任何白的。因为如若它必定属于有些白的，那么白的也必然属于有些衣服。"

在这段文字中，亚里士多德既未要求，也未指示任何一匹马、一件衣服或白色的个人经验。他已脱离了实物和具体经验。仅仅通过操纵文字，他就得出了结论，创造了知识，而且这是一种更高层次的知识。

"逻辑"一词源于希腊语λόγος（逻各斯），表示"言语""时候"或"文字"。有人把逻辑想象为独立于文字而存在——三段论既能够写出来，也能够说出来。

但是，事实并非如此。口语稍纵即逝，根本来不及进行分析。

《荷马史诗》中没有三段论，它以事件而非范畴组织经验。依靠口述流传下来的史诗，其叙述根本是堆砌，词语就像河中的流水，稍作停留后就会匆匆逝去，语词的分析就只可通过听者的记忆和联想来实现。只有借助文字，叙述才有体现正误理性判断的可能。

逻辑是文字的产物,而不是语言的。

沃尔特·翁指出:"我们知道,形式逻辑是古希腊文化在吸收掌握字母文字以后的产物。"这一点,在其他独立发展出逻辑学的古印度或古中国,都无一例外。如此一来,随文字而来的逻辑的思维方式被内化为人类智性的一部分。

然而,任何一种文化中只要有了逻辑,悖论也就紧随而来。

在相隔千里之外的中国,与亚里士多德几乎同时代的名家代表人物公孙龙,心有灵犀一般同样留下了著名的"白马非马"悖论。它的内容形式如下:

"白马非马,可乎?"

曰:"可"。

曰:"何哉?"

曰:"马者,所以命形也。白者,所以命色也。命色者,非命形也。"

故曰:"白马非马。"

从表面上看,这段对话很使人困惑不解,"他喜欢白马"竟不能推论出"他喜欢马"。因为它已开始关注语言和逻辑。名与实不相符,类与子类不相容,导致本来看起来无一点问题的推理进行不下去。

那么,这些类或逻辑,究竟是世界真相的一部分,或是单单出现在某些文字语言中呢?

两千多年过去了,哲学家和逻辑家们仍在语言文字中苦苦挣扎。

现代数理逻辑转而采取一种新的方式:既然悖论好像是来自含混不清的语言,那么消除悖论的手段就是澄清这个媒介:将模棱两可的字词和语法,从语言中剔除,转而采用纯粹而严谨的符号系统。

也就是说,要求助于数学。

☙ 数学是一种语言 ☙

数学是一种语言。

——约西亚·威拉德·吉布斯

数学仅仅是一门语言,并不严密,更不神秘。

——路德维希·维特根斯坦

数学之如文字,犹如文字之如语言。

事实上,不仅是当代人在求助于数学,而且一万年前的古人早就从数学中获得帮助,这是因为数字是最特殊的一类符号。

在数万年人类文明史上,文字的独立发明出现过凤毛麟角的少数几回——分别发生于两河流域、埃及、中国及中美洲地区。但是,这四种文明中,最早的文字系统皆以数字为中心。

不论在东方或在西方,数字记录出现的年代都比文学早上至少一千年。比如,数字记录要远早于人类现存最古老的文字故事《吉尔伽美什》史诗,而这首苏美尔诗歌写作的时间比西方人的《荷马史诗》要早1000多年,而《荷马史诗》又比中国人的《诗经》还要早大约500年。

在石器时代人类的符号雕刻和绘画中,数字是一种常见的形象。在古老的人类文字系统中,数字占据着中心位置。

先有数字再有文字

埃及人、巴比伦人会求解线性方程、二次方程，以及在毕达哥拉斯很久之前就知道了毕达哥拉斯数。

——阿斯格·奥博

真理的完美典型就是九九乘法表，九九表精确可靠，没有任何暂时的渣滓。

——罗素

世界上现存最古老的书写记录，是数字的："29 086 单位大麦　37 个月　库辛"。这些大约在公元前 3350—公元前 3200 年被苏美尔人刻在泥板上的字符，最有可能的解读是："在 37 个月间，总共收到 29 086 单位的大麦。由库辛签核。"它是一份数字记录的财务文件。

如今，在整个欧亚大陆上发现的苏美尔人泥板中，已能够找到大于 10 000 的数字。到公元前 1600 年，著名的莱因德纸草书中已提出一元一次方程式的代数问题。不过，这些方程式中除了数字之外，没有任何其他符号。

最早的苏美尔文字，就像是现代的数学符号和音乐符号，只可部分表意。尽管这些数字符号不能拿来写情书，可是，用来记账收税、统计计算，却有神效。

对这些苏美尔人来讲，不能写情书记故事，好像并非什么大问题。因为他们发明这些字符的目的，本来就不是为了复制口语，而是想要完成一些语言做不到的事。

他们想用数字做什么事？

远古时期，为了生存，作为狩猎采集者的人类，需要记住的信息有限而具体，比如，一种蓝色鲜艳的果实有剧毒、向左手方向走一天有一条河流、部落里几十个人之间的相互关系和态度，凡此种种。

生存压力让人类善于处理大量动植物、地形和社会等形象感性信息。历经自然淘汰选择，人类大脑演化得只擅长储存和处理这些特定类型信息。

但是，在农业革命之后，社会愈发变得复杂，新的信息类型在社会中更重要：数字。

以前以狩猎采集为生的人类，从来不需要处理很多数目，比如，采摘者不必记住森林中每棵树上有几颗水果，也因此，我们脑子不太习惯于存取和加工数字。

但是，一个大帝国要良好运行，数字成为一个关键要素。也就是黄仁宇所说的，之所以一再崩坏，是因为缺乏"数目字管理"。

一个帝国要运作下去，仅有汉谟拉比法或雅典娜神殿还不够，根本还在于钱，无数的钱，来维持帝国的运转。这就要靠收税，而向数百万计亿万计的臣民收税。收税首先要有每人的财产和收入的数字，土地房屋长宽田亩的数字，商业流通中付款欠款的数字，行政管理中罚款豁免的数字……这些数字累积起来汇聚成一个海量数据的大海洋，等待储存和处理。帝国若是无法处理，就没法知道收多少钱，又如何能收税。

然而，要在脑中长时间记忆、回忆、计算、汇总这些海量数字，对普通人类而言，是一个脑力超载的任务，不是脑血上涌，就会头昏欲睡。

人脑的处理能力大大限制了人类扩大合作规模。

随着一个社会的人口与事务规模不断扩展，亟须储存和处理的数字数据也肯定会随之增长。但是，人脑又梧鼠技穷难以胜任，最终，社会难以维系只有崩溃。正因如此，即使农业革命发生后数千年，人类的社会组织仍然相对规模较小，无法壮大。

最早试图解决这个难题的是远古时期的苏美尔人。

在公元前3500年—公元前3000年间的幼发拉底河、底格里斯河中下游（现伊拉克），阳光明媚、水网纵横、沃野千里，定居于此的苏美尔人，发展出了这个地球上最早的发达农业和繁荣城市。随着人口增长和事务纷繁，亟须处理的信息也指数级膨胀。

一批无名的苏美尔天才，发明了一套系统：专为处理大量数据和抽象信息所量身打造，更重要的是能够在人脑之外储存和处理。

此后，苏美尔人的社会发展，不再受限于人脑的处理能力，而开始走向城邦和帝国。

苏美尔人发明的这套系统，就是"数字"。

数字，从此在人类早期文字书写中经常出现。不但在苏美尔人的文字系统中是如此，在中国、埃及和中美洲的古老书写系统中也同样存在。

在世界上屈指可数的几个独立发明出真正文字的地方，数字符号都先于文字产生。如同数字在农业帝国扩张中扮演的重大角色一般，数字对文字发展同样举足轻重。

苏美尔人先发明出数字记账系统，之后才有了真正意义上的楔形文字，或者至少是同时发生的，楔形文字的发明不会早于数字。

中国人也是先发明数字，之后才发展出真正意义上的文字。目前，中国已经发现最早的文字，是3000多年前商代刻在甲骨上的字符，这些字符中包含各种的数字，例如俘虏的数量、祭祀牛羊的头数、捕获鸟兽的数字等。

在玛雅人和印加人早期的文字范例中，经常出现表示数量的线段和点，一些近似于日历，大部分或多或少都与数字有关。

而在埃及人最早的象形文字书写中，则经常出现商品数量的数字。

因而，人类是先发明数字，再发明文字的。

文字之前，先有数字。该如何理解这个事实呢？

其中一种相对合理的解释是：数字符号可能是产生更完备的文字系统的必要前提。或者说，数字是文字发明的模范。

考古学家们在公元前3300年美索不达米亚的苏萨城遗迹中，发现一种奇怪的泥土制成品，其上有着不同数目的"缺口"，而这些"缺口"的数量与里边的"石块"数量正好匹配。

专家们推测这些"缺口"正是表示数字的象征性符号。随着这种符号固定多次使用,作为核实计数是否准确的"石块"消失了,但用于记录的象征性符号——数字,却得以保留下来。

其实,人类天生就拥有一种表示数量对应关系的线性符号——手指,并且,很早就懂得用手指形象地表示数量,这很可能启发了人类产生发明用线性符号表示数字的想法。

因而,试想汉语数字"三"。"三"是一个形象的数字符号,每条线都以一一对应的方式直接对应1个物品。而和"三"不同的是汉字"这"这种符号,中国人已无法知道它最初的形象源头。

显然,数字符号比直接表达图像或声音的符号更容易发明。毕竟,表示数量的数字符号并不要求人类具备精细的绘画和雕刻技,而象形文本要求人类具有更精细的描绘能力。比如,要用符号"|""||""|||"来表示1、2、3这样的数量是相对简单的,可是要用图画符号来描画表现"这"或是"象"这样的概念就相对困难得多了。

对于人类来说,用线段和其他标记来表示数量具有一定的认知优势,可以很容易地掌握。有了这个数字系统,人类可以更快地理解其他概念也可以用这种二维和抽象的方式来表示。数字的二维和抽象表示影响了用来表示概念的文字发明。

简而言之,数字的编码过程,对文字的诞生有着至关重要的作用。或者正是因为数字的存在,人们才意识到一些文字概念可以通过字符来表达。

数字之所以在文字产生过程中扮演着重要角色,还可能是因为以下一项特别简单的事实:数学确实太有用了。

从苏美尔人的城邦到古埃及人的金字塔,再到商代中国和古中美洲的各种遗迹——这些人类文明的所有伟大成就,都可以看到一个共同的规律。创造这些伟大成就的文明无一例外都高度依赖数字。

早在公元前3000年,埃及祭司就标明了恒星和星座。星图涉及复杂的计算,文化依赖于祭司对历法的解读。

数字符号让各种与历法相关的活动成为可能,这些活动帮助人们得以精确地计算和预测季节的改变及农作物的收成。

在人类的各种活动中,数字都发挥着关键性的作用。比如土地测量和税务,需要的不只是数数田野上羊只所用的简单小数字,而是更大的数字。除了收税与丈量土地,数字还辅助农业技术和工程技术的提高。

数字还在经济交易活动中,扮演了不可或缺的角色。人类最早的文字记录中有相当一部分是商人写下的账目,这些账目可以帮助当时的人们维护贸易关系网,更好地储存商品。

时至今日,无论讲汉语、英语或是葡萄牙语,全世界的人们几乎都会使用同一种叫作"阿拉伯数字"的符号来记录及处理数据。而想要打动政府、组织和企业,都要学会"用数字说话"。比如,不说"贫富""快乐"和"诚实",而是给出"基尼指数""幸福指标""信用等级"的数据。

基于上述原因,数字很可能是世界各种文字系统的典范。

几千年前,这些数字符号开始深刻地影响人类的生活方式:这些数字符号影响了人们维持生计的策略,改变了人们用符号传达思想的方式。

数学仅仅是一种语言

自从毕达哥拉斯以来,尤其自从柏拉图以来,数学一向跟神学关联在一起,对大多数专业哲学家的认识论都有深刻影响。

——罗素

数学如此有用,我们从小到大,自幼儿园就开始学数学,可是,我们却依旧不知道数学究竟是什么。

1939年，20世纪乃至人类有史以来最伟大的两位数理逻辑天才：49岁的路德维希·维特根斯坦（逻辑分析哲学先驱）和27岁的阿兰·图灵（计算机之父）在剑桥大学分别开设了一门名叫"数学基础"的课程。

而且，此时年轻22岁的图灵认为自己资历较浅，于是决定去旁听维特根斯坦所开设的课程。事前特意拜访已名震学界的维特根斯坦，在谈论了一些数学哲学和逻辑学的繁琐问题后，维特根斯坦认为图灵具备了参与该门课程的"资格"。尽管图灵在1936年发表了一篇文章，其重要性用任何形容词不会过分，它为整个计算机科学和所有相关数学与逻辑奠定了基础。

图灵致力于教数学基础，是数学世界的逻辑证明游戏，通过选择一组严格简洁的公理，作为整个数学建筑的逻辑起点，根据一定的规则，通过推导发展成为一个庞大的数学大厦，并试图验证过程的技术错误和局限性。

然而，维特根斯坦打算讨论的数学基础似乎是一种鄙视数学的哲学原理，至少当时剑桥大学的大多数师生都倾向于这么认为。维特根斯坦还反复说："我要一次又一次地说明，所谓的数学发现称为数学发明更为确切。"数学证明不能确定一个结论是真理，它只能确定一些数学符号的意义。

因而，数学中那些看上去天经地义不能置疑的东西（比如三角形任意两边之和大于第三边），并非新增了某个关于世界的事实，而只是换了一种说法（任意两边之和大于第三边其实就包含在对三角形的定义中）。

维特根斯坦说，"数学命题仅仅是一种语法而已"。

实际上，这触及了所有数学家拒绝面对的一个信念：所谓数学和逻辑的严谨性——有些人愿意称之为理性，但它只是人类的一种语言结构。

古人创造数学语言或符号系统的最初目的是描述隐藏在世界背后的真相并获得实用价值。但是，人类最终能否找到这种真相，或是精确描述该真相，却和我们使用的语言本身的严谨与否，没有直接关系。

不幸的是，他们的后代错误地认为，加强这种语言的严谨性可以引导人类接近世界的真正本质。

因而，当法国数学大师柯西17岁后，开始接触数学，用语言学方法重新解释了微积分。虽然柯西的语言分析无疑是成功的，但数学界认为它破坏了数学微积分的神秘之美。

更令人遗憾的是，数学只是一种语言。当语言传达核心信息时，无论它在这个过程中有多准确和有效，它都来自一种非理性的感觉。

任何语言的发明都是基于情感的，因为人类需要通过语言与现实交流。因此，数学作为一种语言，无论它在成长过程中有多精确和严谨，都无法摆脱它的非理性血统。

柯西之后的数学家仍然坚持提高数学的纯洁和严谨，这是数学的目的，他们忘记了人类祖先发明数学工具的初衷。

这一追求直接导致过程证明高于获得结论，对数学过程严谨的关注超过了数学本身所描述的事物。

与此同时，这也创造了一段极其荒唐的数学史：西方人习惯性地认为数学起源于古希腊，因为在古希腊之前无尽的岁月里数学从未被要求证明。发明数学的古苏美尔人、古埃及人以及古中国人理所当然地认为，数学结果比一系列证明要重要得多。

苏美尔人的数学是不讲证据的，这让许多现代数学家感到困惑。而这一点对古代社会来讲再正常不过，并绝非某种例外。埃及人、中国人和古印度人的数学中对过程的证明，也不过是某种附带的兴趣。

得出数学结论的证明过程，只是其达到实用目标的工具，而非相反。

古人不认为数学推理过程是一个应该公开展示的戏剧。同理，建筑师并不需要使用透明的玻璃墙，向所有的行人展示其屋梁是坚固的。然而，数学的尴尬问题，就是后代数学家们想把数学搭建成玻璃房子，而早期的数学家只满足于报告他们的发现。

古希腊人改变了数学的思维方式,因为数学在古希腊被当成一种神学和宗教。这源于毕达哥拉斯。罗素说整个西方哲学史是柏拉图的注脚,而柏拉图可能是毕达哥拉斯的注脚。柏拉图曾进入毕达哥拉斯学派进行学习,并特别在自己的学园门框上刻字:不懂几何,勿进学园。

而当年毕达哥拉斯游历埃及、中东时,埃及人、巴比伦人已经会求解线性方程、二次方程,以及在毕达哥拉斯很久之前就知道了毕达哥拉斯数。毕达哥拉斯被埃及人、巴比伦人的数学成就惊服,当时有人把世界的本原归为神归为水归为气,比如西方第一个哲学泰勒斯认为世界本原是水,而毕达哥拉斯把世界的本原归为数,他认为万物皆数,把数学无限推崇的激情转化为一种神化的迷信。这是一种迷信当然也是一种敏锐。他还组织起关于数学的宗教团体。当有忠实门徒发现无理数威胁到其信仰时,他就残忍地偷偷带人将其杀害并扔入爱琴海毁尸灭迹。

因而,从这个事例来看,西方数学家(也包括哲学家)追求数学理性的方式,反而并不理性。古希腊人惊艳于东方几何数学的严谨理性,而由此升华为一种激情和信仰。不再关注几何数学本身,而是一力维护证明几何数学的正确性,试图将数学几何这种人类的有限实践方式,上升为追求终极的途径,并为以此通神,这本身就有点荒谬。

古希腊人醉心于几何,然而,几何只是数学的一个细小分支,应用范围狭窄。

按照现代标准,他们给出的解释既简单浅陋,又武断专横。于是,毕达哥拉斯-柏拉图学派,坚持数学是物理世界的基本现实,基督教强调宇宙是上帝理性设计的,这两个方面融合成科学研究计划,其根本是:科学的目的是发现所有现象背后的数学关系,并解释所有现象,从而展示上帝的伟大和荣耀。数学知识成为绝对真理,就像圣经里的每一个字一样神圣不可更改。事实上,它甚至更崇高,因为对圣经有很多不同的看法,但对数学真理没有不同的看法。

同样,近代数学家也直接回答了为什么数学有效。深受大自然基于数学设计的希腊信念的影响，也受上帝基于数学设计的中世纪信条的影响，他们认为数学是通往自然真理的道路。

牛顿相信世界是上帝根据数学原理设计的。在1629年12月10日写给理查德·本特雷的一封信中，牛顿说："当我撰写关于我们的体系的专著（《自然哲学的数学原理》）时，我特别留意有助于深思之士相信神的原理；发现一个原理有益于此是我最大的快乐。"

牛顿是一位博学的神学家，他认为，其科学研究的主要价值在于证实上帝的启示。他认为科学研究是艰苦而沉闷的，但他仍然坚持研究，只是因为它可以证明上帝的创造。牛顿晚年转向宗教研究，他相信神设计的宇宙，希望上帝按计划维持世界。他用这样的类比：钟表匠继续修理钟表。

自然，一些数学家肯定会指出，为了确保最终结果是真实和准确的，我们有必要检查其证明过程。这种说法当然有道理。

从终极的意义上，这也可能是有价值的；毕竟，如果能够证明数学永恒正确，那么，如果我们全人类能从根本上做出正确的选择，当然是排在所有事务之前有最有价值的活动。

简单来说，是获得真理更重要，还是获得对真理的证明更重要？

当然，如果活动的价值就在于其是否为真，那么，对该活动为真的证明当然重要。但是，很显然，我们祖先最初发明数学的目的，并非纯为求真，而是有其实用价值，比如测量土地，比如解决商业问题。因而，将求真排在首位，这当然是本末倒置。

而且，即使证明是否为真确有价值，问题是：如果没有办法证明它是正确的，我们是否应该继续陷入僵局，等待一项可能永远无法给出的证明，而不考虑我们做这件事的本来目的？

比如，我们在乎的是用锤子做成的椅子，而不是锤子本身或者做椅子的过程，虽然锤子和过程会影响做出的椅子。

然而，我们除了检查锤子本身的结构或做椅子的过程，从内部来证明做成的椅子是同一的椅子，也就是正确的"椅子"，我们还可以，或更多的是直接从外部检查做成的这把椅子是否有用、是否一样。在这里，所谓正确，即内部（结构、过程）同一。

特斯拉的车，无论在美国还是上海生产，无论是 5 年前还是现在生产，工厂内部只要按照相同的（即正确的）数字标准，相同的（即正确的）生产过程，就能生产出相同正确的汽车商品。

然而，上帝、人生这些生成物，而非人造物或商品，没有一个标准，没有所谓的正确。因此，逻辑实证主义者发现自己从内部其实什么也证明不了。

数学这门语言的出现，或者应该说是现代人对数学语言的误解，使人类试图探索宇宙的行动，本末倒置。

数学家试图从根本上证明数学的准确性，从而建立现代数理逻辑。然而，现代数理逻辑是在形式逻辑之上发展起来的，虽然这种操作更准确、更抽象，但它的根源最终是古希腊语 being（是）真假二值的形式逻辑。

形式逻辑首先要回答"是"什么的问题。"是"到底是什么呢？它只"是"西方语言中的系词"being"。而系词，只是语言中的一个成分罢了。

从这个意义上说，逻辑也是一种思维习惯。按照这个逻辑规则，我们可以说得义正辞严；但在另一个逻辑规则中，我们也可以说得理直气壮。

最终，数学家们殚精竭虑皓首穷经地论证数学推理过程中的准确性，最后回头却发现数学从一开头就没法证明其准确性。

数学的一个致命问题是，无论数学语言的结构多么纯净严谨，其基础都不是来自理性的推导。正如数学家哥德尔证明：最基本的公理假设不能被证明。

无论数学定理如何精准，然而作为其推论前提的数学公理本身，却没有证明。几何中对公理的定义，就是所有人公认的定理，而无须证明，也无从证明。这就好比建筑工程师一直在证明摩天大楼钢筋水泥的结构强度，却故意忽视这栋大楼建立在流动不居沙地之上的事实。

西方数学—哲学—科学传统,更是一种对数学精确性的神化和迷信。尽管这种迷信维持了对数学的投入,并无意中催生了现代科技之果,但是,现代科技的伟大成就,并不能保证其根基的神圣正确。

数学为何那么有用?

我要一次又一次地说明,所谓的数学发现称为数学发明更为确切。

——路德维希·维特根斯坦

更一般地说,看待数学,它们构成了真理或者假说,与其说由纯粹理性之光来证实,还不如说,它们为组织自然科学中的经验数据作出了非直接的系统化的贡献。

——蒯因(Willard Van Orman Quine)

维特根斯坦反复强调:"我要一次又一次地说明,所谓的数学发现称为数学发明更为确切。"维特根斯坦认为,不论是数学实体还是数学真理都是数学家的发明而非发现。

数学不仅是一种人为发明,而且深受其文化环境影响。它的真假取决于人,就像人对颜色的感知一样。

物理学家认为,数学植根于物理世界,他们只不过以数学作为辅助。在普朗克、马赫和玻尔兹曼眼中,数学只是为物理定律提供一种逻辑结构表述。

虽然数学只是人类众多创造中的一种,但它却让我们进入大自然的某些领域,从而使我们人类的进步远远超出对自己的期望。事实上,数学取得如此巨大的成就有点匪夷所思。虽然数学描述是人造的,但它已经成为神话和惊喜的源泉。

许多数学家尽管承认数学非常有用,但他们也承认无法解释这一点。

无数思想卓绝的伟大人物也不得不承认,数学的奇妙力量还不能解释。数学与哲学家皮尔士评论道:"很可能这里有某种秘密有待于发现。"而爱因斯坦评论说:"这个世界最不可理解之处就是其可理解性。"后来,薛定谔则说,人类发现自然规律这本身就是个奇迹,很可能超出了人类的理解力。物理学最终的收获只是一套数学公式,而物质世界的真实本质永远不可知。

这些思想领袖承认,尽管数学中有理性因素,但是,数学是一种人类活动,很容易受到人类所有弱点的影响,任何形式和逻辑的陈述都是一种虚构甚至传说。

路德维希·维特根斯坦是对这个主题思考最多的哲学家,他宣称数学不仅是人类的创造,而且深受文化环境影响。数学真理取决于人,正如语言取决于人一样。

"数学仅仅是一门语言,并不严密,更不神秘。"而依据维特根斯坦著名的"语言游戏论",那么,作为一种语言的数学,也不过是一种游戏而已。然而,数学只是一种语言游戏,但为何却如此有用?

今天,普遍接受的数学概念已不复存在,事实上,有许多相互矛盾的数学概念,但是,在描述和研究自然与社会现象时,数学的有效性却在持续扩大。这是为什么?

只需简单提及一些现代科学众所周知的一些成果,如汽车、电报、飞机、电影、电话、电视、X射线和原子弹。

虽然功劳不能完全归于数学,但数学的作用比实验科学的贡献更为根本和不可或缺。这些对数学为何有效的解释变得紧迫。

虽然从数学(数量)上,变来变去,都是一样的,看起来没有什么意义,就像玩游戏一样。然而,物体不只有数量这一种性质。

例如,1×6方格组成的长方体,与2×3方格组成的长方体,从数量上是一样的,从数量上是一样的,但是,1×6长方体可以从1格的小洞中出来,2×3长方体则不行。就像我们日常生活中的寓言,长竹竿横竖都出不了门,只有直着才能出门。正是,这种2×3到1×6的变化,单从数量这个性质上看,像是一种游戏,非常无聊。

然而，却正是这种无聊至极的游戏解决了问题，甚至还非常有用。为什么？

虽然长方体从数量上没有变化，但是，从形状上有了改变，从而，让这种无聊的不变有了意义。

不过，这种有意义并非从数学本身内部产生，而是来自数学之外。

但反过来说，数学特别之处，或者说特别有价值的地方，就在于变来变去还能保持数量上的一致，即准确。

数学的这种一致，带来的最大作用，首先体现在人类文明通过数学的分割，可开展多人多年的合作，而让人类文明成果有所累积，不拘于一人一世。

遵循数学的方式，让人类的努力，在一时一事中遵循数字显得僵死愚笨，而在百世千代的事业中则显出辉煌伟力。这一点，可以参照从亲近数字并奉数学为圭臬的商业与科学一日千里的发展，而其他人文学科则循环徘徊难有长进。

数学作为人类实践工具的强大有效，并不是来源于其天然的永恒正确，或是理解深刻，而恰恰相反，是来自其对于现实的某种"曲解"，对现实不同程度的分解与简化。这种分解与简化，让人类的实践可以累积与合并，从而带来持续的和规模上的实践成果。

而数学作为一种语言，无论证明得有多么精密和严密，终究都无助于理解这个世界。

世间不存在纯粹的理性。或者说，纯粹的理性与世间无关。

数学之有用，首先不在于其一贯正确，而在于数学与世间有关。

《万历十五年》黄仁宇所说的，中华帝国之所以一再崩坏，是因为缺乏"数目字管理"。他认为中国古代社会长期未能实现大突破，始终难以走出历史的循环，至近代更是落后于西方，关键在于中国始终未能实现"数目字管理"，便是直觉到了数学的巨大威力。

数学不是用来理解世界，而是用来改造世界的工具。

数学，无论设计得多么精妙，也无助于人们理解世界，最多只是以肢解的方式呈现世界。比如，6.18黄金分割、勾股定理，这些精妙的发明和发现增加了普通人对自然世界的一点理解吗？没有。有的只是对数学更多的困惑与神秘感。

人们一直对数学觉得很神奇，万有引力定律和相对论 $E=mc^2$ 都是用数学来构造世界，但并未有助于人类理解世界。

理解世界是另外一种东西，比如禅悟，比如春花秋月的诗句。

所有时代所有人一视同仁的数字，虽然愚笨，但是，千人千世做同一件事而有累积，最有用。

这就像大公司与小公司的区别一样，虽然在小公司眼中，大公司依靠公文依靠法规依靠数字的方式工作，实在是太笨拙太迟钝太缓慢，但是，正是依赖这些数字文字，无数的人无数代共同完成了一些难以想象的事业，尤其是那些历经千秋万代的事业。比如科学，比如商业。而其他与数字相去甚远的人类事业，比如文学比如政治，多少代循环重复，也走不出困境，只能一日日衰败，而无累积。每次都是从头再来，甚至从头再来次数多了，人类会更加颓唐。

东方的秘诀、武道从来都是个人的，只可意会不可言传。而西方的专利、配方，都是要量化的，精确到最细微的影响范围之内。

科学无数学，也只是一种玄学。

无"数目字管理"是人治，无法代代累加，无法多人合作，无法证实改进。

这是数学的秘密。也是科学的秘密。也是商业的秘密。

世间一切学问，凡与数字数学靠拢的学问，皆发扬光大。

数学与语文完全不同？

那些语言文字，不管是书写的还是口语的，在我的思考机制里似乎不扮演任何角色。作为思考要素的那些实体似乎是某些记号,以及多少算是清晰的意象。

——爱因斯坦

如果说数学是一种语言,那么,语文学得好,数学就能学好?

然而,现实并非如此。

作为一种语言符号的阅读理解,学习数学和学习语文有着相似的心智过程。阅读,不论是文字的还是数字的,既是一种认知过程,同时,也是一种情感过程。

语文中的意义来自广泛联想的经验,而大多时候,阅读数学也是这样。

论证严密的算术和几何公理,整座数学大厦,建立在少数几条不证自明真理之上,而这些不证自明的真理,同样来自人类种群的集体潜意识,也同样继承了每个语言符号自发明就附着的含义。如同诗一般,数学使用特定的符号系统,把深藏的经验与符号连接起来,帮助读者了解暗藏丰富的意义和常用语言符号难以表达的东西。

在语文课上,阅读文学作品时,意识的轨迹会持续一段时间。读施耐庵的《水浒》,看武松抡动拳头打老虎头那一段。为何那头老虎应该被拳头打死,而非死于刀下或被木棍打死?《水浒》中李逵、解珍解宝兄弟等多人多次都杀死过老虎,而且还是多只,为何只有武松被当作"打虎英雄"而为人铭记?用刀棍致死与赤手空拳打死大不同。耍刀弄棍的都不是普通人,普通人与之无从比较;普通人只有赤手空拳,而武松就凭赤手空拳打死了老虎,而没被老虎吃掉。这让武松豪气干云、天神一般的形象在读者心里扎根。

学习数学的过程中也有类似的事。

各种表达方式的符号刺激相互竞逐感知,每个符号中都包裹着暗藏在背后的潜意识体验,而受符号刺激的头脑中则会涌现几百个相关的暗示。

比如,$1+1=2$,1个又大又红的苹果拿在左手,又一个又红又大的苹果拿在右手……我小时候有了2个苹果……口水要流出来,想咬一口……

差不多所有思考都是多轨的。在一条轨道上,是有意识的,其他的则否。一轨逻辑顺畅推进，其他轨道上有更多事物的未显意识记忆，那些记忆承载着与过往的连接。

不过，正是从这里开始，数学和语文有所不同。

语文追求语言中意义的宽度（或丰富性），而数学则追求语言中意义的长度（或深度）。语文不会约束多轨的思考，甚至鼓励发散思维、丰富想象；而数学则相反，要求始终有意识保持一条轨道一路向前，并约束多轨上的潜意识记忆不要前来干扰，这比发散多轨更难。

因此，数学符号需要数学家的刻意设计，与诗中的符号不同，其目的是简化简洁，剔除丰富但杂乱的来自多轨上的干扰，如此方能走远。

《易》中的爻与卦象的变化样式，就是符号简化的代表。它剔除每个变化过程中的本体，只注重事物之间相互生成变易的关系。数学同样专注于联结关系，而剔除主体干扰。

这种简化将稍纵即逝的思想中恒常不变的联结呈现出来，而这种联结为人类提供了一种崭新而强有力的思想。当看到一些意义丰富的符号时，多条神经受到刺激，无数意识同时激发，有意识地维持一条轨道的思绪，无疑更为困难。然而，一次持续专注于一条轨道的意识，或将导向更深层可能性的最富创意思想。

虽然数学作为一门语言，和其他的语言一样也是建立在非理性的基础之上的，并不能保证其在终极意义上的正确。但是，数学和其他语言的不同之处在于，其追求永恒正确的目标，至少在其系统内部证明是可实现的。这也是数学存在的价值和其魅力之所在。

在语文课中，文字符号表现我们看见或想象的世界。理解那个世界只需要很少的特殊技巧，更多需要的是为人的经验。

然而，数学不同。它需要更多的技巧训练，甚至还要有天赋，经常还要求经历长时间艰难的自我控制。因此，数学多半会使用符号，删除庞杂赘语以简化联结，从而产生一种迅疾如电的心智过程，呈现出更为基本的要素关系。

于是，数学家们发明了众多如常数、变量、函数、集群、矩阵、向量以及集合论、数理逻辑、概率等所使用的符号。

单个数学符号，对人类的创新思考可能没有太大作用。但是，一旦它们组合起来，通过相似、等同、重复等种种关联，可能会得出强有力的联结，甚至创造出我们从未察觉到的思想。而这些思想其实一直留存于集体潜意识中，只是难寻而已。

数学之美，在于一心一意、化繁为简。别出心裁的原创、简洁明了的解说、妙至毫巅的证明、饱含深意的关联，很大一部分，都要归功于简洁而精巧的符号所启发的功效，因为这些数学符号只注重组合与关联。

数学能力的大脑建构

数学家仅在头脑里测量事物的形状和形式，完全脱离了实体。

——阿尔伯蒂

近万年以来，数学这种精妙简洁的符号系统，在人类生活中发挥的作用越来越大。不仅仅在自然科学和商业金融方面，差不多所有知识领域，全都由数学符号肩荷大任。

然而，数学呈现的方式却越来越复杂难明，与人类日常生活的思考方式差别越来越大，都快要和人类日常语言完全脱节。

$$-\frac{\hbar^2}{2\mu}\frac{\partial^2 \Psi(x,t)}{\partial x^2}+U(x,t)\Psi(x,t)=i\hbar\frac{\partial \Psi(x,t)}{\partial t}$$

$$-\frac{\hbar^2}{2\mu}\left(\frac{\partial^2 \Psi}{\partial x^2}+\frac{\partial^2 \Psi}{\partial y^2}+\frac{\partial^2 \Psi}{\partial z^2}\right)+U(x,y,z)\Psi=i\hbar\frac{\partial \Psi}{\partial t}$$

$$-\frac{\hbar^2}{2\mu}\nabla^2\Psi+U\Psi=E\Psi$$

量子力学基本公式之一：薛定谔方程的数学表达形式

依据量子力学理论所推导出来的公式,可以计算电子出现的概率,整个硅片乃至整个世界的计算机信息产业都是在此基础上建立起来的。大部分普通人只要见到这些公式一眼,就只会僵直当场,像是夜行的瞪羚在路中央被车灯强光照住一般。这种反应实则很自然,并不代表普通人天生愚鲁或是欠缺好奇。

除了凤毛麟角的少数例外,人类大脑天生没有能力去思考像量子力学公式这类对象。

物理学家、数学家为何能这样思考,是因为他们抛弃了人类日常思维方式,从头训练掌握如何在外部符号系统的协助下思考。他们的思考过程很重要的一部分,并非在他们的脑子里,而是在电脑里或是教室黑板上。

然而,如此复杂难明的数学公式,真的是来自我们从幼儿园学习掌握的数学能力的成果吗?我们究竟是如何学会数学的?数学能力又源自何处?

今天的学龄前儿童就被教导要认识数字,学会数数,并了解与数量有关的文字,他们能轻易背出从1到10的数字。

但是,学会数数与真正识数并不相同。

一名三岁孩子即使不是真正懂得"一""二""三""四""五"这些字与一只手上的五根手指之间的一一对应关系,也能数到5。

其实,不论是发生于儿童的什么阶段,这种一一对应才是数学能力的真正启蒙,人类运用智力的一个巨大进步。

然而,没人注意到这种飞跃发生的瞬间,在那一秒,好像不会有任何特别惊异的顿悟体验。每人都有两只手,每只手各有五根手指这件事,这好像根本不足为奇。

那么,数字与物体的关联,究竟是如何在大脑中反映的?

人类学家们发现,虽然人类不同的文化群体中发展出不同的数学文化,却都呈现出一些相似的数学观念。这些观念甚至在人类童年期就已出现,不受区域文化的影响。

例如，直到 20 世纪，大洋洲和南美洲仍有一些部落，其语言中没有大于 5 的数，也没有用来表示 4 以上数量的字符。然而，即便如此，这样一名没有 5 以上数量观念的亚马逊地区的儿童，仍然可以清晰地意识 10 和 20 个物体之间的大小差别，并做出正确的排序，甚至能做出类似加减的数量计算。

现在我们已经知道，这种初级数学的核心能力，与大脑两个半球的顶叶区域相关。在儿童大脑中，这些顶叶区域对物体的数目高度敏感。

而且，不仅在人类儿童脑中，在恒河猴的脑中，也发现对物体数量进行反应的神经元，而这些神经元所在区域正对应着人脑进行心算时所激活的顶叶区域。

动物学家发现，猴子及一些群居动物，也与人类一样有数数的能力。它们天生就知道自己群体里有 5 个或是 10 个伙伴，猎食动物群体有 3 个或是 5 个，这对它们来讲至关重要，甚至是致命的。那些没有数量意识的动物，可能都没能活下来。

这样看来，一向自诩为"纯数学"巅峰的数字理论，竟本源于对动物赖以生存的两种常规能力：计算食物及同伴的数量的能力。

这是何等的妙不可言。

人类理解世界中的数字的能力与生俱来，数学能力的发展基于人脑最基本最普遍的能力。数学需要特定的脑结构及脑功能完整性，某些特定的脑神经缺陷会造成计算障碍。

而脑科学研究发现，人类数学能力的形成，有赖于千万年来进化过程中积累形成的大脑对空间、时间及数字的表征。

即使是最简单的数字展示，在大脑中也会激活数感、视觉、语言表征等多种功能的神经回路。而进行数学计算则要调用更为复杂的分布式神经网络，中央沟区域、顶叶和海马之间的连接活动频繁。如进行"3,6,9,下一个是几？"之类的数字归纳推理任务时，顶叶区域会被显著激活。减法调动的神经回路集中在下顶叶区域，而加法和乘法需要调动其他脑区。

大脑的数学活动为何会激活如此多似乎无关的神经区域？

这是因为数学学习的"数学化"即内容符号化，包括数字数量加工、数学计算、符号加工推理等活动，建立在非正式数学理解的基础之上，而数字是和空间与具体经验在人的大脑中紧密相连的。

正是这种紧密相连，在人的大脑中形成了数学这样一种抽象层级较高的大脑建构。而任何能为人所理解的抽象事物，最终都能够用非抽象事物解释。

在大脑的神经连接组建构中，有些概念抽象层次低，能直接使用具体事物解释。比如"坚硬"，大多数石块就是坚硬的，"坚"和"硬"也是带有"土"和"石"的偏旁，极易理解。

而有些东西抽象层次高，比如"逍遥"，先需要用抽象层级相对低的事理解释（悠然自得），随后再一层一层地往下使用抽象层级更低的事物解释（一人缓步行走的样子）。

不论如何，到最后一定能够被可见的具体事物解释。对现实世界没有的抽象事物，大脑的记忆本质是联合那些解释它的神经元。

在数学中，同样如此。数字的记忆神经元组和运算的记忆神经元组联合到一起，所谓运算的记忆神经元组又是数字（或是那些棒棒糖）演示加减乘除过程的记忆神经元的组合。

先给个超级简单的解释，假设数学就是 1＋2＝3 此类加法运算。比如，1 根棒棒糖加上 2 根棒棒糖等于 3 根棒棒糖。1、2 此类数字尽管并非实体事物，可是属于人类创造出来的可见的具体事物（一根棒棒糖）表示，极易理解。"＋"加法运算尽管也是抽象事物，但抽象层次较低，能够使用具体事物的具象变化解释（1 根棒棒糖→2 根棒棒糖→3 根棒棒糖）。

加法运算将具体的主体（棒棒糖）抽象简化掉，就是两个数字相加之后获得另外一个数字。由此出发，乘法可以通过加法来理解。比如，小学老师讲，乘法是多次的加法。最后就能够一层一层来解释整个数学。

若是仔细回想我们从小学、初中直到大学的数学课程，最开始就是使用具体事物解释运算是什么，理解一些简单的定理是怎么回事，再往上就开始用小学学到的简单事例解释更复杂的事理，随后慢慢一层一层地往上学习往上解释。

研究发现，在具体的生活情境中解决数学问题，比起纯算式的问题，学生更易回答，如 $1×5$，和"一支铅笔 1 元，我要买 5 支应当付多少钱？"。并且，内容陈述得越具体，问题越容易得到解决。

可见，数学的抽象层次尽管较高，但其实也能使用具体事理解释。其他理科知识大体也是如此。

❧ 字母与汉字 ❧

alphabet 独步天下

普罗米修斯赠予人类的最宝贵的礼物，到底还不是火种："我为人类发明了数，这是所有科学中最最重要的，还有排列字母的技术，这是缪斯诸艺的创造之母，借此可以把一切都牢牢记住。"

——埃斯库罗斯《被缚的普罗米修斯》

从根本上讲，字母是表示声音的形状。因此，它们代表着通过眼睛这扇窗口而进入观念的事物。

——索尔兹伯里的约翰

终于，苏美尔人开始希望除了无聊的数字数据外，还能写些其他东西。

在公元前 3000 年—公元前 2500 年间，苏美尔文字系统逐渐加入越来越多的符号，成为可以完整表意的楔形文字。随后，几乎同时，埃及人也发明象形文字。至少到公元前 1200 年的中国、公元前 500 年的中美洲各地，也都各自发展出了完整表意的文字。

从这个世界上最初的四个文明中心，完整表意的文字开始向四方远扬，让人学会用文字来预言、记史、写情诗、演戏剧，还有记账。

然而，随着文字表意的形式和用途越来越多，文字的数量也越来越多，由最初的几十个文字，增加几千几万个。学习掌握文字成为一项凭空记忆大量符号的巨大工程。只有少数巴比伦祭司、埃及僧侣和商朝书吏的皓首穷经，才能掌握这些文字。

怎么办？

人类找到了新的办法，通过拼音把文字与天生习得的母语连接起来，借用母语在语音与语义之间已建立起的对照关系，大大减少了人类在文字表意方面的记忆任务。任何人只要把字形和母语的语音连接起来，就可以知道文字的意义，就能够阅读和书写。

人类从出生开始学习母语，到小学开始学习文字时，已经学习了大约 6 年语言，已经在语音与语义之间建立起大量对照关系，比如，如果直接学习"狗"这个字，孩子要记住"狗"这个字的音形义。通过母语的语音，孩子只需要记住"狗"与"gǒu"之间的对照关系，通过"gǒu"这个声音，把在他生活中已经出现过无数次的"狗"这个活泼可爱的小动物联系起来，有关"狗"的一切知识和记忆都连接起来。

虽然文字最初的起源是符号，尤其是受到数字数学的影响。（数学在人类生活中用途广泛且效用巨大，继续发展壮大为另一条大河。）而文字则汇入语言的水源，成为符号的另外一条支流，继续朝着偏向语言的方向流去。

任何一种语言，自产生肯定有语音，但却不一定有文字。因为口语语言和文字符号,本来就是来自听觉和视觉两个不同感知系统的两套独立系统。因此,语言文字发展过程中,语音系统和文字系统相分离也比较多见。

例如,韩国人、日本人和越南人最初直接用汉字记录本民族的语言,因此,汉字并非只表达汉语这一门语言。反之亦然,东干文字是中国西北的东干人用斯拉夫字母记录汉语中西北方言的文字,女书则是广西女性改变汉字形体创造的特别表音文字,还有比如汉语拼音。汉语本身也能够被其他文字记载。

文字的演化采用了两种方式,音和形两方面都在精简,只保留下最为本质的部分,从拉斯科洞窟岩石上的野牛彩绘图画,到古埃及象形文字将这些图像简化为笔画的形式,再到腓尼基人和希腊人字母表的诞生。最早出现的是象形文字,随后出现了拼音文字。

拼音文字系统中出现得最晚的是字母文字,字母文字是所有文字系统中最简化、最具创新性的系统,用一个符号代表一种最基础的声音。

地球上的所有字母文字中,"字母表"这个词,都是同一个:"alphabet"。字母表在历史上仅被发明过一次。

它发明于地中海东岸地区,这个地区包括巴勒斯坦、腓尼基和亚述,是政治纷乱,也是商业发达、文化交流融汇之地。

往西南是埃及,其独立发展的象形文字已经进入精致到繁复的程度。往东北是伟大的美索不达米亚文明,苏美尔楔形文字已使用了千年。而跨过海洋往西去是塞浦路斯和克里特岛,有旅行者和商人带来米诺斯文明、赫梯文明及其他地中海文明的文字系统。

到公元前13世纪的古迦南人,发明了楔形拼音文字。随后是在巴勒斯坦地区的闪米特人,创造了一种更为精简的拼音符号系统,由22个符号构成。祭司们为了记录的文字是保守的,而商人们记账的新技术却讲求实用。此后字母如同病毒传染般迅速传播开来。

从此,世界上的文字形成两大支流,一支兼表意音,如苏美尔楔形文字、古埃及象形文字、汉字、玛雅文字等四大古文字；另一支表音，如源出迦南字母的表音文字腓尼基字母、西传希腊字母、拉丁文、英文、西里尔字母等，东传阿拉姆字母、阿拉伯字母、印度诸音节文字、粟特字母、蒙文、满文等。

毋庸置疑，腓尼基人最重要的贡献是字母表"alphabet"，拼音字母表将使继后的一切文化发生革命性变化。

汉字自卑

中国言语与外国言语是构造上的不同，无所谓进化与不进化，乃截然是两种东西而已。

——张东荪

任何一种文字都与创造它的那个文明社会的思维方式紧密相关，文字的命运也与这个社会息息相关。

——亨利-让·马尔丹（法国历史学家）

于是，到近100年来，欧美强势崛起，中国挨打落后，学习效仿英文等拼音文字成为潮流。"拼音文字更高级""拼音化是文字发展终点"等观念，盛行一时。面对汉字象形化特点，少数国人心中一直纠结着一种挥之不去的民族自卑情绪。最害怕被西方人说汉语是一种蒙昧的语言。作为象形文字的汉字，如同古埃及象形文字一样，是文字的活化石。

而且，据联合国教科文组织统计的世界上最难学的语言排名：1. 汉语，2. 希腊语，3. 阿拉伯语，4. 冰岛语，5. 日语，6. 芬兰语，7. 德语，8. 挪威语，9. 丹麦语，10. 法语。

处于另一个极端的是意大利语。意大利语的拼写特别规则，意大利儿童在接受几个月的文字教育后，差不多能拼读所有单词。相反，法国、丹麦以及英国和美国的儿童，则需要接受好几年的学校教育才能学会高效地阅读。

而在中国,阅读课程要开设到13～19岁,好让学生掌握读报所需的几千个汉字。汉字含有至少五万个符号,其中有六千个左右是被大部分识字者常用和掌握的。汉字组成了人类历史上演化出来的最丰富同时也是最复杂的符号系统。

这也是为何意大利的小孩小学低年级就能读书,英国的小孩得再晚一些,而中国的小孩有许多要到了小学高年级甚至初中才能自如地读书。

尽管当代中国和日本的发展成就表明,使用象形符号的文字并不会阻碍大众文学的消费、知识内容的生产和现代工业经济的发展。

不过,这并不能从根本上消除人们的潜在偏见:因为象形文字复杂难学,所以它们在实质上就劣于表音文字,尤其是字母文字。

然而,实际上,至少从汉代开始,汉字已经不能算是纯粹的象形文字。象形符号只占很小一部分,90%以上是形声字。汉字实为语素文字,由音符和意符分别同"文"组合。

汉字因为这个特点,相较于拼音文字,表音能力差,同音字和多音字多是学汉语的一大麻烦。在全球化交流盛行的时代,会发现其他语言许多音在普通话里没有一一对应的文字,只可用近音替代,例如用近音"秘(bi)鲁"代替,还生造了一个多音字。

可是,汉字表音的短处与汉字字形的长处相得益彰。

汉字使用了三千多年,其系统差不多没有大变。今天的中国人读2 000多年前的老子《道德经》并不困难,现在的英国人读300多年前的莎士比亚原著已困难重重。

汉字起源于图案的符号,不受地域语音差别的阻隔,统一了使用各种各样口语的人群,口语不通的人们之间能够通过文字交流,间接促成了中国大一统政治局面。而按照拼音文字的原则,欧洲每一个区域按语音差异,诞生一种民族语言文字,形成四分五裂的局面。

因而,一种文字发展潜在的动力,并不像人们通常意识到的,只有表音充分、简单易学的原则。推动文字发展的还有文字的精确性、稳定性、丰富性等一些更多因素。

语言学习同样如此,除了入门的难度,还有精通的难度。

表音文字字母少,单音少。虽然入门容易,但不能联想记忆的单词多,语法规则多,学习难度大。汉字入门难,要记的字多,但单词理解简单,语法简单,学习简单。

几千个汉字就可以表达世界,而成千上万的英语单词才能表达世界。英语词典通常比汉语词典厚得多。

汉语掌握3 500个汉字,就能读书看报、搞科研……英语不掌握20 000个单词别想读报,没有30 000个单词别想把《时代》周刊读顺,专业人士更是要掌握80 000个以上单词。

英语和其他字母语言有太多的单词,跨行业已经成为一个大问题。因为新行业都有很多新单词,每个行业都需要依靠专业人员服务。在汉语世界,每个人都可以相对容易地跨行业理解。例如:

猫(cat)、狗(dog)、猪(pig)、猴(monkey)、狼(wolf)、狐(fox)、狮(lion)……

电影(film)、电视(television)、电脑(computer)、电话(telephone)、电梯(elevator)……

三角形(triangle)、四边形(square)、五边形(pentagon)、六边形(hexagon)……

其中,电影用"electric shadow"太长,因此改用新词"film",电影院用"Electicity Shade Hall"更长,因此改用"cinema"……阅读视角有限,太长的单词会降低文章的可读性与读者的理解能力。即使用词根词缀组合也太冗长,只可新造简短单词。而单词一简短,就难以形成关联识记。英语词典海量的单词就是这么来的。

然而,意音文字既然如此好,为何拼音文字泛滥成灾,而主要的意音文字只有汉字?

人类远古文明产生的四大原生文字,唯有汉字依汉族存活下来,其余的都随其民族被消灭。改编自他族的文字,缺乏对原生文字的耐心,表音文字只要在"音—义"中建立联系。意音文字要在"形—义"建立联系,再在"形—音"建立联系,然后是"形符+

声符"组合成意音文字,远比表音文字麻烦。

表音文字创立之初的人类童年时代,需要表达的信息远没有今天这么海量,主要是日常生活中的自然物,人口不多,市场中的商品和行业也不多,技术也不发达,关注的事物数量也有限,编一本字典也不会像今天这么厚。表音文字的少量字母,满足了入门简单和表达非海量信息的要求。

到了当今海量信息时代,表音文字反倒不如意音文字强大和高效,意音文字拥有更多的形(义)符和音符,可以给海量的信息提供近乎无限开放的语义表示可能。比如,英语仅有26个字母按照前后顺序排列构成单词,而汉字有31个笔画,笔画能左右＋上下两种顺序进行组合,而且常用字符达2 000多个,可能的组合数量多得多。

更为基本的原因是,表音文字是一维信息码,意音文字是二维信息码。意音文字用字形来表义,用音符来记音,从视觉和听觉两个维度来表示语言变化。而表音文字只用音位、音节排列组合表意,只用听觉感知一个维度来表示语言变化,废掉经由视觉识别字形表意的维度,语言表达能力差得多(例如,电影—electric shadow—film)。汉字基本字符多,组合维度多,组合表义字符相对简短,效率高。

有一种说法是,今天是一个知识爆炸的时代。将表音文本和意音文本的架构设计相比,表音文本适合表达相对简单的口头信息,而不是大量的信息。意音文本的汉字比表音文本更适合表达大量的信息,并承担信息时代的责任。

姑且看之。

汉字是"最讲道理"的文字

梵人别音,在音不在字。华人别字,在字不在音。故梵书(指字母)甚简,只是数个屈曲耳,差别不多,亦不成文理,而有无穷之音焉。华人苦不别音,……华书制字极密,点画极多……故梵有无穷之音,而华有无穷之字。……梵人长于音,所得从闻入,……

华人长于文,所得从见入。

——郑樵[北宋]

中国文字的基础却似乎是深刻的理性思考,它们如同数字一样能够唤起事物的秩序与关系。

——莱布尼茨

口语语言是一种不讲道理的纯粹制度,完全是约定俗成的。

因为每个字词的语音形成,并没有道理可讲,词与对象之间未建立必然的联系。比如"苹果"这个物品的语音,在中国可以是"píng guǒ",在英国可以是"apple"。正是这种不讲道理的任意性,使语言与其他制度区别开来,比如公司规章、专利法、党章。

而西方的拼音文字,完全模仿口语,依靠拼出语音而成词,符号与语义根本无关,两者的联系全是任意的。语义的唯一的源头是听觉,语言使用者根本无法就字母的形态进行思考,为字母组合赋予的语义完全是约定强加的。因而,西方的拼音文字是"不讲道理"的语言。

反观汉字,古汉字是一种象形文字,而象形符号本身就是一种象征,象征不都是任意的,象征已包含了意思。因而,汉字从一开始就是"讲道理"的。

汉字怎么讲道理呢?

因为汉字象形,符号本身有意义,例如"月"和"日",月是弯的,日是圆形,汉字形状给予字以含义的指示,因而,"月""日"并不能随意互换,"月"和"日"两字本身就有道理。

而且,汉字除了象形之外,造字通过"兴书六事",符号以不同方式赋予意义。比如指事,刀口加点为"刃",木底之根为"本"。比如会意,双木为"林"、三人为"众"。比如形声,"机器"的"机",偏旁"木"是有意义的,形符本身给予字以含义的提示或指示。

汉语因为每个字都有意义,因此只需把不同意义的字放到一起就自然成句了。正如"小桥流水人家",就如同数字符号把 1 + 2 = 3 放在一起,不需要过多的解释,不需要更多的时态、词形变换来限定,读者就自然而然地知道其义。

也正是在这项意义上,莱布尼茨说,汉字是一种更理性的文字,因为我们的汉字"更讲道理",能够从文字的形状本身赋予意义。

然而,最讲道理的文字汉字,反而让汉语成为最不"讲道理"的语言。

拼音文字因其模仿语音而成字,是一种完全人为的符号,而人类语音根本是任意的,本身几乎是没任何意义的。因而,拼音文字组成的文句,若不以逻辑、语法加以限制,则语义根本无法识别,歧义太多,完全没法使用。

因此,需要强加语法规则,或遵照事物性质进行分类,或从逻辑、范畴等各方面进行限定。

经过这种极严格的限定后,最没"道理"的拼音文字,反而成了"有一大堆道理"的语言。

反观汉字,这种最初讲道理的汉字,却形成了汉语中不用太讲道理的习惯。

汉字是一种自然符号,不论字形语音整个都顺应自然分类。其象征哪怕是被约定俗成,其造字也是马马虎虎的,遵循一种横向的联想习惯,有时还会不加区别地把文字的形态与语音的相似混淆起来联想。中国人通过象形和自然分类,获得了混沌不明的思想意象,因为汉字的形状本身带有观念,而并非代表某个观念。

拼音文字完全任意的字母,除了背后人为赋予一一对应的概念或观念之外,什么"道理"都没有。西方人通过拼音与对象的一一对应,获得了一大堆"观念"。

因而,"不讲道理的"成了"讲道理"的,"讲道理的"却变得"不讲道理"。

中西思想差异根源

由字以通其词,由词以通其道。

——戴震

形而上学、逻辑学、西方语言，都是"名词化了的"学问或语言，所谓一定要落实到主体，其实就是落实到本体，其中的人称代词不过是隐形的名词而已。

——张东荪

为何"不讲道理的"却"讲道理"，"讲道理的"最后却"不讲道理"？

只要我们驻足定睛在汉字的形态本身，如日月为明（☉、☽、明、朙、明），一种纯粹中国性的思想就自然显发出来。汉字的形态本身，就包含了一种强调内涵、隐喻和象征的特点，这种思想也贯穿了中国文化的方方面面。

中国思想的神秘之处也在于此。中国人的思维往往伴随着形象和状态的改变，若是放弃了眼睛（所谓"动心眼"）的因素，思维运行就会遇到阻滞。

从这个意义上说，中国文化传统是一种"眼睛文化"，延伸的"象"或象征都与相邻和抽象的形式状态有关。变化就是"象"的变化。这与象形汉字密切相关。就像占卜一样，汉字的字的"象"不是一幅现实的图画，而是一个意义符号。

柏拉图的"eidos"被译为"共相"，也是一种"象"，但它是一种特殊的类型，相当于事物的模型，一般称为原则、规则、本质、方式，是静态的。

在中国，"象"本身并不像柏拉图那样有条理。只是成为一种"征候"来指示变化。占卜是汉字的原型，其原理见于"变"。

"象"不等于事物，因为"象"总是一种广义的大象，从一开始就是混乱的。我们可以包含许多模糊的因素，如物体的象征和意义的象征。观"象"并不等于观察物体。用"象"来感知，类似于用某种图形或形式来思考，但最抽象的数学也应该演变成形式。例如，八卦中的线的形式变化（如下图所示）。

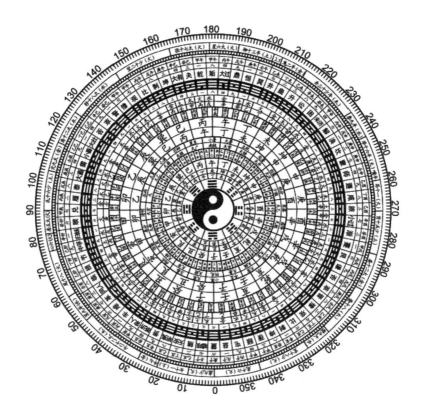

在这方面,中国古代名学不同于西方逻辑学,因为名学所谓的正名实际上是正象和正形(伊文子所谓的正名)。正名不像形式逻辑那样是下定义,而是命名,具有类比或比喻的特征。"象"是横向的"好像"关系,也就是"摹略万物之然,论求群言之比,以名举实"。

古希腊人以类似于字母造词的方式创造了"范畴"的概念,最初被用来对动物、昆虫和鱼进行人为分类,然后对概念进行分类。这是一种激进的人为而非自然的思维方式。

柏拉图警告说,这种思维方式会让大多数人无法理解:

群众无法接受美的观念本身,只知道各种美的事物。他们也不会思考事物的本质,只能理解各种具体事物。因此,群众不可能成为哲学家。

"群众"是"无文字社会里的人",而柏拉图认为"他们的心灵里没有任何清晰的原型"。

那么,什么是清晰的原型呢?

人类在心智上对经验从故事叙述到概念分析,有意识地接受抽象范畴,并以范畴而非故事来组织经验。这个过程就是思考。因此,这不仅是人类对自己的新发现,也是人类思维的开始。

在中国古代名学中,"以类取"与"以类予"绝不同于柏拉图的"共相""原型"和亚里士多德的"genus"。在这里,所谓以类取等于取比,取比也就是取譬,也就是取比喻。

"类"并不是亚里士多德形式逻辑意义上的"言"与"所言"之间的所属关系,而是随眼看到所想的近处的、相似的关系,是你周围的东西——你周围的东西是什么?身边的任意东西。

中国根据事物之间的外观,建立了具有"东方智慧"的秩序。

从这里开始,西方人一使用语言,就从类似科学研究的严格分类和逻辑开始,而中国人则开始了类似文学创作的丰富联想和联系。

中国古代思想中基本观念,所谓"天""仁""性""道"等,都是在取譬仿象意义上的"辞",而难称为西方意义上的"概念"。

在亚里士多德眼里,汉语中这样的"逻辑"肯定是混乱不堪的一团麻。

亚里士多德的《形而上学》是为了解决这个问题而生,之后西方哲学史上的大多数哲学家都以此为目标,这自然会形成各种思想系统(分类—模型—系统)。

亚里士多德的十大类别是体、量、性、关系、位置、时间、地点、状态、施和受。这十个类别分为语言状态的类型,属于属性,体现在西方语言的词尾上。中国精神传统缺乏实体和属性的二分法,范畴(category)不发达与语法中没有词尾变化密切相关。

我们可以从西方语言的文法中找到它们的基础：例如，"量"在西方语言的末尾加上 S。"性"如"这是红的"之"红的"，在西方语言中是形容词，形容词有固定的尾巴（如英语-tive）。其他范畴也是如此。至于所谓的"态"与"位所"则是希腊文独有的。

总之，亚里士多德的十大类别都是文法语言的格式。

在这项意义上，中国言语文法上根本没有这样的格式变换。比如，"走"，无论是昨天的"走"，还是明天的"走"，"走"字的形态都不变。无论是名词的"走"（走还是跑），动词的"走"，还是形容词的"走"（飞禽走兽），"走"的字形都不会变，不需要加一个尾巴或不规则变形。（而英语中的"走"（go），则出现了"went""going""is going""was going"等多种变体。

汉语构词缺少 form 式的思维，因而自然不会有这样的范畴。范畴不是东西，只是一项空的方式。因为汉字中没有这些规则变化形式，也能表示汉语。

中国言语中仅有概念，仅有"实物"的观念，而很少有方式的观念，因而没有范畴。概念之间的关系，没有规范，缺少统筹，也就很混乱。

汉语中的概念乱了，逻辑自然也就跟着乱了。亚里士多德《形而上学》中的本体观念来自希腊语言中的主语概念。在这种语言中，自然要有主语。

例如汉语中说"花红"，在英语中必须说"The flowers are red."，"the"是不能缺少的。一切谓语都是加于主体上的。虽可累积起来，但却离不开主体。

因此，亚里士多德认为主语是谓语加在上面的，但它本身不能变成谓语加于其上的其他东西。否则，思想中不可逆转的三条铁律（即同一律、矛盾律和排中律）就无法确立。

西方言语文法上有这样的格式，所以西方哲学中才有这样的范畴。西方语言的词根相当于一个依附于词根的本体，即所谓格式（form），它相当于属性。例如，英语动词的各种时态都是基于 being 在本体格式的变化。

西方语言中的种加属差的语言问题，成为西方人思维方式的基本问题，也成为西方哲学的根本问题。

在汉语中，不必强调主语也能成文。中国传统上，"象"与意义的关系称为"兴"，外国语中近称为"象征"。

"仁者人也"并非说"仁是人"，"者"和"也"分别不过是用声音表示舌尖的停顿，汉语中的语气助词经常只表示声音而没有实在的意思，这是来自口语诵读文化的"猪尾巴"。仁与人是一种"兴"的关系，并列，相当于"仁啊，人"。再如《中庸》："仁者，人也，亲亲为大。义者，宜也，尊贤为大。"由"仁"想到"人"、由"义"想到"宜"，都只是近音假借。

还有由"礼"想到"履"、由"痒"想到"养"、由"校"想到"教"、由"政"想到"正"。这些联想过程并没有遵守相同的过程。把原来不同的东西（通过类比、比方、兴和象征）当作相同的。为什么？只是因为它们在声音、形式、情绪等因素中有一些相似之处，它们才能过渡。这样的思想实际上只是一种情感上的感慨。

因此，中国古代思想中基本观念，所谓"天""仁""性""道"等等，都是在取譬仿象意义上的"辞"，而难称为西方意义上的"概念"。

本体求唯一，比喻求新奇。比喻可以有无数个，而且，比喻也有好比喻、差比喻。而概念、定义只能有一个。比如，现代汉语词典中的"仁"：一种道德范畴，指人与人相互友爱、互助、同情等。而古汉语中有《中庸》的"仁"（仁者，人也，亲亲为大。义者，宜也，尊贤为大。），还有孔子说的"仁"（夫仁者，己欲立而立人，己欲达而达人。），还有孟子的"仁"（仁也者，人也；合而言之，道也。），都在说"仁"，却完全不同。

汉语中到处充满了"借用"，把本来不相干的东西，借来充数。经年累月，竟然忘记了本字原义，原来只是一处类比或比方罢了，后人还以为有什么深义。

中国语言的横向类比，过分强调不同事物之间的相似性。事实上，这里所谓的相似只在某一点上相似，就能唤醒相似的情绪或想法，而不注意区分事物之间的差异，不研究事物的是什么，不容易形成立场或偏见，不极端，不容易争论，因此也就不能暴露事物形成的真正原因。因此，形式逻辑的传统在中国精神传统中并不发达。

与西方的逻辑推论相比,中国的类比思维有这样的差别:从表面上看,西方语言需要严格的系统封闭;而中国"就近取譬触类旁通"象征思维更加自由和开放。中国的精神传统是一个开放的活动过程,但为什么这个过程没有表现出西方哲学和科学的创造力呢?

最关键的原因是它实际上是一个自我循环的过程。

正所谓"有无相生,难易相成;大直若屈,大巧若拙;祸兮,福之所倚",这些道理并非自明,而是需要"分"明的,用一项不同的因素说明自身。这是中国式的"区分",不同于形式逻辑的"分类",具备循环的特征,很像鸡与蛋的关系一般生生息息。比如,《尔雅》中用"买"训"卖",再用"卖"训"买"。也就是说,虽然表面上是开放的,但实际上并没有走远,就像金、木、水、火、土一样,是循环中的关系。

另一方面,西方哲学-科学内容的最基本的表达式必须是一个完整的句子。所有这些句子都是系词 being 搭建起来,西方哲学中最重要的概念即是 being(存在);之后的思想大厦都是在此之上一点点搭建。用系词 being 来区分事物的差异,重点是区分或分析。

西方哲学和科学都是建立在分析思想上的。与综合相比,分析更强调立场冲突,可以通过衍生更多立场来激发更多的创新,因为所谓的创新只是展示不同的能力。

鸡、牛、草,哪两个一类?

> 凡一问题起来,在西方人总先注意于"是何",而中国人却总先注意于"如何"。
> ——张东荪

假如说上面这些论述,都是学理分析,空泛虚浮,没有什么实际意义。那么,我们来看看一项实实在在的统计调查数据。

美国的儿童多选鸡和牛，中国的儿童多选牛和草。

美国心理学家把上面的图片展示给美国和中国的儿童看，这三个物体中哪两个联系更紧密，应该放到一起？为何是这两个？以此测试不同文化中儿童依据范畴或关系等进行归类的心理倾向。

统计数据发现，美国的儿童多选择 A 和 C，因为鸡和牛都是动物，他们喜欢给物体按类别分组，相近的物体属于同一范畴的分类；中国的儿童多选择 B 和 C，喜欢依据关系对物体进行归类，他们说图中的牛和草是一类，因为"牛吃草"。

后续实验则更明显，让美国和中国的大学生对一组组词汇（比如熊猫、猴子、香蕉）自由分组，美国参与者选择熊猫和猴子，因为熊猫和猴子属于动物，香蕉是植物，倾向于依据范畴类别进行分组；中国的参与者则选择猴子和香蕉，因为猴子吃香蕉，熊猫吃竹子，倾向于依据事物的现实联系紧密度进行分组。

从明确的范畴或规则开始，似乎不是中国人归因解释的特征，而是更符合西方人归因解释的特点，认为熊猫是哺乳动物，猴子是哺乳动物，因为范畴就是这样定义的。

由此可说，现代的西方人比中国人更倾向于依据范畴对物体进行归类，并把关于各种属性的规则运用到具体事例中。

中国人坚信每个事实与其他事实都有某种关联，中国人比西方人对事物之间的各种关系感知更加敏感，并从事物之间的相关性、相似性方面来组织这个世界。

自古希腊始，我们再次遇到中国与西方文化传统很不相同的情形，也面临中西哲学家的感知推理为何相异的问题。

一个例证，在中国，汉语中的关系名词则远比西方发达。

古代中国的名词有一套横向的谱系，表示关系的名词远比西方语系发达，比如在家族系统：伯、叔、仲、季、堂、表之类；道德系统：仁、孝、忠、义、诚、廉之类。

西方语言中没有这么多的关系名词，一个"uncle"就可以指称伯、叔、堂、表所有关系。或者说，在西方文化中横向的关系并没那么重要的，重要的是其背后代表的"本质"。西方文化中关联，在于寻找到垂直方向的本体。无本体则无因，就无果。

汉语从造字到使用，自有一套特别的"横向"的关系分类法。

这原本是语言使用中的小小差异，可是它却也可能造成本质的差异。

当汉语世界以"横向的象"演变宇宙人生时，其重点在"通"而不在于"存在"，也不在于范畴。两种文化的冲突，表现为这个所谓的"本"究竟以"点"的方式，或是以"关系"的方式出现。

因为拼音文字是一维的，因为听觉是一维的，索绪尔的"能指"属听觉性连接只在时间上展开，而西方文化中的"语音中心主义"就是把这种偶然的约定当作必然的真理。

而不同于字母文字系统仅只表音，汉字系统由音符和意符分别同"文"组合，每个文字不仅来自"音"还来自"义"的双重解码，而这个过程实际上开启了字母文字读者没有激发的那一部分人类大脑。

源自象形文字的汉语更重视"看",被称为"视觉语言"。"视觉语言"不同于"听觉语言"被"直线型"声音强推前进,能够同时在多个方向上发挥想象力。与"同时性"联系的,还有注意瞬间性、细腻的感悟力等,它们好像能够延缓时间的进行,在时间停滞的空间维度中从不同角度增加意义的数量。

汉语"就近取譬触类旁通"象征思维的跨界性,这种类比或"好像"的方式思维,属于人类文明的"原始"思维形状。可是,这并不意味着它是落后的意识形式。在网络时代可能成为一种优长。因为它兼有听觉语言与视觉语言,流线型时间与画面性空间。

中国人从文字字形中以艺术的方式观察感受农业自然世界之变,而西方人则从线性的语音中以严谨的工艺方式模仿工商业制作世界之物。

亚里士多德形而上学把文字当作全部的真理,而拼音文字只是可怜巴巴语音的模仿。古希腊哲学的力量来自拼音文字,也受害于拼音文字。如果未意识到文字只是真相的影子,而把文字当作全部的真理。

现代人会把西方中世纪关于灵魂不朽的论证,斥之为无稽之谈,这些把词语当作实体,关于"灵魂"和"潜意识"的说法,就像缕缕鬼魂一样捉摸不定但流传千年。

从语言文字中,不但能够追溯逻辑,而且还能够追溯思想。

思想与文字,看起来性质完全不同的两类物事,却又紧密联系。在我们日久成自然的文字文化中,会理所当然地认为思想决定文字,而非相反,因为每人都会思考,但不是每人都会写字。

然而,事实并非如此。

持久长存的文字,开始反客为主,成为我们有意识思考的前提。它触发了人类灵魂一次不能逆转的升级蜕变。正如苏格拉底、柏拉图在奋力理解文字与思考的过程中重新发现了"灵魂"这个词,哈夫洛克说:

柏拉图在历史上破天荒头一次试图识别出普遍心智素质,并想寻找一个词来统括它们……他找到了征兆并正确地作出了识别。这么一来,可以说,他证实了前人隐约感觉到的猜测,即人能"思考"以及思考是一种很特别的心智活动,虽然令人不快却又十分令人振奋,它同时要求以一种非常新颖的用法来使用希腊语。

❧ 脑的阅读 ❧

阅读悖论

我希望,每个阅读者不仅仅惊诧于阅读内容的丰富多彩,也能体会到拥有阅读能力的无比奇妙。

——瓦拉迪米尔·纳巴科夫(Vladimir Nabokov)

文字的存在是一种沉默的存在,它们沉默着,直到有人将它们读出。只有当智慧的眼睛与石板上的刻痕相遇的刹那,文字才真正地拥有了生命。一切的文字都仰仗读者慷慨的朗读。

——阿尔维托·曼古埃尔(Alberto Manguel,《阅读史》)

不仅文字会影响大脑,而且大脑也会影响文字的发明。简单来说,如果文字发明出来,不能被人类的大脑阅读,发明的文字就没有意义。

发明文字是一种奇迹,能够学会阅读文字则是另一种奇迹。从生物进化的角度看,学会文字比发明文字更难,阅读能力的获得是人类的创举。

在人类400多万年演化历史中,文字的产生仅有4000多年的历史,拼音文字的产生更短,仅有3 800多年的历史。从人类演化百万年的维度来看,这点时间跨度几乎可以忽略不计,根本没有充足的时间来形成人类专门的阅读神经回路。

文字发明只不过短短几千年的时间,人类为何可在如此短时间里有了识别符号和文字的能力,而其他的灵长类动物却不行。这种神奇的现象也被称为"阅读的悖论"(reading paradox)。

不论是万能造物主的假说,或是自然选择的缓慢进化,好像都不能给出一个使人信服的大脑形成阅读机制解释。生物进化是随机的,不存在任何神意试图改变我们的大脑,以便我们有读书的能力。

现在我们已知道,并不存在什么悖论。

人的大脑从没为阅读而产生进化,进化的是文字。文字发明不断演进,逐步适应人脑加工文字的要求。

猴脑和人脑有着惊人的相似之处,猿猴的神经元也可以对看到的物体进行抽象。一只豹子,跑过来、爬上树、隐身、直立、蜷卧,在猴子眼中,仍旧是同一只豹子。复杂的物体能够借助其轮廓结构加以简化。

也就是说,我们灵长类的脑本来不过是为了适应非洲大草原的生活而设计的,而现在我们兴趣盎然地运用它来阅读庄子和莎士比亚的作品。进化中并不存在任何因素促使我们经过视觉来理解语言。

中国历史上有一条古老的造字传说,仓颉察鸟迹而造字。这个传说认为,是动物踪迹激发了人类祖先发明了汉字。其他文明中也有类似的造字传说。从这些神秘的隐喻中,我们需要认真思考一种假设——脑皮层上存在着文字阅读和动物踪迹识别竞争。

人类阅读脑建立的基因蓝图来自以狩猎采集为生的祖先。人的大脑最初并非为阅读而设计的,文字这种发明经过不断修改,最终适应我们人类祖先狩猎和采集的大脑,并出现在今天人类大脑中。

通过学习,我们祖先大脑中的狩猎和采集功能转化为阅读文本的能力,学习对大脑阅读功能的形成起着重要作用。

阅读和狩猎,看似完全不同的人类行为形式,只是一种错觉。虽然阅读是最近的一项发明,但它已经在大脑潜能的黑盒子中睡了几千年。在不同文化中长大的人使用大脑中的同一区域来识别书面文本。我们借用已有的神经回路来阅读。

相对于进化而言,短短几千年内,人类不可能进化出一整套阅读文字的"器官"。与之相反的是,文字"进化"出一套有效的书写系统,经过不断的精炼,最终发展为如今可以被大脑识别的文字。

同时,脑中字形区起先是狩猎中用来识别自然图像的,而并非字母或单词的形态。但是,进化赋予了它学习的能力,从而使其变为一件阅读装置。

人类能够在原有大脑结构功能的基础之上开展阅读活动,同时,也意味着人类的阅读能力会受到这些大脑结构功能的限制。

虽然人类有很强的学习能力,人脑具有很高的可塑性,但它仍然不能完全克服先天性的限制。相反,它可以通过改变大脑的原始结构来更好地吸收学习形式。

我们的阅读脑,并不像一块白板可以任意给予所有信息,也并非一片固定成形的雕塑,而是一种可以局部变化用途的精巧装置。

比如说,我们的视觉神经系统就给阅读行为施加了许多限制。唯有眼睛中央的一块被称为中央凹的区域才能看清小小的铅字。我们认为看到的一页书中的文字全是清晰的,实则你不过是挑着看了其中的一部分。然而,视网膜中央凹区只有约 $15°$ 视角的范围内,有较高的分辨率,能让我们看清小铅字(见下图)。因为只有中央凹能真正阅读文本,我们的眼睛在阅读时一直在扫动跳跃,每秒跳动 4~5 次,将新的信号刺激不断输入中央凹。

一目十行,是可能的,但并没有什么意义。因为每一瞬你能看到的始终只有中央凹那一小片区域,也只有这小小的一片区域中的信号刺激通过视网膜进入你的大脑意识中。

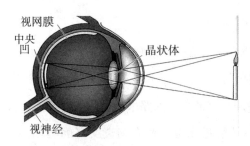

中央凹区域在视网膜上只有占大约 15°视角。无论字号多大,我们只能识别出注视点附近的文字。所以我们阅读时眼光必须不停地在书页上跳动游走。当目光停下来时,我们只能识别出一两个词。

正因如此,当我们看到那些声称能让你阅读速度达到每分钟 1 000 个词的阅读法广告时,就肯定要持怀疑的态度了。那些试图通过加快眼动扫描速度来提高阅读速度的方法,无异于缘木求鱼自欺欺人。正如伍迪·艾伦参加快速阅读训练后所作精妙评论:"我学会了如何在 20 分钟内读完《战争与和平》,然而我留下的唯一印象是,这本书跟俄国有关。"

唯一真正能提高阅读速度的,是更多的阅读,更多的知识积累。因为只有这样才不必每个词地细读,没有陌生晦涩的知识要花时间去理解,可以跳读略读,从而提高阅读速度。

文字阅读既是自然进化的成果,更是人类伟大的发明。扩张的大脑前额叶,赐予人类阅读和写作的潜能。在此基础上,一代又一代的原始文本演变为适应我们灵长类大脑的文字系统。而这项人类通过学习得来的能力,反过来又塑造了我们的思想形态。

大脑如何阅读?

指着一张纸。再指着它的形状——接着指指它的颜色——然后指指它的数量……你是怎么办到的呢?

——路德维希·维特根斯坦

停住一下你快速跳动的眼眸,凝神注目于你眼前正在阅读的这段文字,就是你正看到的这一段文字:

> 停住一下你快速跳动的眼眸,凝神注目于你眼前正在阅读的这段文字,就是你正看到的这一段文字。

实际上,你看到的不过是一片白色上无数黑色点线。不管它们是用油墨印在纸上,还是通过电子冲撞显示在屏幕上。

此时此刻,你的大脑正在完成一个惊人的壮举:阅读。

仔细想想,阅读近似于魔法:我们的眼睛停留在一个词上,我们的大脑轻而易举就提取到词的意义和发音。但是不要被表面现象蒙蔽双眼,这并非一件简单的事。

阅读的过程始于纸上反射的光子撞击视网膜的那一秒,你的视网膜断断续续地从纸面上得到光子。一个字符进入我们的视网膜时会被分割成千百万个视觉片断,而每个片断都被不同的感光细胞接收。

因而,真正的挑战在于怎样将这些片断组合起来,使我们大脑能够知道看到了什么字,还要找出这些字出现的顺序,最终识别出这个词句。

自然,你关注的只是字词含有的信息和意义,而对这种快速摄入信息的视觉过程,根本不会在意。

然而,为何明明看到的不过是一些黑色块,却能获得如此多句子、词汇和字符的含义与信息,而作者为何又会相信这些色块能够传递他写作时的想法?投射到你视网膜上的黑色块又是怎样唤起脑中的阅读过程的呢?

一直以来，人们认为我们在读书的时候，对信息的吸收和处理，就好像现代工厂流水线上的产品加工。读进一个字，处理它的含义，随后是下一个字，最终这些字到了总装车间，全部整合起来，于是，一句话包装好正式上市。

而实际上，在阅读过程中，我们大脑的运作机制，比我们所能想象到，更加繁忙快速，也更为错综复杂。

近20年来，认知神经科学在阅读机制的研究方面有了巨大进展，越来越接近解开字符识别的算法之谜，最终发现读者的大脑神经是如何处理视觉信号来识别文字的。

首先，这些字词只是一堆光影的混合物，不能直接理解为语言符号。我们的眼睛一直在纸上扫描，每一次只能聚焦于大约1个词的区域。这个词将被视网膜神经元分解成无数片段，只有当这些片段重新集成时才能真正识别单词。为了提取正确的发音、单词和意义，我们需要以一种可理解的方式重新编码这些视觉信息。

我们的神经系统会同时提取字形、笔画、形符和音符。最后，大脑中多条平行的通路开始加工：语音通路将音符转化为语音，而语义通路则从心理词典中提取词义。

因而，我们需要一种近似于OCR光学字符识别（文字识别）的软件系统，这个系统将来自纸上的一堆视觉信号作为输入信息，利用一种解码的算法，输出识别出来的词句。

为了完成这一"奇迹"，我们的大脑进行着一系列我们看不见的精密解码操作。

当你读书的时候，你并没有把每个字都"读"出来。你眼睛的焦点每秒钟会停四到五次，让你刚好能够认清一至两个字。

随后，我们会不由自主地把文字转化为读音，假如一种语言的拼读难度更大，对阅读的障碍也就更大。

因为毕竟我们从一出生母亲指着自己说"妈妈"，就开始建立母语语音与事物意义之间的联系，到我们上小学学习识字时，这种语音与意义之间的神经刺激至少已经进行了五六年。意义与语音之间的神经连接，远比与刚刚才接触的字形之间的神经连接，要牢固得多也丰富得多。

在提取语音的同时，我们也在提取语义，至少两个不同的处理路径同时进行，阅读依赖于这些路径之间的密切合作。

实际上，阅读同时在平行的甚至有些重复建设的多条通道中进行，这些通道都通向一个"万灵殿"。

想象一下，有上万个精灵蹲坐在一个庞大的大殿里，所有精灵都紧张地向上盯看。当一个字词"天"出现在视网膜的天窗上时，负责对"天"编码的精灵激动地大叫："这是我的词！"而负责"大"编码的精灵也可能同时错误地大叫："这是我的词！"这意味着成千上万的精灵同聚一堂，所有的精灵各有分工又相互竞争。在如此嘈杂和紧张的气氛中，一个个文字符号被解码和理解，呈现出不同的含义。

现代脑成像实验，只需要短短的几分钟，就能够显示出我们阅读书面文字时大脑中被激活的区域。并且，专家对文字投射到视网膜后的每个加工过程进行追踪，这些阶段包括：这些是字吗？它是词吗？它的读什么音？它的含义是什么？

在这些实验的证据基础上，逐渐形成一种成熟的阅读理论。依据这种理论，阅读是由灵长类动物进化而来的人类神经通路被用于书面字词的识别过程。

阅读，实际上是神经网络的"再利用"。

文盲的脑

阅读学习的过程使非优势半球（右半球）对混乱记忆映像的关注减弱成为必需。
——塞缪尔·奥顿（Samuel Orton，阅读心理学和阅读障碍之父）

至此，我们大体弄明白了，为了实现阅读文字，大脑是如何要求人类一点点改变文字的，而我们的阅读，实际上，是大脑原有神经网络的"再利用"。

然而，世事并不会就这么简单。反过来，等人类一旦学会了阅读，文字又会完全改变大脑。文字并不甘于只是改变自身，来适应对大脑的"再利用"。经过长期阅读，文字还试图改变大脑结构。

一项对识字与文盲两组成人的脑成像实验，已直观地确证了这一点。实验显示，文盲的大脑活动数据，与识字之人存在显著差别。

实验选取 12 名葡萄牙妇女做核磁共振和正电子扫描，其中有一半是文盲。她们同时听到一些词语的发音，其中一些是不存在的假词。文盲的脑成像显示，她们听到真词和听到假词的差异很小；而在受教育妇女中，文字阅读极大改变了她们的大脑对假词的反应。

最特别的一点是，受教育不但会改变语言活动中大脑的表现，而且会直接改变大脑的解剖结构。受过教育的妇女连接着两个大脑半球的胼胝体部分更厚。这一发现意味着，两个大脑半球之间的信息交换明显更多。

在实验中，文盲能够记住故事和诗歌的大意，可是，她们在短时间内记忆菜谱、地址或电话号码等表现更差，她们的言语工作记忆脑区大小也远远不如有文化的妇女。关于文盲两个脑半球的研究，揭示了阅读可以改变我们大脑的记忆。

4 000 年前，柏拉图在《斐德罗篇》一书中，借埃及国王泰玛斯之口警告说，借助文字会让善忘。4 000 年后，认知神经科学们对文盲的研究支持了图特的观点，否定了泰玛斯和柏拉图的看法：借助文字不仅不会让人们更懒于记忆，反而通过阅读学习能够明显改善言语记忆。

尽管实验没有特别关注学习阅读过程中儿童的大脑，但是，结果间接反映了阅读的习得过程对儿童神经回路的长期影响。对文盲大脑的了解能够帮助我们更好地认知儿童的大脑，因为世界上最大数量的"文盲"群体，是还未识字的儿童。

另一项针对不同年龄儿童阅读的研究则直接表明，阅读学习不只是改变了脑皮层对书面语的反应，脑成像还显示左半球语言区有巨大改变。

在学习阅读时，儿童脑中不断建立起新连接。这一过程中，整个大脑中数百万的神经元被激活，需要在大脑皮层中之前负责对花豹、人脸或野果进行识别的混合区域搜寻并锁定目标，为词语找到合适的神经元。

最初，书面语和其他的视觉形象一样，会引起大脑两侧都激活。随着阅读更为熟练之后，激活区域逐渐缩小到一个更小但更理想的区域。

脑成像研究显示，在阅读学习的过程中，多处神经回路发生了改变，特别是左侧枕—颞区域。由阅读引起的神经活动逐渐增强，并且也更具选择性，最终整合形成成人读者的阅读神经网络。

阅读学习向我们注射阅读的"病毒"，它很快扩散改变我们的语言神经系统，强化语言能力。每节阅读课后，儿童从学校回来都发生了实打实的改变，他们的大脑再也不同于之前的那颗了。阅读的习得使儿童大脑的功能发生大规模改变。

在阅读学习上所做的努力，对儿童的大脑有着极其深远、有益的影响。只需牢记这一点，家长教师们对儿童阅读付出的辛苦，都会感到极为欣慰。

❧ 学习能力：听说读写 ❧

听说读写

阅读是为了活着。

——福楼拜

阅读和书写的能力就是通向知识的途径，而知识就是力量。

——弗洛里安·库尔马斯（Florian Coulmas，语言学家）

阅读并不仅仅是阅读,还代表着学龄儿童的学习能力。

到了学龄阶段,"听说读写"就成了学习的代名词,学习就是听说读写。谈到学生的学习能力时,人们常以"听说读写"来概括之。

而"听说读写"四者中,阅读最为关键。

因为语言听说近乎人类本能,人类天生有获得语言的能力。几乎不用特意教,所有发育正常的儿童在正常语言环境中,都能激发其语言本能掌握语言,形成听和说的能力。

而文字阅读能力则需要通过后天的教育,并进行专门的训练,才能学会。没有人天生就会识字、阅读和书写。

阅读如此重要,成为学生学习的核心能力,还因为人类的文明成果,大多以文字符号的形式存储并传承。良好的阅读,可以让人拥有跨越时空、汲取他人智慧的能力。

老师以语音方式讲授的知识内容,不过是很小一部分。当学生离开课堂,有更多的知识需要获取时,学生可能就没有机会再获得老师的讲授,需要自己去阅读相关书籍获得这些新知识。即使现代有了录音技术,但是,更多的知识还是以文字的形式存储在书中。因此,阅读能力是一项不论如何强调都不过分、特别重要的学习能力。

阅读为何如此重要,另外一个关键原因是,阅读是获取知识速度最快的手段。一本好书,一天阅读所获得的知识,可能比最好的老师讲授一学期的还要多。因此,阅读能力尤其是快阅读能力,成为快速学习、提高学习效率的重要因素。

而且,阅读无须旁人协助配合,可自主完成,对学习条件要求最少。因此,拥有阅读能力让自学成为可能。在老师讲完课之后,通过阅读,学生就可以独立开展学习,去拓展自己的知识面,加深自己的学习层次。

阅读能力不行的学生,学习速度会减慢,显得迟钝愚笨。自学能力也会降低,所学的知识只限于老师讲课的范围和深度。并且,随着年级升高,所学的知识越来越深,内容越来越多,就会有越来越跟不上的感觉。甚至于连考试题目都读不懂,比如很多数学题应用题不会做,不是因为计算或公式太难,而是因为读不懂应用题中的语义和逻辑关系。

正因如此,在儿童教育中,培养儿童的阅读习惯,提高儿童的阅读能力,是重中之重。

然而,还是有很多聪明伶俐、能说会道的小孩学习并不好,这也是因为学习中的听说与读写,其实是两种学习模式。

在面对面口语交流中,有多少人会在用邮件交流时的"盼复",或是商业用语"敬颂商祺"?

在商业信函中,我们可以看到都是这样的句子:

> 本协议经双方签字后生效,甲、乙双方需共同遵守,如有异议应共同友好协商解决,若协商不成造成对方损失的,提交人民法院诉讼解决。

虽然感觉还是有点文言文,但这终究仍是典型的日常书面语,也可以明显反映出书面语不同于口语之处:词汇用语更丰富更正式,多字词使用更多;句子更长,结构更完整,单句较少,复合句较多甚至出现多重嵌套。

为何会出现这种情况呢?即使是同一人说的同一个意思,为何会在口语里和书面语里要用不同的表达?

这与我们对口语和书面语的不同处理有关。或者说,更根本的是语言(语音)的听觉性特征与文字的视觉性特征有关。

婴儿从一出生就最先学习听(甚至还未出生就有胎教),注意识别妈妈的话语;随后在一两年后幼儿开始牙牙学语,慢慢能够使用语音来指代和描述这个世界。

听与说是语言以声音的方式输入输出大脑。如此这般,练习听和说,五六年之后,儿童的大脑在语音和物体(意义)之间建立起一一对应关系。

接下来，儿童开始启蒙学习文字，读和写就是语言以文字视觉的方式输入输出大脑。掌握读写，还需要在大脑中把文字符号形象与语音、物体（意义）建立对应关系，最终才能使用文字符号把听到的和想说的记录下来。

口语是一种声音，声音是线性时间中的听觉信息，人类对口语的处理也是线性的。当我们进行口语交流或是在电影电视里听到一段语流的时候，这段语流在时间上是连续且不可逆的。我们没有方法也不可能在现场像听录音那样随时按暂停键，更不可能倒带回去重听一遍。直到100多年前留声机被发明，几十万年来人类一直都是这样，而这是在人类进化出语言以声音作为媒质的时候就已注定了。

同样，因为语流是连续的，词句的语音被持续"推送"到我们的脑子里，我们并没有时间去深思某个词在某句话中有特别的含义。

而在阅读的时候，我们接收信息的模式，由被动的被推，变为主动的获取。

这是听与读最重要的一个差别。书本上的词句，不再是强行"推送"给我们的，我们能够控制注意力在某句话上停留的时间，也能够倒回去回溯之前的词句。

这种变速折返的处理，在口语的处理里很难办到，毕竟声音像流水一样不断向前，我们没法"两次踏入同一条河流"，也很难真正做到在现场将语音流停止下来进行处理。这种处理上的差异，实际上，又反过来影响我们在听说和读写处理信息的结构和编组方式有所不同。

语音听说是线性持续的，文字阅读则是可停顿可重复的，在书面语场合把口语写下来会造成信息量过小（也就是"过于浅薄"），在口语场合直接念出书面语会造成信息量过大（也就是"太过繁复"）。

如何学习阅读

当我们听说一个藏书之地囊括了所有的书籍时，会产生无与伦比的愉悦感。我们觉得自己是一个王者,拥有一座秘密的、未开垦的宝藏。

——豪·路·博尔赫斯(Jorge Luis Borges)

若上帝真的存在,那么他一定是一个书籍文库。

——翁贝托·埃科(Umberto Eco)

学会阅读是儿童成长过程中特别关键的一步。

但是,很多儿童从一开始就出现了阅读困难的情况,甚至有 10% 的儿童直到成人未能也掌握最基础的阅读理解技能。阅读的大脑机制如同中国的榫卯装置一般精巧,我们甚至意识不到它的存在,可是要达到这种熟练程度,需要多年的努力。

为何掌握阅读如此困难?我们大脑的神经通路在学会阅读之后又会发生什么样的改变?是否有一些可以更好地适应儿童大脑的教学策略呢?

这还要从学习阅读的过程谈起。

我们的文字通过一代代文字使用者的发明与改进,经历了几千年才发展成今天如此这般的运用方式进行阅读。可是,我们的孩子却需要在短短几年的时间里,就掌握使用它们。让小孩子眼中那些纸上不过是乱糟糟黑色点线的文字,突然变得有了意义。最后,文字的形象与意义,逐渐在儿童大脑的视觉与语言回路中固定下来。

作为已经阅读自如的成年人,我们早已忘记了当初学习阅读的困难。我们经常认为,扫过几个字词就能立即快速识别出整个句子。而实际上没有什么比这更荒唐的了。

在专家和教育工作者中,一直以来都存在一个"整体阅读"的神话。

整体语言教学法或整词教学法运动,坚决反对拼读教学,拒绝对儿童进行识字和拼读的训练。它认为这种训练弱化了对语句篇章的整体理解,而这才是阅读教育的唯一和根本目标。它希望儿童沉浸在阅读的乐趣之中,并期望儿童像掌握母语一样自然而然地习得阅读。

然而，教育数据表明，整体语言教学效果不佳。课堂测验也显示，采用整体语言教学法的学生，不但在生词拼读时得分低，并且在章句理解方面也更慢。更为根本的证据是，有研究者让学生分别在整词和拼读两种教学法指导下学习一种新的语言文字，其结果对比也证实了这一点。

实际上，只有进行形音转换的训练，才能促成儿童阅读能力的快速发展，章句理解和音形解码是相得益彰的。在拼写与识字上得分最高的儿童，在句子和课文理解方面也表现最好。

一名儿童要想又快又好地学习阅读，就需要接受良好的音—形转换的训练。其回报很直接，这种训练赋予他们阅读新词的自由，孩子发现（总是怀着敬畏的心情发现）自己居然能读出自己不认识的生词了。

大脑直接阅读出章句含义，不过是一种错觉。实际上，这是因为阅读过程中各个阶段意识的高度自动化所造成的，这种自动化加工已经成为无意识行为。

大脑阅读的加工并非直接从字形到字义的。在解码一个字词之前，还需要进行一系列的心理与大脑的运作。因为当儿童第一次接触阅读课之前，他们已花费了至少5—6年时间进行语音与语义——对应的大量训练和学习了。从一出生，婴儿就表现出惊人的语言能力。婴儿的大脑就像精明的统计学家，对言语片段与实际事物进行系统的整理、提取和分类。尽管这些连接是内隐而无法证明的，但毫无疑问，这些连接留存在一系列有组织的神经回路中，经过5—6年的训练已经为字形—语音—语义的加工服务作好了准备。

儿童学习阅读，首先需要发现音符，接着在声音和字形之间形成映射关系，大脑会先将每个字符从字形、语音到语义的不同层次分解开来。成人轻松快速的阅读仅仅是表明这些分解与重组，已全部自动化、无意识化，而不是说明阅读中没有这些阶段。

明确了这一点，对阅读教学法的选择，就特别清晰了。

阅读能力的敏感期在5岁左右。尽管10岁后开始培养，仍旧能够让儿童养成好的阅读习惯,但对儿童阅读能力的培养应越早越好。在生命一出生,婴儿就表现出惊人的语言能力。婴儿的大脑,就像高速运转的机器,一刻不停地对周围环境中的言语片段吸收和归类。到2岁,儿童的词汇量以每天10—20个的惊人速度增长。到5—6岁的时候,他们已建立起了大量的语音与语义方面的神经连接。

我们需要帮助孩子为阅读建立一个高效的神经连接结构,实现识别字形和音符并轻松进行语音和语义的转换。大脑阅读的其他方面,包括丰富的词汇量、对词义细微差异的领会及感受文字的愉悦,所有这一切都有赖于之前这关键性的一步。

假如不训练儿童如何对字词进行拼读解码,一味渲染阅读的乐趣是毫无意义的,没有分解动作,他们学会阅读能力的可能性也将大大减少。

整体语言教学法的倡导者们认为解码本身是一种手段而非目的,但他们好像混淆了手段和目的的关系。把儿童自由阅读的目的跟严格的练习手段对立起来的做法,是一种误导。

以儿童和文盲为对象的大量研究都证明了这一事实:字形—语音转换完全改变了儿童脑的阅读及其加工的方式。

因为儿童学习阅读确实是有明确的阶段的,心理学家发现,儿童学习阅读有三个阶段。

阅读的第一个阶段,是"字符的"或"图示的"图像阅读阶段。这个阶段时间相对较短,儿童用图像的形式表征部分字词。

形—音转化的过程,是阅读获得的第二个阶段。儿童学会把字形解码成语音的形式,字形(音符或拼音)到语音的转换是阅读习得的关键阶段。

儿童的大脑无法只凭阅读字形来直接提取每种字形与字义的对应关系。我们需要不厌其烦地让儿童明白,唯有通过字形与语音一一对应,才能识别出字词。

流畅的解码对儿童的理解力来讲是必不能少的。形音通路越快实现自动化,儿童也就能越早地进入状态,为理解阅读的意义作好准备。

当儿童掌握了某种水平的快速阅读时,就到了第三个阶段:字形阶段。

字词的识别速度更快,并且自动化的程度更高。通过对字形—语音—语义解码连接通道的反复巩固与加强,从字形到字义直接阅读的快速通行才能实现。

总的来讲,在学习阅读过程中,欲速则不达。

脑的写作

书写,是一种为眼睛绘制单词和言语的天才艺术。

——乔治·布雷伯夫(Georges de Brébeuf,法国诗人,1617—1661)

新手可能像看电影一样在脑海中观看他们的故事,而专业写作者能够用内在的声音叙述故事。

——马丁·洛策(Martin Lotze,神经学教授)

听说与读写,说话和写作,是两种不同的能力和模式,写作之难也在于此,认知科学家、语言学家和畅销书作家史蒂芬·平克,有一句名言:"写作之难,在于将网状的思想,通过树状的句法,用线性的文字展开。"

我们脑中的想法,是碎片化的,以神经网络节点的形式存储在脑中。

而我们沟通的语言是一维时间中的语音流。在书本上,阅读能够反复重读,也可以不按顺序来跳读。不过,即使可反复跳读,一次也只能一句,而且每句也只能按顺序来读。

然而,人类的最佳知识结构是树形结构。因为知识树结构不仅可以记住更多的知识点,还可以利用分级结构将大量混杂信息分解为易记忆和感知的知识点,形成能直观把握的知识图谱。

因此,写作最有技术含量的部分,就是如何将脑中无数碎片化、呈网状连接的想法，收拢起来，梳理成像是一棵树，有一个主干和多个分支，按照树状结构分布开来，再把这棵树转换成我们耳中流淌的语流，成一条线串起来，最终变为一条最佳的文字串。

在文章中，树形结构能赋予语句以秩序，呈现观点之间的联系，而并非一股脑儿地把一堆观点一起推给读者。无论多少相联的观点，都应该是可被组织起来嵌入一个分层的大纲，关于树的比喻就在于此。常常会碰到这种情况，我们能看懂文章的每句话，但就是不明白作者到底在说啥，这就是知识结构出问题了。

写作还需要把我们树状分支的主题结构，转换成我们笔下流淌的词句流。没有哪一句话是一座孤岛，也没有哪一段、节或章的文章是孤立的。它们都包含连着其他文字块的连接。一个句子能够阐释、描述或总结前一句。一个主题或话题能够贯穿大段文字。人物、地点或观点会重复出现，读者在其往来交织时能紧紧跟随它们，而不会失去线索头绪。

那么，当人在写作时，大脑内部究竟发生了什么？神经学家们试图弄明白这个奥秘。

德国格赖夫斯瓦尔德大学（the University of Greifswald）的神经学家马丁·洛策（Martin Lotze）教授使用 fMRI 机器扫描正在写作的志愿者的大脑，观察他们的大脑活动。

大脑成像显示，在两分钟的写作中，海马体（负责记忆的部分）和大脑的前部皮层特别兴奋。海马体兴奋与写作中回忆的信息有关，而活跃的大脑前部区域，可能是在对这些信息进行搜集分类，决定是否可以加入到写作内容中。

但是，普通人写作与有写作经验的专业写作者写作时，两者外在表现与写作结果明显有差异，那么，专业写作者的大脑表现是否也不一样？

为了找到答案，他们又对专业写作者进行测试。

实验发现，专业写作者的大脑与业余写作者的大不相同。

他们写作时不像业余写作者那样激活了整个大脑，他们主要激活的是大脑中一个名为尾状核（caudate nucleus）的部分。尾状核掌管着经长时间练习后变成无意识行为的功能，如学习骑单车。第一大脑需要记住骑单车的动作和技巧，通过练习熟练后，需要持续关注的动作很快变成无意识动作。就像学弹钢琴和打乒乓球，学习并不断练习，直到不再需要有意识地去掌控就能做出正确动作。

这一实验揭示了写作有着怎样的秘密呢？

专业写作者往往做过更多的重复练习，因此"锻炼"了他们的尾状核。他们利用了不同的策略来进行练习，从业余者晋级为专家。业余写作者还在像观看电影样在脑海中构建他们的故事时，专业写作者已经可以直接用内在的声音叙述出故事。

第4章 书本学习

1909年,学者们先后从古代美索不达米亚遗址不同地方挖掘这些石板,拼凑出它的全文。最大的碎片(如图所示)来自苏美尔人的圣诚尼普尔,在今天的伊拉克。

这块石板记录了5000年前一位初出茅庐的抄写员学生生命中的一天。学生通过在泥板上抄写课文,诵读课文,然后背诵给学校的校长或其他老师、班长和监考老师听。

❦ 书本与学校 ❦

文字发明之后,出现新的学习形式。

文字是一种思想制度,文字读写形成学习的内在制度。文字需要专门学习,产生学校,形成学习的外在制度。

学校学习,是学习的一种特殊形式。

文字产生学校,以师为中心。书籍让学校以书为中心。每一所大学少了什么都行,包括著名教授,但有一样必须有,那就是图书馆。甚至,中国以前的大学其实本来就叫作"书院"。

文字促产学校,印刷催生书院。

文字与纸改变了学习的形态,产生了学校;印刷改变了知识的形成方式,促成了科学革命。

印刷是知识的批量生产和标准化生产,促成了科学革命的突变,促进了工业革命的批量标准化生产。科学是一种新的学习内容和结构,改变了学习的内容,促成了工业革命,工业革命要求现代学校,产生新学习形式。

有文字才有学校

没有文字,教育只靠人们的言传身授,就不会有上述意义的学校。

——王天一

人类文明成就都建立在文字之上,读写文字成为人类的第二天性。

现在,我们获取的所有信息,几乎都是通过文字,文字已成为我们的一部分。一人假如连读写文字都不会,我们都会觉得他是有缺陷的,还会用一个专门的名词来定义他们:文盲。

文字如此重要,然而,人类在发明文字之后很长时间,只有少数人会识字。读书识字这一切得来之不易,直到"纸"被发明出来。

虽然在公元1万年前,就有了最早的文字——楔形文字。但是,仅有文字还不够,文字最终得以推广运用,学校得以壮大,还要得益于人类的另一项发明:"纸"。

不同于其他动物,人类有一个独有特征:人会记录信息。

人类会记录下他们的种种行为、情感和所思所想。总而言之,如同拉斯科洞窟中的原始人,他们有一种冲动去记录下脑中的任何东西,并存留给后代,而这种冲动带来"纸"的发明。

不过,那时苏美尔人和埃及人的"纸"还是泥板,只能把文字画在黏土板上,以色列人把迦南字母刻在石板上,殷商人把汉字雕刻在青铜器和龟壳上。无论笔画有多简单,将其刻在黏土上时,不论怎样也快不起来。因此,最早的"纸"是黏土,是石板,是龟壳。

数千年来,苏美尔人一直在黏土上写字,留下的黏土板不但包含财政记录,还有历史和诗歌。在《圣经·创世纪》产生2000年前,苏美尔人的一些黏土板就记载了一个类似的创世故事,同样有一名偷吃禁果并受到惩罚的人类祖先(相当于《圣经》中的亚当)、一个用肋骨造出的女人(夏娃)、大洪水,还有类似于该隐和亚伯的两兄弟。而且,很明显不可能是黏土板抄袭《圣经》的。

与古板龟壳等相比,黏土板有很多优点,便宜、不用加工、容易刻写,但致命缺点是过于笨重且易毁坏。尽管如此,黏土板作为世界最普遍的书写材料长达3 000年,这个历史还要远长于纸的应用时间。

相比人类发展的历史长河，从发明文字到发明纸和印刷，之间相隔的短短数千年，只可算作沧海一粟。假如从最初被发现的时间算起，人类已有350万—500万年的历史了，但人类开始书写也只是大约5000年之前的事。这意味着人类历史99.9%的时间里是没有书写的，人类开化的阶段可谓短暂。然而，即使在这短暂的时间里其中的绝大部分时间，也只有少数精英才有机会学习掌握读书写字的能力。

我们的孩子学会阅读，现在看起来好像很容易，有多种行之有效的办法。然而，千年之前，人类刚刚开始学习阅读时，可是没有这么容易。

学习文字得有先有纸。在真正的纸被发明出来之前，拉斯科洞窟原始人只能在石壁上涂画，苏美尔人只能在黏土板、商人在龟壳上刻画，可想而知，人类当时学习文字，会有多么困难。

为了学会阅读，首先得有纸，有书本，而最早的书本是泥版书。

为了学会识字，古代人还专门建立起学校，人类最早的学校是泥版书屋。

文字是一种符号，文字读写有一个解码和编码的过程，不可能再像之前的劳作或礼仪，通过模仿和语言在家庭或部群中习得，文字学习需要识字之人专门教学，因而，教学识字的人专门有一个名称"师"，而学习识字的地方叫做"校"。

如果说文字从内部改变人类学习的，那么，学校学习，就是从外部建立起一种新的学习制度和方式。

有了文字之后，不仅改变了学习的内在方式，由听说变为读写，而且改变了学习的外在形式，由生活中学到学校学习。

纸与文字的关系，体现在书本上，而表现在学校学习上。

造"纸"出现之前的学校更像庙宇，秉承宗教祭祀功用，且只对小部分精英起作用，识字只是少数人的特权。

有了文字之后，学习以教师为中心。有了纸和印刷后，学习以书籍为中心，每人都可以学习，只要是有书的地方。

人类进入有文字记载的历史时期,学习有了一些新的特点。

因为文字的产生,体脑劳动的分工,人类积累的生产、生活经验上升为知识,出现了图书典籍。学习文字、书本知识、统治阶级伦理道德和固定的军事知识技能,成为学校学习的重要内容。虽然学习内容仍很贫乏,自然科学不被重视。

学习从生产、生活、劳动中分化出来,成为具备独特社会职能的社会现象。出现专门从事教育活动的机构——学校。学校学习与生产劳动完全分离。读书人不参加生产劳动,农夫没有接受学校学习的权利。

享受学校学习是贵族统治者的特权。学校依据"劳心者治人"的规则培养脱离生产的统治者。广大劳动人民仍旧只能在劳动中进行原始形态的学习。

随着文字的发明和普及,文明的"口耳相传"传播方式让位于书本知识的传播。社会分工使教育活动逐渐从生活中分离出来,向父母学习逐渐演变为向老师学习。

学习脱离与社会生产生活"混为一体"的状态,成为一种独立的社会活动。

书籍、老师、学校相继出现。"上学""读书""考试"成为人类文明的新词,学习场景"去生活"的趋势日益明显。这种变化的标志是专门学习文字的学校诞生。

人类的学习活动本来就与生产、生活融为一体。正是由于文字的出现,学习才从社会生活中分化出来,逐渐发展成为一个相对独立的活动领域和活动方式。

显然,文字的出现是学校诞生的一个重要前提。正是文字的产生,需要专门的人员专门的场所进行专业的学习,才产生了专门学习文字的学校。

古埃及、巴比伦、中国最古老的文字,一产生立即采用,根据各文明的不同情况和要求,逐渐发展成更符合当地需要的文字。

学校正是在这些最古老的文字产生的地方出现的。

世界上最早的学校

夏曰校,殷曰序,周曰庠。

——《孟子·滕文公上》

世界上最早产生文字的地方,也就是最早产生学校的地方。

——孙培青

20世纪30年代,在两河流域上游名城马里,发掘出一所房舍,这是世界上最早的学校——"泥版书屋"。

这所房舍遗址筑有一条通道和两间房屋,大间排列4排石凳,小间排列3排石凳,看上去可坐60人左右,很像一所学校的教室。房中没有讲课用的讲台,但发现了许多泥版,像是学生的作业。考古学者在泥版中发现一份书写文字,让我们得以一窥5 000年前人类的学习情景:

我走进去坐下,老师来检查我的泥版。

他说:"你漏了一些东西!"

然后他就用棍子打我。

另一个管事的人说:"未经我允许,你竟敢讲话?"

然后他就用棍子打我。

管秩序的人说:"未经我允许,你竟敢站起来?"

然后他就用棍子打我。

看门的说:"未经我允许,你竟敢出去?"

然后他就用棍子打我。

管啤酒壶的说:"未经我允许,你竟敢倒啤酒?"

然后他就用棍子打我。

苏美尔语的老师说:"你竟敢说阿卡德语?"

然后他就用棍子打我。

我的老师说:"你的字很丑!"

然后他就用棍子打我。

因而,考古学家推断,这是一所学校,建造时间在公元前3500年左右。迄今为止,这是世界上最早的学校。苏美尔语中学校被称为"埃杜巴"(eduba),意思是"泥版书屋"。

美索不达米亚的教育主要以识字为中心。学校只收男孩,除非她是国王的女儿或将继承女祭司的圣女。

学习抄写技巧是一项艰苦的工作。男孩七岁开始上学,每天从早到晚上学12个小时,一直要学12年时间。学生们通过在泥板上不断练习来学习复杂的楔形文字。

老师会在泥板上写下一句话。然后学生反复复制句子,直到他正确无误。

在泥版书屋,最高管理者叫"乌米亚",意思是专家教授,学识渊博受学生赞颂膜拜为"你是我敬仰的神"。负责一门学科教学的教师,在苏美尔语中叫"泥版书屋的书写者"。助教称"大师兄",负责给学生准备泥版、检查作业等。"大师兄"帮助低年级学生完成作业。反复练习、背诵、阅读各种课文和不断抄写,逐渐教会学生他们需要知道的数千组楔形文字。

教师,大多是以前的文士或牧师,是严厉的纪律主义者;错误经常受到鞭打的惩罚。教师惩罚说话不合时宜、未经许可发言、穿着不当或未经许可起身离开的学生。他们希望学生听话,努力工作。对学生,表现好的褒扬,违反纪律的则处罚,通常是用鞭子抽打或用铜链锁住双脚关禁闭。

在组织和管理上,泥版书屋已与现代学校有些近似了。

4 000年前的学校,与现代学校差别不大,因为它们的基本目的相同,都是学习文字读写。

第一所美索不达米亚学校是由寺庙祭司管理。然而,随着时间的推移,学校变得世俗,教师建立起私人学校,教育扩展到商人和工匠,与神庙没有直接关系。识字的苏美尔人,利用读写能力经营个人生意,经济往来形式复杂得多。

和苏美尔人相比,埃及人识字,还是与政府和神庙的管理的关联更密切,很少来自神庙宫廷附属学校之外,文字还未广泛应用于私人商务。

积累和探索知识的中心是依附于神庙的"生命之殿"或藏经室。收藏的文献主要是神学、神庙礼仪,也有一些建筑、天文学、医学、历史和其他与神祇及他们的创造相关的知识。

贵族子弟从五岁开始,反复背诵课程和抄写标准文本。基本教材是一本名为"Kemty"的书,意思是"完成"。Kemty的内容包括范文、字母、短语和表达方式,对抄写员有用的各种智慧文本,给学者提供建议。掌握基础知识后,学生可以进入更高级的文本，其中大部分是埃及文学的经典。

就像古代的美索不达米亚一样，学生在学校必须遵守许多规则。并非所有孩子都喜欢上学，如果他们不上课，他们就会被殴打。如果他们不听，男孩的耳朵就会被拧到背上。

因而，在古代埃及，宫廷学校是教育的中心，大部分贵族子弟在此受训。国家对书吏处理政务的需求量不断增加，导致正式学校的创立与规模扩大。

中国的情形也大体近似。

据考证，中国"五帝"时代，已有以乐教为内容的大学"成均"。《孟子·滕文公上》谈到学校时说："夏曰校，殷曰序，周曰庠。""序者，射也"，是练习射箭。"庠"（音 xiáng）是藏米与养老的处所（参见《礼记·明堂位》《礼记·王制》）。当时，并没有专门固定从事教育活动的场所，也没有专门教育下一代的人员。

《说文》："校，木囚也。""校"原是类似木枷的刑具，后来用作围栏关马，就指养马驯马的地方。夏人重视"射御"教育，"校"就成为教育孩童习武的学校。

"成均"或"瞽宗"（《礼记·明堂位》载：瞽宗，殷学也。）是礼乐祭祀的地方，"校""序"或"庠"则是射箭和养老的地方。可见，此时学校还未从其他活动中独立出来，这一切须得等到专门学习文字开始。

那么，在中国，专门从事写字的人是哪些人？

中国写字，早期靠祝、宗、卜、史，尤其是书史。书史是史官中的下级官员，负责用木简竹册来记录政令和抄写文件。秦汉以来，这类小吏叫书吏或刀笔吏（因为有时候还要用刀在竹木金石上刻写），明清叫刑名师爷。书史近似今之所谓书记员，书法是基本功。文人士大夫，准备当官和当官之人，一手好字是看家本事。

甲骨文中，史与吏，原本就是一个字。秦代，以吏为师，以法为书，光靠书史抄不过来。自此以后，读书才能做官，写字跟做官相关。帝国的运行靠文官政治。士文化来自史文化，发展为官文化。中国的官文化尤其发达。治理地域国家，大多靠书、数（抄写文件与财会审计)两种最基本的管理功能。

在美索不达米亚、埃及及中国,因为最初文字的图像特质,学习识字并不容易。

最有时间和财力去学习掌握如此复杂的文字系统的就是祭司阶层,他们成为知识的监护人,知识传承的唯一管道。学习象形文字之困难确保了古埃及祭司的知识垄断,同理,拉丁文也确保了欧洲基督教僧侣千年的知识垄断地位。文字读写与专业成为上层阶级的身份认同、自尊和权力垄断的源头。

在这个阶段,书籍珍稀,学费昂贵,学校稀少,文明传播速度缓慢,传播成本很高,有条件"上学"的基本是贵族子弟,典型的精英教育,大量普通人与学校教育无缘。

轴心时代的莎草纸与韦编三绝

十室之邑,必有忠信如丘者焉,不如丘之好学也。

——孔子

在尝试理解文学历史的过程中,我才发现了一个存在于佛陀、孔子、苏格拉底和耶稣的教学活动中的惊人规律。他们生活的年代跨越几百年,彼此毫不相识,他们彻底改变了理念的世界。

——马丁·普克纳

苏美尔人、古埃及人和商朝人,都发明了文字,并将文字记录在泥板、石头和甲骨上。这些是人类最早的"纸"。

但是,这些"纸"实在是太过稀少和不便。最早的文字记录,不过是简要记录纳入王朝年表、纪念性王室铭文和葬礼文书中的事件。

在这些早期文明中,没有形成类似希腊和罗马的古典文明的抽象哲学或对自然界的系统分析,也没有中国春秋时期以巨细无遗为特征的历史记录。

或者说,早期文明的写作,没有产生古迪所称的知识转型,或是雅思贝尔斯所说的轴心突破。这一切要等到人类历史上的第一批书籍出现,并且培养出第一批识字之人,能聚集在一起以这批书为共同的靶子,进行讨论争辩和反思,而且还能将这些辩论反思写成书,才能成行。

此时,这样一群人几乎同时出现在东西方。东西方有大量优秀的教师(教育家),如东方的孔子、墨子、庄子等,西方的苏格拉底、柏拉图、亚里士多德等,他们的教育理念直到今天仍然充满活力。

他们聚集于人类历史上最早的古典学校,如柏拉图的阿卡德米学园和孔子的杏坛学校,已经成为人类思想最丰富的宝库。

孔子、苏格拉底,述而不作,柏拉图则清醒地意识到书本学习和当面语言交谈的不同。

而吊诡的是,孔子和苏格拉底,尽管他们都是以口传来教导学生学习,可是,他们能成为东西方最伟大的教师,则是因为他们的言语被写成了文字。他们既非第一个私人办学的,也非当时影响最大的,然而,他们成为全人类文明最伟大的导师,而与他们同时期甚至更红极一时的杰出教师们,则在历史上默默无名。

因而,毫无疑问,这不能排除"韦编三绝"木册竹简与莎草纸的功劳。

在某种意义上来说,人类的文明轴心时期,不过是人类第一次大规模应用"纸"的开端。只不过,这些"纸"上记录的知识,一直流传下来,而其他当时流行精妙的知识,因为没有记录在纸上的信息,则随时间而湮灭无迹,不为后世所知。

所谓的轴心时代的最伟大文明,不过是古人文明的残片。这只不过是"剩者为王"。或者说,轴心文明中并没有必然真理,或是太多的微言大义。它不过是人类历史长河中,侥幸抓住文字与纸的树枝,顺流漂流而下的幸存者而已。更多精妙或当时流行的文明与知识,则湮灭在长河之中,无从知晓。

直到公元前 3000 年,苏美尔人开始用黏土板写字几个世纪后,人类发明文字

7 000 年后，一位埃及史官发现他可以在纸莎草（尼罗河三角洲的芦苇）上写字。他把纸莎草编织在一起，捣碎成薄薄一层干燥成片，人们可以用笔刷和墨水在莎草纸上写草书。

这是在埃及发现最古老的莎草纸，距今已有 4 500 年，大约始于法老胡夫时期。这份古老莎草纸上详细记载了古埃及人的日常生活。阅读其中一张时，我们得以知晓，曾经有一位古埃及官员叫梅雷，他还参与建造胡夫金字塔。

自文字发明以后 7 000 多年来，人类不仅有了第一份"纸"面上的文字记录，还取得了第一次技术进步。

苏美尔人没有用黏土板做这种纸介质的原料。相比之下，莎草纸要容易携带得多。

公元前 8 世纪左右，莎草纸的制作方法经过地中海东岸的港口城市巴比罗斯（Byblos）传到古希腊。希罗多德以该城命名莎草纸，byblos 一个词又演变成了 bible，也就是英语圣经一词，英语单词 book 也是由此衍生来的。这个希腊词引导了一系列各种欧洲语的词,但它们都与纸有关。

由于莎草纸的流行,古希腊人降低学习、阅读和写作的难度,识字率非常高,文字读写进入了商业活动和日常生活。公元前6世纪雅典的官员喜帕恰斯(Hipparchus)石碑证明了这一点,上面刻着"此为喜帕恰斯纪念碑"。要实现这种自我宣传的目的,相当一部分市民需要识字。

由此展开了古希腊人独特的思辨政治和知识文化。

公元前387年,被誉为西方第一教师的柏拉图回到雅典,在城外西北角一座为纪念希腊英雄阿卡德穆(Academus)而设的花园和运动场附近创办学校,这是西方最早的高等学府,后世的高等学术机构(Academy)因此得名。柏拉图将"哲学"理解为"爱知识",而知识的摇篮在"学校"。

在古希腊语中,学校本意是"闲暇"。在古典时期,闲暇是不寻常的。米诺斯文明和迈锡尼文明并不缺乏物质享受,他们的感官也很时尚,但他们从未有过闲暇。

"闲暇"不是休闲,而是一种精神生活,学校则是过精神生活的地方。古希腊人去学校"闲暇",他们在学校求知识。对希腊人来说,"闲暇"是为了自由地追求知识。雅典商人愿意把孩子送到学校,这样他们的好奇心就能得到满足。

然而,起初,柏拉图认为纸质写作技术是人类学习的死敌。柏拉图提倡口传,贬低写作。他列出了写作的各种缺陷,强调了其相对口传的从属地位。

从当时的历史背景来看,在古希腊的交流文化中,大多数公开演讲辩论都是用文字写的。起初,书籍和纸张被抵制,因为它们降低了人们的记忆力,但后来人们发现学生不仅应该成为知识的复制者,而且纸张和书籍除了储存知识外,还具有更大的潜在作用,可以激发学生的想象力和创造力,从而促进书籍和纸张应用。

因而,到公元前3世纪,希腊人托勒密统治了埃及时,下令要在亚历山大港建立图书馆。这座图书馆恰恰位于一个莎草纸生长与制作中心附近。3个世纪后,亚历山大图书馆藏有70万卷莎草纸卷轴,亚历山大城的书籍要比地中海世界的其他任何地方都多，当时亚历山大城图书馆成为世界上最大的图书馆。

莎草纸卷作为人类历史上最早的纸质文字媒体，一方面促进了学科类别的发展，另一方面加快了图书馆的建设，为人类文明成果的传承作出了重大贡献。

莎草纸是多达六种语言符号的载体，记录了古埃及、古希腊、古罗马和阿拉伯帝国的宝贵知识内容，使它们成为人类历史上最早、最长的学习媒介。

而此时，在至少5 000公里外的东方，那里的中国人没用泥板，也没有纸莎草可用，他们还在摸索中前行。

早期的汉字刻在象牙、牛肩胛骨和龟壳上，有些写在软蜡上，以便刻在铜器上。后来，在树皮、竹简、木简等材料上用刷子和墨水书写。

竹简和木简书籍体积大，重量重，携带非常不方便。据说战国时期的惠施，用五辆车装载书籍，后来称赞读书多的人是"学富五车"。事实上，五车书册的内容远不如今天一本书多。当时，所谓的"汗牛充栋"可能只是现在的几套书。

然而，即便是这样，有了这些简册，民间私学开展起来，才成为可能。

春秋时期兴办私学，孔子被公认为是中国教育的开创者。正如，苏格拉底是私人教师，其正职是希腊城邦的工匠和士兵。亚里士多德也曾是亚历山大的私人教师，然而，自从柏拉图开办学园专门从事教学后，柏拉图被称为西方第一教师。

孔子是儒家思想的一个重要贡献者，但并不是儒家思想的开山鼻祖。"六艺"早就有，而儒家"六经"也不是孔子写的。因此孔子的第一身份实则是教师。

既然孔子只不过是一个教师，为什么千年来国人一直推崇他为中国古今第一大圣人？

这一切的答案都在孔子的"语录"《论语》中。

子曰："十室之邑，必有忠信如丘者焉，不如丘之好学也。"《论语》只说了一件事：学习。孔子只做了一件事：学习。孔子以学做人，以学取人，时人也以学习评论孔子的学生。

孟子曰："得天下英才而教育之，三乐也。"

在中国，"学习"这个概念来自孔子，"教育"这个概念来自其传人孟子，"学习"和"教育"的根本，就是做人，就是改变自身。

孔子到老年时，仍用功研究《易经》，由于翻动频繁，竹木简的皮带都断了三次，这就是人们说的"韦（皮带）编三绝"的典故。

但是，木册竹简实在是太过笨重不便，信息传递的水平仍旧很低，得到信息的成本仍旧很高。虽然战国时期还有些写在丝织品上的"帛书"，如《墨子》书里有"书之竹帛，传遗后世子孙"，长幅的帛书通常卷起来收藏，"读书破万卷"即由此而来。但是，帛书同样昂贵且稀少。

因此，一方面学习文字的人群仍旧很少，另外一方面是学校培养人才的效率也不高。这些古典学校的教学形式自由散漫，并没有学期、班级、课时、考试的概念，相当于教育的"手工作坊时代"。

直到下一个时期，真正的纸发明出来。

"纸上"的太学与大学

纸有可能永远都不会消失。

——哈利·古尔德

石书虽然坚固持久，但终将让位于更坚固持久的纸书。

——维克多·雨果

在埃及人发现了纸莎草后，又过了大约3 000年，直到公元105年，中国人终于发明了真正的纸。

不过，需要指出的是，埃及人只是将莎草茎秆直接压打成薄片，未能提取出其纤维,易碎不好保存,在物理结构、构成成分及制造工艺上与纸迥异,不能视为真正的纸。

在真正的纸被发明出来之前,有很多种记录媒介,如羊皮纸,如莎纸,甚至还有苏美尔人的黏土板、商人的龟壳等,当然也包括拉斯科人的石壁。石板、泥板、陶器、甲骨、青铜器、竹木简和缣帛,都曾作过古人的书写材料,这些材料要么笨重得很,要么价钱很贵,这给古人读书写字带来很大困难。

但自从有了纸,它所具备的多种优势助其在各类记录媒介中占据了主导地位。

中国人到底是怎样构想出纸的,曾经是个谜团。在造纸术诞生近2000年后,1838年法国化学家安塞姆·佩恩才"发现"纸的主要成分纤维素,而中国人在不了解纤维为何物时如何想到种种妙法将其离解出来的?

一些历史学家认为,造纸的灵感源于丝绸。只有中国人发明了丝绸的生产方法。纸与丝休戚相关,纸字的偏旁"纟"正是以"丝绸"的"纟"为标记。

秦汉时撰《越绝书》曰:"子胥遂行,至溧阳界中,见一女子击絮于濑水之中。"讲的就是漂絮。絮纸可能就是漂洗蚕丝纤维棉絮的劳动妇女第一个发明的。只因中国先民驯养的一种特有物种:桑蚕,最终让中国人走在亚欧大陆的前面。

到了东汉时期,宦官蔡伦总结造纸经验,利用树皮、麻头、破布、旧渔网一切废料,从此,造纸成了一种成本低廉、实际可行的工艺,纸被大量制造出来。

有了纸张,古人就有了良好的阅读和写作条件。纸张逐渐取代了笨重的竹木简和昂贵的丝绸,纸书很受欢迎。书籍越来越多,学习形式也发生了变化。

到了东汉,太学创立,以经学为教学内容,传授五经。

太学的教师叫博士。博士的选拔已经成为一种制度,需要50岁以上。博士享有丰厚的生活待遇,太学为他们提供宿舍,政府经常有酒肉慰藉和奖励。

博士授经,全靠口耳相传,容易出错,必须遵循某大经师讲的经。后来五经分了十四家,叫"五经十四博士"。

教学形式上,一是大班,太学生从50人发展到3万多人,而博士的数量非常有限。

东汉时期,太学内外都有讲堂,讲堂长10丈,宽3丈,可容纳数百名学生。

二是弟子们互相教授。太学繁荣时,仅仅依靠大班仍然不能满足需求,所以有高年级学生教低年级学生,高材生教低材生的形式。

此后600年间,纸张是亚洲独有的产品。当时,中国文明远远优于中世纪的欧洲,成为世界上最发达的国家,中国人建立了第一个纸的社会。

直到今天,纸张已成为信息存储中最重要、最方便、完全不可替代的媒介,人类社会在经济和智力上都已经成为一个纸的社会。

然而,同时期的西方没有发明丝,自然也没有纸。

直到公元700年,中国的造纸技术被严格保密,造纸仍然是国家机密,最远只传播到土耳其,而西欧造纸则在13世纪之后。

流行于地中海世界的,还是轻便柔软的莎草纸。

但它有两个特别明显的缺点:一是原材料来源单一,只有尼罗河三角肥沃的沼泽才能生长,难以大规模生产且易垄断;二是质地脆裂,稍微折叠会损坏,难以承受陆路运输的长途颠簸,不利于长期使用和长期保存。

公元前2世纪,帕加马帝国国王欧迈尼斯二世计划从埃及进口大量莎草纸,以使帕加马图书馆的藏书量与亚历山大图书馆相媲美。然而,统治埃及的托勒密王朝禁止向帕加马出口莎草纸。欧迈尼斯二世不得不找到另一种方法,命令将羊皮处理成光滑的薄片,制成羊皮纸。

与莎草纸相比,羊皮纸有一些明显优点:羊皮纸的生产不受地域限制,兽皮各地皆有;羊皮纸在折叠的时候不易磨损或裂开,检索内容时,古抄本的翻页寻找也比在整张莎草纸卷轴中寻找更方便;从费用上看,羊皮纸尽管成本不菲,如抄一部《圣经》就要用200到300张羊羔皮,但即使如此,也比从埃及进口莎草纸的费用少得多。

因此,罗马人在公元前1世纪开始用羊皮纸誊抄莎草纸卷的古籍。几个世纪后,希腊人也使用了羊皮纸的古籍。最后,莎草纸文献从欧洲完全消失了。

不幸的是,在基督教主导文化教育的情况下,与基督教有关的书籍得到了重视,而与异教有关的著作则被忽视,作为糟粕清除。因此,复制的过程实际上已经演变成一个严格审查的过程。《圣经》之外的所有作品都被焚毁,大量的文献都被彻底摧毁。

因此,进入中世纪后,西欧形成了教会教育和新骑士教育两种著名的教育体系。

教会教育是欧洲中世纪基督教会设立和管辖的学校,旨在培养教师。其教育内容包括三科(修辞、文法、辩证法)、四学(算术、几何、天文、音乐),合称七艺。所有科目都贯穿于神学。

骑士教育的目的是培养封建骑士。教育内容主要是骑士七技,即骑马、游泳、射击、击剑、狩猎、下棋、吟诗。骑士教育培养的骑士精神是西方上流社会的贵族文化精神。

以这两种教育系统为根基,欧洲最早的大学是博洛尼亚大学和巴黎大学。

罗马皇帝费德里克一世于1158年发布法律,规定博洛尼亚大学享有独立性,因此被视为欧洲大学之母博洛尼亚大学法定成立之年,略早于1180年法国路易七世公布巴黎大学称号。不过,巴黎大学的前身有着悠久的历史,不同于博洛尼亚大学只开展教会教育,巴黎大学也被称为世界大学之母。

牛津大学和剑桥大学是巴黎大学的直接复制品。直到1167年,英国没有大学。当时,英国国王与法国国王发生争执。因此,英国国王召回巴黎大学的英国教师和学生,聚集在牛津,继续从事教学和研究。这是牛津大学的起源。

1209年,牛津的一名学生在练习射箭时误杀了镇上的一名妇女,引发了一场骚乱,师生被市民追赶逃跑。12名牛津师生流落剑桥镇,剑桥大学逐渐建立了一所新大学。

美国著名的哈佛大学则是剑桥大学的复制品。1636年10月28日,马萨诸塞湾殖民地议会决定建立一所名为剑桥大学的高等院校。后为纪念学院的主要捐献者约翰·哈佛改名为"哈佛学院",而哈佛大学现成为世界最顶尖的大学。

༄ 印刷与知识革命 ༄

印刷坑了一个苏东坡却改变了世界

我们在自然中寻求着真理,殊不知,我们已身临书海之中。

——德尼·狄德罗

印刷的发明是历史上最伟大的事件,它在本源上是所有变革之母,是人类表达方式的新体现。

——维克多·雨果

有了纸,还不够,还要有印刷。虽然因为纸的出现,印刷才成为现实。

现存世界上最早的雕版印刷术被称为"文明之母"。因为印刷术的广泛应用,使得世界各地大量出版书籍、广泛传播知识成为可能,推动世界科技文化大发展,对欧洲的"文艺复兴"和"宗教改革"也产生积极影响,这是印刷术对世界文明作出的伟大贡献。

因为印刷术的最早创新应用,宋朝成为当时世界上(也是中国历史上)经济最繁荣、民众最富裕、科技最发达、文化最昌明的社会。据传英国史学家汤因比说过:"如果让我选择,我愿意活在中国的宋朝。"

不过,英国李约瑟博士在《中国科学技术史》中确实说过:"中国的科技发展到宋朝,已呈巅峰状态,在许多方面实际上已经超过了18世纪中叶工业革命前的英国或欧洲的水平。"法国历史学家谢和耐则说:"在社会生活、艺术、娱乐、制度、工艺技术诸领域,中国无疑是当时最先进的国家,它具有一切理由把世界上的其他地方仅仅看作蛮

公元868年的汉语版《金刚经》是现今最早的完整雕版印刷书。这卷佛经印在七张纸上,全长16尺,高1尺,以一幅木刻的佛教图画为卷首,描绘了释迦牟尼对长老须菩提讲道之情景。释迦牟尼独坐莲花座,四周诸天神佛环绕静听,神态肃穆。精细的木刻插画及上乘的印刷质量,显示出早期印刷术的高超技艺。

夷之邦。"

中国印刷术改变了世界,然而,苏轼却成为因印刷出书而倒霉的第一位名人。

1089年,苏轼弟弟苏辙奉命出使辽国。当他住进辽人驿馆时,抬头便见墙头题写苏轼诗文,又见到辽人出版的苏轼诗集《眉山集》,而《眉山集》在北宋开封才刊印上市,这着实让他吃惊。足见苏轼诗文受众之广,传播之速。为此,苏辙大发感慨,给兄长苏轼写信专门说起此事:

谁将家集过幽都?逢见胡人问大苏。莫把文章动蛮貊,恐妨谈笑卧江湖。

北宋时期,印书的成本降低,全国上下处处出版中心如星火,正如宋人叶梦得说:"今天下印书,以杭州为上,蜀本次之,福建最下。福建本几遍天下,正以其易成故也。"

商人逐利,一个如同当今互联网般的新兴产业诞生,出版商以极大的热情推动印刷术应用。白纸上印黑字，就能卖钱，简直就与印钱一般赚钱。为迎合大众需求扩大书籍销量，还催生出宋代的"畅销书"，苏东坡就是"畅销书排行榜"上的常客。

当朝御史舒亶、李定等人就是从这些已经出版的苏轼诗文集里，搜罗苏轼的言论，作为对他不利的证据，罗织他以文字讽君谤相的罪名，最后批捕逮赴台狱。这就是历史上著名的"乌台诗案"，改变苏轼苏东坡的命运。

案发当时，苏东坡家中被州吏围困搜书，一家长幼惊惶不定，几乎吓死。事后，妻子埋怨苏东坡说："是好著书，书成何所得？而怖我如此。"遂，悉取烧之。

然而，《眉山集》并非苏东坡本人自己编辑校对出版，而是爱好者辑录、书商自行出版的。这些畅销至辽国高丽的苏东坡诗集，连他自己都不知道。诗文流传太广，也成了"乌台诗案"中苏东坡被指责的罪名，"小则镂板，大则刻石，传播中外"就是案中对苏轼的斥责。

而"乌台诗案"相关诗文广泛传世，在于当时新兴的"互联网"——印刷出版高效传播，使文化传播规模空前。苏东坡诗文在印刷传播中的巨大成功，为苏东坡的牢狱之灾推波助澜，最终将其送入大牢。

然而，从手抄书卷，到雕版印刷，再到后来的活字印刷，这毕竟是一场革命。

早在965年，宋太祖平定后蜀时，发现大量书籍上印有"毋昭裔"的名字，而毋昭裔即是中国最早的出版家。他少时贫贱，求借《文选》，遇人面有难色，遂发誓："恨余贫不能力致，他日少达，愿刻板印之，庶及天下学者。"后来他仕蜀为相，遂践其言，令门人刻成《文选》《九经》等书，大规模印刷。

宋代刻版印书的书籍成本，相比晚唐抄本减下去十分之九左右。而这带来的最直接变化，是穷人也能读得起书。

科考发明于隋代，然而，到唐代时仍是"父子相继居相位，或累数世而屡显"，直到宋代，大量低成本的书籍出现在社会上，才让科举制真正成为可能。一大批农工商贩子弟走进校塾，通过科举进入官场。著名如欧阳修、包拯等贫寒子弟，还能进入世阶高层。

同样,印刷书籍流行,科举改变阶层,促使宋代小学教育迅速普及。

从乡校到家塾,星罗棋布,城乡遍布。南宋耐得翁记曰:"都城内外,自有文武两学,宗学、京学、县学之外,其余乡校、家塾、舍馆、书会,每一里巷须一二所。弦诵之声,往往相闻。遇大比之岁,间有登第补中舍选者。"

著名如苏轼,八岁入"小学",师从张易简,童子几百人同学。有宋一代的小学教育普及率,在当时全世界绝对排名第一。

除了这些普及型的小学教育外,属于现代大学类的高级书院,也在宋代风生水起。

宋代著名的书院,如岳麓书院、白鹿洞书院、嵩阳书院、问津书院等,都在这一时期先后出现。宋代理学发展史上的大家,大部分也都是在书院讲学或担任山长的著名人物。其中有"宋初三先生"孙复、胡瑗、石介,"理学开山"的周敦颐,洛学的创立人与宋明理学的奠基者程颢、程颐,宋代理学的集大成者朱熹,心学的创立人陆九渊,都从事过书院教育。

印刷改变教育,教育改变中国。宋代人成为现代意义上最早的近代人,宋人与前人相比,精神面貌一新。

新技术的发明往往意味着一次社会革新与思想革命,这是历史上常有的事。印刷不仅仅是对手工抄写的替代,而是形成了一种新知识创造与传播的形式。这种变化革新,不仅发生在东方的宋朝,更是由于西方文字与汉字的不同,随后,在西方带来了更为巨大的变革。

印刷机引发知识爆炸

印刷之技可贵可嘉,因为它是世间最后一声号角。

——马丁·路德

我们完全可以这样说,古登堡在改进印刷术的技艺上花费的二十多年,代表着现代社会的开端,没有印刷术,就不可能有之后的科学、政治、宗教、社会学、经济和哲学上的进步。

——历史学家爱伯丁·高尔(Albertine Gaur)

假如说,纸给欧洲艺术文化带来的是深远的改变,那么印刷带来的则是巨变。然而,人们却很少感激纸和印刷。

以文艺复兴为例,羊皮纸很少用于艺术领域,因为它太贵,很难修改。在文艺复兴时期,这一切都发生了变化,有可能在纸上画素描。

达·芬奇是世界上第一位因纸上画而闻名的艺术家。他的作品成为佛罗伦萨文艺复兴时期的艺术标准。学习艺术意味着学习在纸上画画。从那时起,艺术家们就在纸上雕刻技能。

同样,印刷术坑了一个苏东坡,却让路德成为颠覆世界的人。

在路德呼吁"人人自己读《圣经》"之前,已经有很多教士发出这种开明的声音。此前,人们都是通过传统的辩论演讲和布道训诫来传播思想。然而,路德选择了与印刷商合作,他的语词之剑在印刷机的加强效应下让抗议成功。正如丹尼尔·笛福所说"口头的说教只是面向少数人,但印刷的书籍却在向整个世界倾诉"。

同样,1440年古登堡发明的近代活字印刷机,也使"宗教改革"主张的"人人自己读《圣经》"成为现实可能。一旦人人拥有一本《圣经》可以自己读,就犹如一柄柄锋利的刀刃分裂开教会的权威。

大卫·里斯曼称印刷为思想炸药,它点燃了五六种引信,引发许多爆炸性反应。另一个引信是发现新大陆。

事实上,在哥伦布之前的500年里,欧洲人已经到达了一个新世界。有证据表明,维京人早在公元1021年就曾在加拿大纽芬兰存在,但这一事件并没有引起发现的

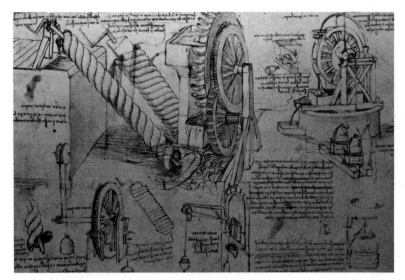

这是一张莱昂纳多·达·芬奇的手稿,在16世纪,纸张成为数学、工程学和科学计算领域的必需品。达·芬奇在研究机械力时在纸上绘制,显示了他对重力、运动、光学、天文学以及各种算术和几何方面的观点。这张图片由大英图书馆收藏。

时代。

因为即使维京人发现美国的消息真的传回了欧洲,消息传播的方式也有问题。这是一个口头故事。寒风中的耳语随风而逝,不能持续太久。通过稀有的口头和手稿传播信息并没有起到多大的作用。维京人进入新世界的探索,就像路德之前的大多数异端一样,伟大的创新并没有带来应有的效果,因为走在媒体的前面。

点燃发现时代的火星是一台印刷机,它将哥伦布航行新世界的消息传遍了世界。哥伦布航海报道的一本印刷品和一本8页的小册子成为1492年的畅销书;罗马印行了3个拉丁文版本、1个托斯卡纳语版本,巴黎巴塞尔安特卫普印行了6个版本,还有几个西班牙语版本问世。

白纸黑字的印刷品激起的对新世界的兴趣难以遏制。1497年,英格兰人相信哥伦布的消息,派约翰·卡伯特去了新大陆。葡萄牙人佩德罗·卡布拉尔被认为是最早到达巴西的欧洲人。法国人也派出了让·卡蒂埃航行到北美。

每次远征都会激发进一步的出征，激发我们今天所谓的媒体报道。每一次探险都吸收了前人的营养，为后人提供了灵感。

因此，金钱、威望和战略利益都流入了欧洲人的国家，不同于从前维京人的命运，"地理大发现"的势头浩浩荡荡再无可阻挡。

在印刷机的培育下，地理发现的新知识不断刺激，欧洲人开始意识到自己的无知，罗马宗教权威不断放松，科学革命应运而生。

伽利略用望远镜观察到木星，支持哥白尼的日心说，他被教会视为异端，并以异端邪说的罪名判处终身监禁。他被迫在忏悔上签字。然而，他在所有意义上都赢了。印刷机将伽利略的观察报告传达给其他科学家进行测试和验证，并将其他科学家验证的信息传达给越来越多的公众。

由于印刷，知识创造也形成了一个紧密的科学共同体。

批量印刷书籍使所有书籍携带的知识完全相同。1598 年，第谷·布拉赫出版了《新天文学仪器》。十多年后，在北京，耶稣会天文学家南怀仁，从未见过布拉赫仪器，只是根据书中的插图建造出与布拉赫新设计相同的天文观测仪器。印刷创造了一个天文学家群体。他们用同样的方法来解决共同的问题。

印刷带来了统一标准的知识。

在复杂的印刷循环中，科学信息的大规模传播激发了新一代的思想，新思想成为科学过程的营养，然后更多的人延伸、修剪或纠正第一组理论，他们的著作反过来触发了第一组人的检测，因此，自我复制、自我超越的知识循环形成。

只有依靠事后诸葛的智慧，我们才能看到这些相互促进的平行线索：宗教改革削弱了思想监禁，地理发现让人们意识到自己的无知，印刷机使科学革命聚集力量，教会反对科学革命的力量被削弱；反过来，科学革命进一步削弱了教会；这是一个由各种因素组成的决定性力量，导致了现代世界的诞生。最后，这个现代世界将超越最早发明印刷设备的中国。

1543年,各种革命汇流,使一种新知识成为可能。

中国人不再能模仿的技术

大自然这本书是用数学语言写的。

——伽利略

船舶与枪炮的质量取决于数学。现在西洋船舰和火器异乎寻常的改进,几乎到了不可思议的程度;这是计算能力日益精细的结果;如果计算稍稍细致一分,那么机器的使用就会灵巧十倍。

——沈葆桢(福州船政大臣),1870年

这种新知识就是科学。

现在,我们生活在一个由科学构造的世界,但这个世界并非自古就有的。

在离我们不远的1492年之前,人们普遍认为所有的重要知识都出现了,没有进步的概念。对世界的解释来自过去的圣人,而不是未来的探索者。

随着印刷机出版文化的兴起,权威语言被削弱,信息被广泛交流、分享和比较。最后,现代科学宣布诞生。

1611年,约翰·邓恩谈到了伽利略前一年用望远镜获得的发现,声称新哲学质疑一切。对邓恩来说,新哲学是吉尔伯特和伽利略的新科学。一场革命正在开始。与莎士比亚和大多数受过教育的人不同,邓恩完全明白了这一点。

到1733年,伏尔泰的《英国信札》出版。受教育精英的知识世界改变的速度更快。他们不再相信巫婆、狼人、魔法、炼金术或占星术,不相信独角兽是神话中的一种野兽。

魔法神话被科学事实取代,古希腊的哲学和科学被某种东西所取代。这种东西仍然可以定义为我们的哲学和科学。

我们为这一伟大变革选择的唯一名字是"科学革命"。

这场革命改变了人类能力和知识的性质。

如果没有,可能就不会有第一次工业革命和第二次工业革命;没有我们依赖的现代技术,人们的生活将非常贫穷,人的寿命将更短,我们大多数人将过着持续的艰苦生活。

自新石器革命以来,科学革命是人类历史上最重要的事件。

然而,对大多数人来说,消化和理解现代科学并不容易,因为科学往往与常识相矛盾。

"科学是人们对生产生活的观察和总结,科学知识对实践有指导意义。"如果你相信这句话,你就是亚里士多德的学生——从伽利略时代开始,科学就不是这个意思。

伽利略试图研究一种理想化的情况,只有这样,他的数学定量方法才有意义。伽利略发现球越来越快,速度与球的重量无关。这是一个绝对不正常的发现。因此,开放科学的第一步是脱离日常生活。

牛顿的三大运动定律也是如此。在一个没有空气阻力和摩擦的世界里,在日常生活中没有对比。但另一方面,人们越来越强调科学的证据。真正的测试是可验证的。能让我们复制出一个东西来的,就是科学。

科学的另外一难处,来自科学是用数学语言写成的。对人脑来讲,用数学语言写成表达的知识,很难掌握。

科学革命的关键是自然数学化。

为了反对哲学家的权威,现代科学革命最重要的是数学家发动的反叛。

伽利略时期,哲学家控制了大学课程。但数学家得到了贵族、商人、士兵和海员的资助。他们之所以获得资助,是因为他们为世界提供了新的数学应用。这包括许多新仪器的发明,改进了地球和天空的测量,如直角仪、六分仪和四分仪。这种对准确性的痴迷推动了科学的发展,准确性和确定性成为新科学的口号。

因此，透视绘画、绘画制作（以及相关的航海、测量学科）和弹道学，这些学科给了塔尔塔利亚、布拉赫、伽利略和其他数学家信心，让他们认为他们是知道如何理解世界的人，而不是哲学家。虽然绘画、绘画和弹道并没有让我们认为它们是前沿学科，但它们曾经是前沿学科。

霍布斯意识到没有什么比数学真理更确定的了。2加2总是等于4，斜边的平方总是等于两直角边的平方之和。这些都是普遍的真理。

数学不是理解世界的合适工具，而是改造世界的好工具。数学技术已经成为改造世界的最强大的工具。

1840年，鸦片战争中，英国军队多次痛击大清帝国，让中国人的落后显得尤为突出。是什么让强大的中国落后至斯？经专家们研究确认，其落败的关键因素之一就是这数学化了的科技。

事实上，1840年的英国人，并非第一批到达中国南海的欧洲人，也并非第一批想要征服中国的欧洲人，而鸦片战争也并非中欧之间第一场战争。

早在300年前的1521年，一路向东的葡萄牙人从马六甲航行到广州，基于屯门岛（今香港屯门区），杀人越货。明朝派出广东海巡副使汪鋐率兵围剿1万人。然而，在葡萄牙人的佛朗机大炮面前遭受巨大损失，明军撤退。紧急情况下，汪鋐急中生智，派人潜水，发挥浪里白条的能力，凿穿葡萄牙人的两艘大船。再加上大雨，葡萄牙人的火枪失效，明军终于稳定局势，发挥地理位置和人多势众的优势长期围困，最终战胜葡萄牙人。

至此，中国与欧洲人历史上的第一次战争，以中国人完胜告终。

1536年，在广州的一个监狱里，葡萄牙瓦斯科·卡尔沃正撰写占领珠江上堡垒的计划。他不是唯一一个在接下来的几个世纪里提出征服中国计划的欧洲人，但他被关在中国监狱里。

明军战后缴获的秘密武器佛朗机大炮，在未来对欧洲的战斗中发挥了重要作用。

中国人研究西方人带来的新武器，而不是盲目地模仿它们，是在学习、纠正和改进它们。中国的铸炮技术并不比世界同行差，而且在某些方面制造水平得比欧洲的样板要高，所以欧洲殖民军官甚至不得不为铸炮厂寻找中国工匠。

从1661年到1668年的中荷战争中，荷兰总督哀叹在炮战中"敌军……操炮太过熟练……让我军羞愧"。

同样，在鸦片战争中，英国人也观察到了中国人在战争中学习的痕迹。莫里中尉惊讶地说："这个民族非常聪明，不会意识不到自己战争技术的落后。"一些深感震惊的人怀疑中国人一定有间谍，并画下了英国的装备。

然而，各种迹象表明，这次学习的效果并不好。

战后，英军发现，战争中强大的臼炮，中国有了高度仿制品，但旋钮和炮体是一体的，这表明中国人根本不知道它是用来做什么的，但他们遵守"师夷长技以制夷"的老模式。同样，清军也试图模仿和建造蒸汽船，但没有蒸汽动力，只是人工划桨。

这次赶上英国军事技术绝不容易。

因为1840年左右的技术鸿沟比3个世纪前要大得多，甚至是质的差异，而不是数量差距，不能用大量的投入和聪明来弥补。

大多数中国人甚至不足以认识到自己的无知。就像，接管林则徐职务的满人钦差大臣耆英里外检查了一艘蒸汽船，不解地猜测它的机械原理："中设水火二筒，燔以煤炭，火炽烟升。内外有轮，机关灵便，大约暗运钟表之法，巧借水火之力。因此不待风帆而行驶远速。"

这一次，中国人知道西方火炮很强大，也知道掌握西方技术迫在眉睫。然而，他们对蒸汽船、臼炮等一系列科学发展产品一无所知。蒸汽技术超出了他们的经验，臼炮需要大量的弹道数学知识。

他们需要懂数学的工匠，而不是手工经验丰富的工匠。工程绘图和机床是中国工匠无法掌握的，他们聪明但大多数不会识字和计算。

当然，没有机床，没有图纸，也可以制造蒸汽船——只是一个非常糟糕的模型。工程师使用机床和工程图纸来生产活塞和气缸，这需要无缝的咬合和精密的制作。手工匠们无论技艺多么熟练，经验多么丰富，都不是对手。

更重要的是，即使中国人知道如何生产西方武器，他们也不知道如何使用数学，而西方炮手则使用数学理论使炮射更准确。鸦片战争后不久，就有清人丁拱辰研究新式野战炮和臼炮，其文章中大量文字和插图对武器进行了详细而完备的介绍，但一说到瞄准和弹道计算，其文字就像是写于弹道革命之前的了。

中国人开始明白，西方的军事优势来自科学和数学。

这一次，中国人学习追赶了20年之后，才终于慢慢认识到他们学习西方技术，必须同时引进技后背后的西方科学，中国人开始明白西方军事优势来自科学和数学。

正如1870年福州船政大臣沈葆桢和闽浙总督英桂在联合奏折中指出的那样："船舶与枪炮的质量取决于数学。现在西洋船舰和火器异乎寻常的改进，几乎到了不可思议的程度；这是计算能力日益精细的结果；如果计算稍稍细致一分，那么机器的使用就会灵巧十倍。"

要计算设备和船体部件的尺寸，需要算术和几何；根据图纸生产，要懂透视、绘画几何；解释发动机动力和船舶动力的重力、热等自然现象，须了解物理。下一步是了解物体在力的作用下的变化，需要克服多少阻力，需要承受多少压力，这是力学和机械学的内容。所以普通的计算和几何学是不够的，还需要掌握三角几何、微积分。这样，不仅要会计算出特定形式和大小的物体，还会学习所有施工所需的一般方法。

而这一切，中国文士不屑于钻研，认为是技，是小道。而工匠则大多是文盲，不识字不算数，自矜自己的"祖传手艺"，而技艺的最高境界是"道"。

鸦片战争史料中，英国人的致命武器火箭、臼炮、野战炮、可爆炮弹和榴弹炮，都是在科学的基础上开发的。

罗宾斯的弹道革命，继承了牛顿、波义耳和伯努利，莱恩哈特·欧拉等专家学者继续发展,代表了人类对火炮工作深刻原则理解的演变。实验很困难,结果并不来自直觉。没有科学的文化和传统,就不可能获得知识,而且仍然是非常实用的知识,这直接影响了战争参与者们的行为。

技术与科学相结合,产生了质的蜕变。罗宾斯发现的空气阻力对弹道的巨大影响是如此惊人,超出了所有人的预期,包括罗宾斯本人。

中国人是最聪明的一群人,没有什么学不会的,没有什么不能做得好的。红夷大炮、火绳枪都能很快模仿,甚至做得更好。

但是,弹道学、无烟炸药等,中国人则完全不知从何下手,甚至连蒸汽机也不能做出来。因为没有机床,没有一套数学公式在后面支撑,靠经验,靠耳聪目明,已经不知道现象背后的本质。

有了科学之后,以前靠经验的方式学习,已经失效。以前靠师徒手把手就能教会的方式,必须让位于对经验背后的数学原理(即数学化的技术知识)的专门学习,否则学不会。

"只知其然不必知其所以然"的经验式学习,已经不足以应对现实。

因为科学的出现,已经改变知识的形态,必须改变学习的方式。

❦ 现代教育与发现儿童 ❦

在现代社会中,占主导地位的学习方式,主要受益于纸与印刷。

因为仅仅依靠手写文本,不可能实现文字和教育的大规模普及。只有当大量廉价的印刷书籍在社会中广泛传播时,以识字为基础的学习形式才能普及。学习模式的变化必然导致教育模式的相应变化和发展。也只有当印刷书籍出现时,我们今天的课堂教学体系形式和规模才能出现。

这些变化不仅大大加快了科学文化的传播,而且大大提高了个人甚至整个人类的学习能力,使从事科学创新发明的基础人群大量出现,带来"科学革命"。

而科学革命对学习至少产生了两方面的影响:一方面,从内部改变了学习的内容,仅依靠经验与观察的学习不足获得科学的知识;另一方面,科学革命带来工业革命,从外部改变学习的形式。随工业革命而来的工业大生产,要求社会生产大批量有知识有纪律的工人,最终形成了现代教育形式:义务教育、学科单元、课程教学等。

工业革命改变学习

知识就是力量。

——培根

科学革命后,世界面貌焕然一新。

在1620年,培根发表了《新工具》的科学宣言,提出"知识就是力量"。

虽然科学和科技,确实密不可分雌雄难辨,很多人将二者混为一谈。我们常认为,没有科学研究,就没有新科技发展。而实际上是,历史上大多数时候,科学与科技并不相干。

直到公元1500年,人类历史上发展起来的大多数新技术,都是由没有受过教育的工匠发明的,而不是通过系统的科学研究获得的。

但在1870年的第二次工业革命之后,所有的工业都受到了科学的影响。例如,马可尼在1896年发明了一个无线报告器,但他的成就是基于物理学家麦克斯韦和赫兹的科学研究。

此时,资本和国家竞相资助科学,工业、军事和科学开始了水乳交融,世界发生了巨大的变化。

其中，一些国家在科学、工业与教育相互促进方面走在前面，比如工业革命故乡——英国。

随着大型机械生产的广泛建立和广泛应用，快速城市化，更大规模的社会流动和机械化取代手工劳动，英国社会需要大量的识字工人。这些变化在现代英国教育体系的形成中发挥了重要作用。

1850年，蒸汽机的普及和铁路狂热标志着英国工业化进入工业革命真正飞跃的时代。

在工业时代，学校接管家庭，教师取代家长，已成为国家获取知识的重要渠道。成年人从在家谋生到按时在工厂工作。父母既没有时间照顾孩子，也没有能力教育孩子日益复杂的系统知识。

此外，统一批量印刷带来机械行业的批量标准生产，废除手工业，是工业革命的前提之一。这在古希腊是不可想象的，彼时只有手工业和学徒工人。

工业革命对教育学习的需求：义务教育需要新的人。工业化对工人的要求更高。

在工业革命之前，教育的内容主要集中在阅读和写作的素质，以及他们的父母或师傅的技能。成年人仔细观察学习者，纠正他们的错误，安排他们准备好的任务，看看他们是否能成功完成。

到工业革命时期，科学的知识结构已经复杂到单一学徒难以学习的程度，需要一个更复杂的信息传承系统，以书为载体，要求每个人都能识字，提高国家文化素养；国际竞争的加剧使政府意识到国家文化水平构成了国家的核心竞争力，逐步建立全民普惠教育体系。

到此为止，英国学校教育的保守模式对工业化产生了滞后影响，引起了新兴阶层的强烈不满。

特别是此时，德国正在推进教育改革，科技和工业发展一日千里。

维多利亚式的教育模式,班级规模很大,设施很简单

现代教育的起源

国家的竞争力不是始于工厂或工程实验室,而是始于教室。

——李·艾科卡

现代各个国家教育的标准模式,有几个公认的基本要素:早上按时走进教学楼;在45分钟的课程中,老师讲课,学生听课;课程之间是午餐与休息时间;学生们放学后回家做作业。

这种模式最早是18世纪普鲁士人开始实施的,他们首先发明了我们目前遵循的课堂教学模式。

普鲁士教育体系在当时的许多方面都具有创新意义。这种教育体系使成千上万的人学会识字算术,为普鲁士成为工业大国提供关键的人力资源。基于当时的技术水平,实现每个人接受识字算数的基本教育目标,普鲁士采用最高效教育体系。

1870年，普鲁士小学教育普及率达到97％，这绝对是前所未有的数字。普鲁士依靠优秀的人力资本，很快给世界留下了深刻的印象：普鲁士诞生了第一个科学实验室、第一个科技出版物、第一个研究生院和第一个研究所；为社会科学提供了宽松研究环境，培养了一批社会科学领域的顶尖大师，包括马克思、黑格尔和费希特。

这种教育体系承诺给每个人一个公平的起点。如果选拔过程公平，优秀人才将不可避免地获胜。优秀人才的努力最终将带来社会全体共同的繁荣。

普鲁士的崛起，给整个欧洲带来了巨大的震惊和冲击，各国开始效仿普鲁士的教育模式。

然而，普鲁士教育的根本目的，并不是为了将每个人培养成为能够独立思考的个人，而是为国家训练大量忠诚、易于管理的工人和文人。他们在学校学到的价值观使他们服从父母、教师和教堂的权威。当然，他们最终应该服从国家。

1820年，普鲁士通过了《教育法草案》。从那以后，上学就像当兵一样，这是一项义务。自普鲁士时代以来，它一直被称为"义务教育"。

该系统形成了一种新的学习模式：工厂化学校学习。

随后，一些教育家提出了班级授课制理论，新的班级授课制奠定现代教育的基本模式：根据年龄分班划级、大规模集体学习、固定教室、固定教材、按时上下课、统一考试、学期时长稳定、以教师教学知识为中心。

与传统的古典精英学校相比，班级教学体系以其规模大、成本低、效率高、统一、整体的优势迅速风靡全球。

如果古典学校是追求卓越质量、制作艺术品的手工作坊，那么，现代学校是类似工业革命后大规模批量生产初级产品的"流水线型工厂学校"。

然而，在标准化课程模式的分配下，原本广阔而美丽的人类思想领域为了易于管理被人为地切割成一个个部分，称为学科。同样，原本自然全面的概念也被分为单独的课程单元。

套用现代制造流水线车间管理制度,通过准确的时间控制(学期、课时)、人身控制(学校规则)、内容控制(统一教材)、质量控制(考试筛选)、营销控制(文凭等级)等工业化管理手段,现代学校建立生产国民的高效流水线,实现人的产品化标准化生产。

标准化考试作为决定学生是否获得教学技能和知识的根本方式出现,对学习的评价主要基于考试成绩。为了确保班上的每个学生都处于同一水平,考试结果也被用作班级分配的依据。考试往往涉及某种淘汰,因此考试带来了及格和失败的概念。排名给学习落后学生带来了失败感。

发现儿童

如果女人是被隐藏在历史里,那么儿童则被排除在历史之外。

——哈里·亨德利克(Harry Hendrick)

儿童的概念在中世纪是不存在的。

——菲利浦·阿利埃斯

现代教育兴起后,所有未成年人需要"义务"进行教育,儿童被明显地"分离"出来。我们认为儿童是理所当然的概念,我们相信童年是人类社会与生俱来的。然而,儿童是一个在相当晚的时代建立起来的概念。直到16世纪以前的中世纪,儿童的概念都不存在,直到17世纪才被发现。直到18世纪,才从美国开始流行庆祝儿童生日吃蛋糕的习俗。

在13世纪的西欧,儿童与成年人没有特别的区别。在历史上,儿童不受重视,但他们是缩小版的成年人,与成年人混合,与他们一起工作、竞争、社交和玩耍。即使在人类社会的大多数情况下,儿童也不是小天使,而是被视为私人财产或无用的负担,直到他们成长为有用的人或被社区接受。

让我们来看看 2000 年前汉谟拉比法典上的一段话：

> 若该女子丧命，他们应杀了他的女儿。

根据规定，孩子不是独立的人，而是父母的财产。因此，如果一个贵族杀死了另一个贵族的女儿，惩罚就是杀死凶手的女儿。这对我们来说可能很荒谬，凶手本人逃脱罪责，但他无辜的女儿不得不失去生命。但在汉谟拉比和当时的巴比伦人看来，这就是公平和正义。

传统社会看不到孩子，甚至看不到青少年。儿童期缩减为儿童尚不足以自我料理的时候。成人当他仍是一个好玩的小动物，与他玩耍就像与不知羞耻的小狗玩耍一般。七岁以上的孩子被认为是缩小的成年人，而不是有不同需求的个体。

老彼得·勃鲁盖尔《儿童游戏》，1560 年

正如阿利埃斯最具争议的论点，儿童的概念在中世纪并不存在一样，儿童和成年人穿着相同的衣服，玩相同的游戏娱乐，接受相同的礼仪规范。儿童没有特殊的童装或配饰，儿童游戏和成人没有太大的区别，甚至儿童童话也包含了性暗示和血腥的情节。

"童年"是一个被发明出来的概念。一个更为隐蔽的原因，也可能更为根本的原因，则与印刷识字有关。

在印刷技术普及之前，儿童和成年人依靠口头交流，分享基本相同的生活世界。孩子们生活在一个口头交流的世界里，有机会接触生活中几乎所有的成年人。除了不做爱和生育，人类没有儿童与成年人之别。

15世纪中叶，随着印刷技术的普及，文本占据主导地位，印刷机创造了一个全新的象征世界，世界知识大幅增加。情况发生了改变。掌握文字知识的脑力劳动者，和不识字的体力劳动者分为两个世界。

知识的广泛传播促进了各学科的发展，印刷的排版特征增强了学科的清晰度和逻辑性。知识从口语世界进入文字世界，文盲不得进入。识字阅读已成为人们接触高等知识和进入成人社会的关键。

而世界上最大数量的"文盲"群体，是还未识字的儿童。

儿童与成人之间产生文化差距。成人世界开始与儿童世界分离，未掌握阅读的时代开始成为童年的摇篮期。书本知识的吸收需要经过专门教育，因此学习能力不完善的儿童与成人知识分离。只有接受有针对性的识字教育，儿童才能进入文字世界，进入成人世界。因此，所谓的童年自然是分开的。

于是，"童年"诞生了。

直到中世纪，孩子一直和成年人混在一起，他们经常很早就离开父母当学徒——当时在西欧，童工几乎是一种普遍现象。只要孩子勉强能够独立，孩子们就会与成年人混在一起，和成年人一样工作和生活。

儿童只是成年人的缩小版,与成年人混在一起工作、竞争、社交、玩耍,被当作"小大人"同样劳动,同等对待,雇用童工、学徒受虐现象普遍。如果以当代文明观点来看,这个时期甚至堪称"儿童的黑暗史"。

但是,通过模仿成人行为,不可能识字和获得科学知识。学校教育取代了学徒制。

读书识字教育已成为欧洲家庭养育孩子的使命,因此识字教育不仅从贵族阶级自上而下普及,而且不断改进,从中世纪的粗糙模式到越来越细分和精致,学校成为培训儿童,使他们成长为远大的生活理想和服务社会的人才。

8岁的煤矿工人

因此,每个人都开始同意孩子不能分享成年人的语言、知识、偏好和社会生活。在整个西方世界,童年的概念已经成为社会标准和社会事实。

因此,儿童是随着文字社会的普及而创造的概念。

然而,儿童被发现,未必是幸事。

学校取代学徒制已成为现代教育的一种形式。这意味着孩子们不再与成年人混在一起,不再通过与成年人的直接接触模仿生活和生产。

学校教育不仅区分了儿童和成人世界,而且不可避免地将成人世界的秩序、标准和规范强加给儿童。

婴儿出生时由家人照顾,然后在学校受到保护,根据教学计划或学校提出的模式学习和玩耍。他们似乎过着更轻松、更快乐的生活,但剥夺了他们主动观察社会、融入社会的能力和生存责任感。孩子们被分离开,而现代学校和家庭构建的外部社会形象越来越危险。

乔治·伊曼纽尔·奥皮兹《教室里的求婚和骚动》

结果，年轻人在过渡到成年人阶段时感到困难甚至厌恶。今天，父母抱怨他们的孩子长大后没有责任感，啃老族越来越多。或许，应该反思成年人养育孩子的方式，而不能总是极端地过度保护和隔离。

学校隔离使孩子们很难从成年人那里成长。过去，孩子们可以观察到他们与成年人相处的行为，但现在学校和家庭让他们更多地关注与同龄人相处的经历，忽视了学生与个人成长关系更密切的素质。甚至有些学生读完硕士和博士学位后，成为社会的巨婴，只是因为他们害怕走出象牙塔，进入真实社会。

对儿童来说，这可能是最好和最糟糕的时代。

* * *

儿童是印刷时代的产物，伴随着读写能力的培养。

自从纸张和印刷普及以来，书本成为学习的代名词。学校教育过于偏爱书本知识的学习，书本学习将师生囚禁在抽象知识的笼子里。

然而，随着电子信息设备的出现，信息隔离系统的基础开始崩溃。电视利用其对感官的多重发展，使儿童能够无障碍地了解成人世界游戏规则。

在当今的电子信息社会，所有的信息都可以在成人和儿童之间共享，儿童和成人的世界再次融合。

尼尔·波特曼在《童年的消失》中指出，童年已经消失了！

在图像时代，图像不再需要像文本交流一样进行编码解码。对于最大的文盲群体儿童来说，很难有秘密。一目了然的图像媒体迅速改变了孩子。如今，孩子们可以从电视上获得相当多的信息，并在心理上取得快速进步。同时，它也使童年不再有明确的界限，儿童和成人之间的界限再次模糊，完全基于电子通信的图像系统正在逐渐侵蚀基于语言的文字世界。当阅读印刷品意味着一个放慢速度的头脑时，接受电子信息意味着一个加速的头脑。然而，面对汹涌的图像时代和网络世界，我们仍在徒劳地努力让孩子们认为阅读是获得真理的唯一途径。

大卫，英国教育学家·帕金翰宣布：童年已死！

一个新的时代来临。

也许，我们不但需要重新定义儿童，定义学习者，重新定义书写，也再一次需要重新定义学习。

第5章 电子学习

18世纪,人们对未来学习的想象

❦ 电子时代的读图学习 ❦

> 理解对于我们每人而言和爱一样重要。这不是一件可以指派给别人做的事。我们不会让风流浪子替我们去爱,也不要让科学家替我们去理解。
>
> ——阿尔贝·雅卡尔《科学之险》,1985 年

文字、纸张和印刷,是众多信息技术中的基础技术。

然而,在人类历史上,任何更有效的方法或技术都必然更受欢迎,无论是口语、文字还是图像,与前者相比,每一种新的信息媒介出现,都必然催生一种新的思维方式、新的学习方式。

信息媒介改变知识形态,知识形态改变学习方式。

媒介的升级带来知识的大爆炸,学习革命随之而来。

信息时代让学习的内容变了,人工智能时代让学习的能力变了,知识经济、体验经济甚至于学习本身也变成了经济的一部分。

知识大爆炸,知识迭代更快,技能淘汰更快,学习行为更频繁,所以学习更重要。

知识是力量,是财富,人只能通过学习获得知识,通过知识获得力量和财富。知识经济,知识可以直接实现为财富,知识更加重要,因而学习更重要。

我们正在经历一场大变革,我们需要重新思考人如何学习、学习什么以及新媒体新技术如何从根本上改变我们的学习方式。

未来的学习不再是为了拥有知识,而是为了促进知识创造。学习的目的是参与知识的创造,从而拥抱和迎接个人乃至社会的变革。

从读文时代转向读图时代

我相信,当代文化正在变成一种视觉文化,而不是一种印刷文化,这是千真万确的事实。

——丹尼尔·贝尔

我们的大众文化看来越来越是一种我们所观看的产品,而不是我所阅读的产物。

——《美国的人文》1988 年年度报告

电子时代首先是"读图时代",正如,"电子学习"首先指的就是"视听学习"。

电子技术发展为"读图"提供实现可能,依靠电子屏幕,图像开始膨胀延伸到生活方方面面,图像、视频和影像在人们日常生活中发挥着广泛作用。DOS 和 Windows 两代系统的应用,展示文字和图像的使用差别。社会进入一个图像全新而快速发展的时代,图像已成为文化学习领域的一个核心形态,图像文化逐渐摆脱了语言文化附庸的角色,并大有与语言文字文化形成势均力敌的架势。

我们讶异于,人们为何爱图像不爱文字?

首先,因为图像视觉直观,相较文字视觉冲击力强,具象鲜明、更快被读者把握。正如"一图胜千言",这在新闻报道中尤为明显,新闻照片以其强烈的视觉效果和真实感人的形象,迅速直观更新观者认知,这是任何文字报道难以达到的。

其次,文字还有不同语言、地域、习俗和文化差别的限制,而视觉图像完全跨越这些无形障碍,比文字更直观易懂,传播范围更为广阔。因而有人把摄影称为世界唯一通用的语言。

更不用说文字阅读对读者的文字阅读能力有一定要求,而图像阅读则几乎没有要求。电子时代使得世人较少受读书识字水平限制。在古代,只有贵族才学文字,世界上至今仍有人不识字,而识字人中出过书的则更少。而现在,人们不再只能依赖识字阶层把自己的文化传承下去传播开来。不识字阶层也能把自己的文化,通过录音录像照相记录下来传播开去。比如,在电子唱片出现之前,少有歌者、舞者在历史上为人所知。即使记入历史,也是因为会写字的人。比如,李龟年、公孙大娘因杜甫诗文而留名,否则后人不知这些在盛唐时期的超级歌舞巨星,因为后人既听不到也看不到,只能通过字的描述而想象其艺术魅力。

也正是因为有了录音录像,所以才有了大众文化。

只有电子时代,才真正有雅俗之分。一段京剧一段武术,之前只能通过师徒传授,现场比试,才能得以继承与传播。而现在,跑得最快的博尔特和会打篮球的乔丹,运用其文字之外的能力,不仅谋生能赢家通吃成为明星富豪,而且,还能通过电视网络影像流传青史。

另外,图像直接作用于感官。从图像上获取信息,不需要像阅读文字时那样聚精会神苦思冥想,甚至完全可以不需要大脑参与。而在文本阅读中,需要调动大脑想象与思索,通过分类综合等方式,才能领会文字符号背后表征的内涵。因此,很多人不愿意费劲动脑去读书。

为何会从读文转向读图,更深层次的根本原因在于,语言这个一维的偶然的生物特征不适应读图时代的信息需要。人类语言的一维性来源于,人类依靠一维的声音进行交流而形成的这个偶然生物特征。而世界是时空四维的,因此例如电影这样多维的交流方式,将比一维语言更适用于表现世界。

比如,我们可以想象这样一种场景:现代人和从未与外界接触过的原始部落人相遇,虽然他们都有发音的声带,但他们各自进化出了一种语言,根本不可能交流。然而现代人带了电影放映机,可以像放映全息立体电影一样将我们脑子里的四维视觉想象直接放映出来,原始人通过看这样的全息立体电影就可以看到我们的视觉想象。正因为因而,世界上所有民族的人都能看到卓别林的电影而开口大笑,所有还不太会说话的儿童都能看懂《猫和老鼠》动画片。

我们可以这样传递大脑中的信息,通过四维的、视觉的、图像的影像,而非一维的、听觉的、声音的符号语言或虚拟空间的文字。我们讲一个故事,可以不再只是用一维的语音符号串去激发他展开视觉想象表征,而是直接给他放映全息立体电影让其获取直接感观体验。

因此,影像是对真实世界模拟的四维时空还原,语言文字只是对自然世界压缩的一维简化,与之相比,人们当然更倾向于读图。

或者说,图像提供的是直观的视觉信号,而文字提供的还需要解码的符号。图像是信号,而文字是符号。这才是根本区别之所在。

那么,符号和信号有什么区别呢?

比如,我们现在正看到的文字:"我们现在正看到的文字",看到的其实是纸上黑色的墨迹,也就是"我们现在正看到的文字"这些文字符号的黑色墨迹形式的视觉信号。或者说是,文字符号的视觉信号。

信号,与其表示的事物之间通常具有一对一的自然对应关系,一切自然符号都是信号;符号,与其指代的对象事物之间不需要有必然联系,其联系相对随意。因此,符号是人工的创造物,必须通过学习才能理解其对应关系。

这二者的区别,就如同谍战中的电码,如果没有密码本进行确认,敌方即使同样收到电码也不知其内容。文字上的人物肖像、自然景观描写,难以直接成为读者的感官感受,需要每人调动自己全部的感觉、记忆,在大脑中进行转化解码,最后在各人自己的脑海里浮现影像。语言文字的每次发送,接着就是又一次的解码,从文字符号转化为画面来进行解码。

影像,直观表现四维的时空,直接作用于人的感官。而文字,只是符号对时空的简化,需要通过符号解码获得信息。所以,人们感觉看电视比读书轻松多了,这是图像如此受人青睐的根本原因。

乔布斯、盖茨为何不让孩子用手机？

> 观众们如此紧张地跟踪着变换迅速的电视图像，以至于把那些形象的所指连接成一个有意义叙述，观众仅仅陶醉于那些由众多画面迭连闪现的屏幕图像所造成的紧张与感官刺激。
>
> ——迈克·费瑟斯通

> 文字文化文盲、计算机文化文盲和视觉文化文盲是人类社会孕育的三种文盲，而不会"读图"的人，将是一个游离于现代社会之外的人。
>
> ——阿尔文·托夫勒《第三次浪潮》

图像时代的到来毋庸置疑变革了人类的阅读思考习惯和方式，影响孩子的成长，改变每个人的学习方式。

然而，随"读图"而来一些令人疑虑的现象：阅读的"屏幕化""表面化""感官化""娱乐化"，降解了文字阅读曾经的深刻和蕴涵。观影挤占了阅读，图像淹没了文字，娱乐熄灭了思考。

这首先引起了最精通电子技术的硅谷精英们的警觉。

虽然科技确实有助于某些领域的学习，但为什么硅谷"科技迷"们却转向少用科技的教育？为什么硅谷精英们让他们的孩子远离科技？

在对待自己孩子上，发明 iPad 的史蒂夫·乔布斯就成了一个厌恶科技的卢德分子。接受《纽约时报》采访时，他言多语失说了实话：他的孩子从来没用过 iPad。同样，比尔·盖茨和他的妻子也公开支持他们的孩子在低科技环境下成长。

"少用电子产品，多玩"的育儿信条大行其道，可以看作是见多识广引领潮流的精英人士们对数字阅读时代的第一反应。

有人指出，硅谷"技术明星"们转向少用技术的教育方式，在于他们更早意识到，技术可以增强人类智力，也会阻碍人类智力的发展。他们希望确保自己的后代能占据未来先机，而其他孩子则可能陷入对科技的依赖。这些孩子所获得技能在未来将会被取代，届时没有可供他们从事的岗位。即使找到工作，也将是低技能的工作，最终成为冗员被裁掉。

事实上，读图泛滥造成的后果已经开始显现。第一个明显的后果是，视力下降低龄化普遍化。医生的结论是，手机和iPad对视力的危害比电视更大。

另一个严重的后果是，注意力不集中，而注意力是学习的前提。专家研究发现，长期使用电视类电子产品，会刺激幼童的脑部发育，使其专注力被破坏，不能专心干一件事。看电视的时间越长，就会注意力越不集中。

而且，孩子迷上电视、手机之后，不再想与人交流，沉迷于个人想象世界中，无法与人交际，情商不高。

更为深层次的后果是，读图更多地表现为一种浅层化快餐式阅读，阅读从一种主动的灵魂对话转向一种被动的娱耳悦目。"阅读"变得浮光掠影、囫囵吞枣、不求甚解，成为一种很危险的学习习惯，学习者从中获得的知识七零八碎不系统、四分五裂不完整。

其原因在于，图像影音是感官的艺术，而文字则是想象的艺术。文字只是一个提引，感受则由个人自身去填充，这比感官层次高一级。我们阅读时想象，能拢天地万物于方寸之心，观古往今来于须臾一瞬，揽九州四海于微末之间。

常言说"一千个读者有一千个哈姆雷特"，可是，假如哈姆雷特固定为一幅图像，那么哈姆雷特仅有一个，这无疑是对想象力发挥的一个终结。《红楼梦》用文字对黛玉进行精致描写："两弯似蹙非蹙笼烟眉，一双似喜非喜含情目。心较比干多一窍，病如西子胜三分。"同样"一千读者有一千个林妹妹"，但是，有电视剧《红楼梦》之后，可能这一千人脑里全是陈晓旭样貌的林黛玉。

电视上每个镜头的平均长度是3.5秒,所以我们的眼球只能跟随不断变换的影像转来转去,被动接收信息。此外,电视向观众呈现了许多主题,但它根本不需要我们思考。看电视的目的仅仅是为了满足感官刺激。

文字阅读,留有发挥想象力和创造力的空间,对文本进行个人化的再创造,是主体与对象之间的交往对话。而面对色彩光鲜的影视图像,观众不过是单向度地被动接受屏幕呈现的画面和传递的信息,欠缺精神互动。

文字阅读,提供跳跃读、反复读的可能,有间断性和反思性。而图像阅读,尤其是影视图像,会受到严格的时间因素制约,以固定的线性时序进行,难以分解、分析,只能被动接受。

图像直接作用于人的感官,强烈的感官刺激带来欲望的贪嗜,深层次的精神愉悦被浅层次的欲望释放和追逐所取代,形而上的精神追求被形而下的感官需求所取代,丧失心灵最纯真的铭感五内。

阅读学习由主动变被动,阅读感官化、欲望化,认知片面化、表面化,想象力退场。

然而,读图是时代的要求,拒绝读图是对时代的拒绝。现在1岁宝宝都会拿手指在手机屏幕上滑来滑去,还会模仿打电话姿势。

读图读文同样重要。文艺学界往往把广告、电影、电视中的影像,当作一种文本来解读。真正的读图能力是需要培养的,图像也有文字无可替代之处。

电子图像因其没有学习障碍,在不识字人群中发挥巨大作用,而最大的"文盲"群体是还未识字的学龄前儿童。

现在父母都说,现在的孩子比他们当年聪明,都像个大人样,什么都知道,早熟得厉害,因为现在的孩子没有文字的信息隔离,通过无信息隔离的电视、电脑和手机,学会了大量知识,窥得一部分以前只记录在文字上的知识世界。有证据表明,与那些不看电视的儿童相比,观看教育电视节目的2到5岁学前儿童,在阅读理解测验、入学准备、数学计算、口语词汇等方面相对超前。

即使是已掌握文字的儿童，通过电子视听进行学习，也有一些优势。

大量教学实践显示，图画相对文字更直观形象，刺激学生视觉感知神经，让学生感受生动鲜明并有效集中注意力，符合儿童心理特征，激发学习兴趣与动力。

另外，图画展现方式直观明显、概括性强，有时一幅图画包含的信息，可能要许多文字才能说清，为读图者系统获取知识节省大量时间。

脑科学研究表明，人脑获取的信息80％以上来自视觉，只有10％来自听觉。而且，人脑对语言文字记忆远远低于形象记忆，而对图像信息接收最完整、维持记忆时间最长。人们可以回忆起多年前的某个完整场景或一幅画面的某个具体细节，却无法回忆起前一天读书的任何文字内容。因而，合理利用图像来辅助记忆是增强记忆的好方法，特别是针对困难复杂的系统性内容时。

现代社会发展，让孩子很难与电子产品完全绝缘，完全隔离更难。但是，家长们至少要立下一些规矩：孩子两岁前禁止接触电子产品，每天看电视、看视频不能超过半小时，说到做到。

人无法将世界把握为图像

对于线和图形的概念而言……必须运用口说或思维的文字来进行论证。所以花了双重的脑力劳动，一是简化你的符号成为文字，这种文字也是符号，一是理解它们的意涵。

——托马斯·霍布斯

从本质上看来，世界图像并非意指一幅关于世界的图像，而是指世界被把握为图像。

——海德格尔《世界图像时代》

读图很好,但是,为何会出现阅读危机?根本原因是,世界以图像方式呈现给我们,并不意味着我们就能将世界把握为图像。

因为图像的优势在于直观表现世界的感性方面,然而,世界还有其内在的本质、规律和属性等难以图像的方式表现。比如,圆的周长约是其直径的 3.14 倍,你如何用图片来解释它?这是圆的重要属性,是人们在掌握圆时需要理解的东西。图像直观,但缺乏思想深度和细致。虽然人们可以直观世界,但很难直观把握世界。

明白了这一点,我们也许就能意识到,图像的作用实则没有一些人所说的那么大。

正如常言说"一图胜千言",然而,一张图放在人前,如果没有文字说明,没人知道此图要讲什么。

2015 年,一张 3 岁男孩儿的照片震惊了世界:他穿着红色上衣、深色的短裤,一动不动地趴在沙滩上。这是叙利亚难民小艾兰的遗体被发现在希腊海滩上。

例如,早几年前,"海滩上的红衣男孩"照片,让无数人潸然泪下,让无数欧洲人赞同放松难民限制,这张照片在当时确实产生了轰动性的影响。

可是,照片也就是图像的作用,如果没有文字的描述,没有文字对叙利亚战争下民众状况的描述,大多数人是不知道红衣男孩背后的故事,甚至以为是一个男孩在沙滩上睡着了。

它将世界呈现了出来，可是这并不一定能使我们将那张照片和它所表现的叙利亚内战与难民的那个世界关联起来。因为很明显，叙利亚内战世界比这张照片要复杂丰富得多。假如单单把那个世界等同于这张照片，人类的头脑也就太简单了。

世界的很多方面，是通过图像无法把握的，只能依靠语言。

图像的优点在于直观表现世界的外在形貌，世界其他很多方面它则无能为力，这就只能依靠语言。人能够通过图像直观地观照世界，但很难同样直观地把握世界。

人类要把握住世界，还得通过语言的方式。

语言主要是传递信息的功能，表征世界是次要功能。传递过程中要求传递介质少而信息量大。因而，需要大量压缩。比如，苹果（apple），只有两比特的信息量，小明对眼中看到的苹果影像进行编码为 apple，而小红将 apple 解码恢复为红彤彤的大苹果，这是两个过程。作为影像的苹果其信息量至少是"apple"两比特的几千倍。

文字符号传递的信息通过编码压缩解码的过程，可大大减少信息量，降低信息传输负荷。同理，图像信号在脑内传输运算，信息负荷太大，不是同样也不方便吗？人类大脑进化，有何由要用影像而不是信息量少的语言来思考呢？

语言文字是经过压缩的抽象简化的符号，而"1 + 1 = 2"，数学更是连主体都简化掉，只留下关联关系。

"1 个苹果又拿来 1 个苹果，一个鸡蛋又放进一个鸡蛋……苹果被人吃了怎么办？鸡蛋破了怎么算？"文字中有主体，有情境，也就会有意外。

图片中则信息杂音更多，比如，一张图片中有两个苹果，苹果新鲜欲滴，上面还有晶莹剔透的露珠……

虽然信息多了，但是，相对于"1 个苹果加 1 个苹果等于 2 个苹果"这个简单事实来说，噪声太多，干扰太多。甚至于人们在众多纷繁复杂的信息中，根本就不知道这张图片、照片，要讲什么意思。比如拿这张两个苹果的照片，教小孩"1 + 1 = 2"，小孩可能会一直吞着口水，嚷着要吃苹果，而茫然不去注意"1 + 1 = 2"。

有人说,图片不行,用视频动画来表现"1 + 1 = 2"。虽然视频第 1 秒出现 1 个苹果,第 2 秒又多了 1 个苹果,可以说表现了"1 + 1 = 2"。但是,和图像一样的问题,人们可能关注,第二个苹果怎么来的,后面是否还有一个……

眼见为实,一图胜千言,这是对于人们未知的事物而言(比如新闻,比如旅行)。但是,对于人类熟知的事物,"apple"两个信号字节的符号,抵得上几千几万张"apple"的图片,而且,每张图片还都有几千几万个字节的信号。所以,若是从信号的数量来看,不是一图胜千言,而是一言胜千图。

因此,有图有真相,一图胜千言,并不是说,图的信息含量大于言,而是强调图片在表现世界方面作为证据的作用。

对于陌生的事物,我们需要有更多的具体信号来表现它,此时,一图胜千言。然而,更多的世事,我们所熟知的世界,自然世界给予我们的已足够多,我们不需要再将我们所熟知的事物每一个细节再重复一遍,这时,我们所需要的是做减法。这就是我们的语言、文字、数字、数学、哲学一直在做的事情,简化了,压缩了,提纯了,留下最根本的,最基本的,才能走更远,想更深。

行李太多,走不远。东西太重,走不远。只留下必要的,这就是符号、数字符号想做的,并做得很好的。

归根结底,图像是信号,文字是符号。作为符号的文字,是人类数万年来所观信号的总和,以及对这些信号所思所想的总结,是人类文化的精华凝结。

信号表现世界,符号编码世界。

因此,图像很重要,但是,它太笨重了,带它上路,行之不远。

或者说,它不适合用来思想。

❧ 信息时代的网络学习 ❧

李白难以适应的信息时代

从来没有一个时代,像今天这样需要不断地、随时随地地、快速高效地学习。那种依靠在学校时学到的知识就可以应付一切的时代,已经一去不复返了。

——鲁登斯坦(哈佛大学前校长)

每个社会都是一个信息社会。

——安东尼·厄廷格(Anthony Oettinger,语言学家和计算机科学家)

如果李白从一千年前来到1980年代的"长安",他一样能生活得如鱼得水。

工业革命后的时代,虽然在规模上普及文字教育以及在内容上学习科学,但是,并没有从根本上改变书本文字学习的本质形式。文字虽然简化了,但他也能看得懂。虽然已经工业化了,但生活方式还是差不多,有很多变化,但可以理解。他甚至能到他熟悉的"长安"的西北大学找到一份工作,拿着书本给学生讲他的诗。

可是,如果他不小心把时间机器拨晚了四十年,比如2020年的北京。他可能连门都迈不出去,因为他不会用手机约车或刷公交;他也交不到朋友,因为不会用手机电脑电视获得信息;他甚至会饿死,因为他不会用手机点餐;还因为他不会用微信管理学生,也不会用电脑做PPT,还不会用电脑写论文,他也做不了老师找不到工作……

如果说第一次工业革命带来的机械革命,通过人眼观察还可以模仿学习并掌握部分知识。那么第二次工业革命,则完全依靠其背后科学知识支撑,如果不知道这些知识,比如,化学、电学、电子学,根本就不可能理解,更不可能掌握。

并且,随着纸与印刷之后又一次媒介革命兴起,电台、电影、电视、电子网络等电子媒介产生,音像技术、图像处理技术运用成熟,传统的印刷文化一统天下的局面被打破,人类进入一个以电子数字符号和电子技术占主导形式的电子信息时代。

人类开始了第三次迁移:第一次是从脑内转移到脑外的语言,第二次是从语言转移到可以完全独立于人之外的书本文字上,第三次则是从有形物质形态转化为二进制虚拟数字的电子符号(比特)。人类文明的大多数成果正在转移到电子媒介的电台电视电脑电子网络上,以电子的形式模拟人脑内的信息。

人类的文明与知识成果,从文字转化为声音(在线音频,如 Audible、LibriVox、喜马拉雅)、视频(在线课程,如 Coursera、TED、网易云课堂)、服务(知识服务,如 Wikipedia、Quora、得到),在线教育如日方升,获取知识前所未有地低廉、方便、快捷。

移动手机和互联网电视,已成为我们日常生活的一部分,而收发信息和网络搜索也成为了我们的常规技能。我们娴于此道,我们日用而不知,转身才蓦然发觉:信息无所不在。

信息时代,知识更迭加速,信息海量涌现,知识更新更加频繁,对人的学习要求更高,因而,在信息时代,学习变得更为重要。

随着信息增多,知识像原子裂变般地爆炸式增长。据统计,平均每5分钟科技界就产生一项新发现,每3分钟物理学界就发现一种新的物质结构,每1分钟化学界就写出一个新的反应式。平均一年全球80多万种书籍出版,如果一天读一本,你得花2000年才能读完。而近30年的人类知识总量,超过过往2000年知识量的总和,并且,每隔3—5年知识总量就翻一番。全球进入知识大爆炸时代。

与知识爆炸相伴的是,知识半衰期缩短,知识迅速过时,知识老化速度加快。

据美国心理学家巴斯研究,60年代,大学所学知识约70%可一直在用到退休,知识更新周期为10年,到80年代,周期缩短到5年。而今,可用知识缩减为2%。这意味着,在校大学生在毕业后从事某项职业所需要的知识技能,有98%不是从学校里获得的。

从近代开始,人生被分为两个阶段:学习阶段和工作阶段。随着变革的速度加快,这种传统模式无以为继。随着知识的显著增长和迅速更新,个体受教育的时间显著延长也无法跟上时代的要求。而传统的教育体系,在大学毕业后不再系统地接受教育,这在知识经济时代也完全不可接受和无法持续。

1840年,欧洲数百万人在乡村农场丢了工作,流浪到大城市进工厂打工,但他们在来到大城市之后,只要在一家纺织厂找到一份工作,就可以在该行业做一辈子工。

然而,这种"一纸文凭,一技之长",就会"无往不胜、一劳永逸、一以贯之"的典型工业社会情景,早已不复存在,"稳定"将会是我们没有机会享用的一个奢侈品。随着知识更新越来越快,学会学习已经变得越来越重要。

不仅知识生产更快,而且,知识通过互联网更容易获得。只要你知道如何通过互联网获取知识,愿意学习,你就能获取海量的知识。

在互联网世界中,不论你身处美国还是非洲,个人不会因为经济水平、地位、长相、肤色和身材等而被不同程度地偏见对待,所有人都可以通过网络找到同样的信息源。互联网几乎已成为打破空间阻隔,突破城乡差别,实现教育公平的最佳方式。如果说这个世界上存在很多的不公平,那么互联网的信息资源却是唯一一个对每一人都是公平的。

当学生探索自己的兴趣或是学习一件新事物,身边找不到老师又找不到同伴时,他不用失望地直接放弃,而是可以在互联网上可以得到莫大的帮助,只要有足够的热情,他几乎可以学成任何他想学习的事。

如果每个学生都能学会使用互联网自主地解决问题,那么他自己将可以"成为自己的老师、教练",未来的选择将会更加地多元,他们将能成为更好的自己。

这显示出互联网学习所独具的非凡优势。

在未来，随着由人工智能完成的任务越来越多，人类最能表现出价值的能力将不断改变。

人们不应该太追求特定的工作技能，而要强调批判性思考、沟通、合作和创意等通用技能。最重要的是借机行事，不断学习新事物，在新的环境里仍旧维持不断前行。

我们疲于奔命，学得快不如学得根本，选择提升学习的能力，掌握坐看风云的根基。

价值多元，所以应该学会判断。社会迅变，所以应该学会学习。

面对信息过载知识焦虑，社会正迎来终身学习这一新时代。

终身学习，成为信息时代每个人的宿命。

知识经济让学习直接变现

知识已成为生产力、竞争力和经济成就的关键因素。

——彼德·德鲁克

在知识经济的新时代，知识就是财富，就是潜在的生产力。

——乔治·索罗斯

自古以来，世间一直流传着"知识是金子""万般皆下品，唯有读书高"这样的名言，表达世人对知识的尊敬甚至敬畏。但遗憾的是，历史上大多时间，伟大思想者只能过着贫穷生活，即使他们给人类留下无价的知识瑰宝，因为无价的知识无法定价。

如今，随着信息技术发展，知识有了交易方便、清晰明了的交易系统，可清楚地给出具体价格。这意味着，知识工作者能够收获与其知识价值对等的收入，"知识经济"（knowledge economy）成为21世纪流行新概念。

知识不再只是间接的力量，而且是真实的财富。对个人而言，知识能够直接变现为财富。因此，学习更重要。人仅有通过学习都能获取知识，通过知识获取力量和财富。

那么，知识的价值如何变现？又如何通过知识学习获取力量和财富？

英国牛津大学的一个调查发现，世界500强企业大多是将知识产权作为核心竞争力，重"知本"轻资本。微软曾15次荣登美国专利排行榜首席位置，苹果则以5万件专利软件打造了全球市值第一。而有一个公司更是让苹果公司每卖出一部iPhone都要上交40美元的专利授权使用费，这个公司就是至少拥有15万项专利的高通公司。

事实上，不仅是苹果公司，几乎所有手机制造商都要向高通缴纳技术专利费。只要使用通信技术的手机，就必须向高通交纳一笔技术授权使用费，这个使用费还不是一次性的，而是按生产多少部手机来算。

高通公司圣迭戈总部的专利墙。这家公司至少拥有15万项专利。

高通公司，不生产手机，不研发软件，也不提供系统服务，只专注于无线通信前沿技术研究设计，并组建一支无比庞大的律师军团，律师们专门负责申请专利、专利谈判、控告侵权、维护专利权益。

而高通公司的创始人艾文·雅各布博士，曾是麻省理工学院（MIT）电气工程专业教授，他与人合作编写的数字通信教材《通信工程原理》，至今依然是美国大学通信专业参考书籍。1985 年退休赋闲在家后，耐不住寂寞的艾文·雅各布创立高通新公司。2022 年 3 月，他以 310 亿美元财富位列"胡润全球富豪榜"。

在工业经济时代，"资本家"尽人皆知。而在知识经济时代，"资本家"被"知本家"取代。像艾文·雅各布这样"知本家"，成为知识直接变现的成功楷模。而苹果公司的乔布斯和微软公司的盖茨，则被看作两代知本家的代表。盖茨公司创造的软件，不见得人人喜欢，但差不多都用。而乔布斯创造 iMAC、iPhone 的使命，不仅是有用，还创造有钱（经济学家一般以人均年收入 3 000 美元至 5 000 美元为标准）之后的快乐。

知识不再是寻常的生产资源或手段，而是经济生产的内核。这样的知识，把知识分子从边缘推到经济舞台的中心。知本家可将拥有的知识变现为资本，知识具备与资本同等价值。知识本身是经济，学习就会带来效益。

这些成为"知本"的知识包括知识产权，也包括知识创新的超额"垄断利润"。有像高通公司这样强调知识产权的厚积薄发，重视专利的研发保护；同时也有像苹果公司这样重视用新知识发掘更多应用场景进行产品转换，持续创新，利用知识创造全新的客户需求。

还有一类经济运行中信息不对称引起的供需知识，经济学家哈耶克也称为"知识"。我们通常所认为的科学知识、课本里的知识仅仅是知识的一部分。在经济领域，更多、更重要的知识则关于"谁在什么地方需要什么东西，需要什么样的品质，需要什么样的数量，而他愿意付出什么样的代价来获得这些东西"。而拥有不对称知识的人可以看准时机，运用知识去获取经济收益。

在经济运行中,总有一些人掌握着信息不对称引起的供需知识,而另一些人则掌握着生产、创造出新产品的知识。而将这两类人头脑中的知识连接起来,知识就能在最恰当的时机获得转化。这也是"知识经济"产业的由来。而将掌握不对称供需知识的人与生产、创造新产品知识的人连接在一起,也更能转化出"知识经济"。

知识是力量,是财富。在以前,人通过学习都能获得知识,通过掌握知识,间接控制机械,获得力量和财富。

而进入信息时代,知识经济,通过金融市场,知识可以直接变现为财富。知识更重要,因而学习也更重要。

互联网原住民的大脑

所有媒体都是教育性的。

——勒瓦尔·伯顿(LeVar Burton)

不管你喜欢与否,电子产品将全面革新教育体系。

——乔治·卢卡斯(美国乔治·卢卡斯教育基金会的创办人)

今天,人类正由现实社会转向虚拟网络社会,在网络中,虚像成为真身,人人随时"在线",越来越多人在网络世界中购物、娱乐、恋爱、争吵、工作、赚钱,甚至完全脱离线下真实生活。

文明已趋虚拟化,教育学习迟早也会网络化。曾经只存在于学校中的学习教育,在微信、微博、脸书(Facebook)、油管(YouTube)泛网络媒体中,涌现出大批明星教师、爆红网课。

所有的媒体都成为教育媒体,而所有的教育都是通过某种媒体来教育。教育是一种深度媒体,媒体是一种浅度教育。教育重视信息传播的深度,媒体注重信息传播的广度。这对于每一所学校和每一位老师来说,是几个少数必须领会的观念。其核心与关键是我们如何去使用,以及我们用它来做什么。

勒瓦尔·伯顿说,"我们需要在孩子们所在的地方和他们相遇。在80年代,是电视。今天,是数字媒体。"如果不与时俱进,教师和家长不从孩子们的兴趣、视角和立场开展教学,就难以赢得孩子们的认同与尊重。

新技术新媒介,对孩子究竟意味着什么?

美国神经学家盖瑞·斯莫尔把从小接触互联网的年轻一代称为"网络原住民",而把只在成年后才接触电脑和网络的人称为"网络移民"。

"网络原住民"的年轻一代,从小就成长在有网站、电子邮件、短信和移动电话的网络世界里。这些"原住民"脑内神经网络与"数字移民"脑内存在明显区别。"原住民"们在观看屏幕时,对影像的认知会产生很强的情绪反应并勾起受抑制的记忆。

所有信息技术都将带来一种智能伦理。印刷图书要求我们全神贯注,促进深度思考;而互联网则鼓励我们从多种渠道中同时获取信息,其目标追求是速度与效率优先。

"网络化生存"首先意味着感知方式的改变。

互联网高强度的流动时空,让人类大脑迷恋上同时并行处理多种信息的精神刺激。屏幕阅读改变了人们对信息的感知专注度和沉浸性,超文本链接加大了认知负荷,降低了人们对阅读内容的理解与记忆力。越来越人性化的搜索引擎,越来越简洁、轻松的用户界面,应用软件越来越智能化,用户则越来越"傻瓜化"。网络媒介正在不断地把解决问题的工作及认知任务"外包"给智能程序,这削弱了人类大脑建立稳固知识结构的能力,同时也对建立新的不断动态更新平衡的知识结构提出了更高的要求。

"网络化生存"还会深刻改变人的思维方式。

互联网不断地发出各种刺激的信号,可能是微信提示,可能是邮件收达,可能是头像闪动,这都呼唤一种新意识与潜意识的思维进程,鼓励人们进行综合思考,创造一种新思考"拼凑"的节奏。并行操作、非线性思维、碎片化思考与协同合作,遵循越快越好的原则,这是与互联网媒介高度契合的思维方式。

"网络化生存"带来生活方式的改变。

从蹒跚学步的幼年时期开始,这代年轻人大脑已饱受数字化和网络化影响。现在人们用在新技术上的时间,如玩电子游戏、网上冲浪和观看视频,与人均游览国家公园次数之间成反比关系。在他们的大脑发育关键时期,每人都能够理解所需工具,掌握掌控自己的生活和头脑的能力。

"原住民"钟情于"三屏"(电视、手机、电脑屏幕),喜欢也擅长使用网络电子设备,能敏捷地接收着各种信息,同时处理多种任务,喜欢"游戏"而非严肃的条理工作。

"原住民"很少到图书馆,更不用说看传统百科全书,往往只用谷歌、雅虎和维基百科。维基百科完全是互联网式的内容组织和传播方式,互联网突破了纸书所代表的知识凝聚和传播模式。或许只有在年轻一代忘了书籍是"一本本"时,才能看清未来的互联网时代。信息时代支持学生自主性学习,其物质基础是便捷的信息获取渠道,这曾经是图书馆的天然职责,现在则迭代升级。

当对话取代听讲,当个性取代共性,当封闭转向开放,人的思想力获得空前释放。

信息技术作为一种认知工具、学习的助手,对学习者的思维模式影响非常大,学习方式也在不期然而然地改变。

然而,也有不少青少年迷上了网络游戏,患上了网瘾。孩子使用电子设备和互联网,成了家长老师眼中的洪水猛兽,是影响学习的罪魁祸首。孩子们成为"消极的电子产品消费者"和"信息被动接收者",这让人警惕、忧心。

当然,我们也看到另外一些例子:

> 肯尼亚一位警察Julius Yego,对标枪感兴趣,然而,身边找不到老师,但他通过"Youtube"观看视频自学标枪,最后,拿到世锦赛冠军并打破该项目的世锦赛纪录。

来自美国科罗拉多州的 19 岁少年 Easton，利用 3D 打印技术开发出了一种神奇的装置——脑电波控制机械手臂 Anthromod，NASA 都震惊了，奥巴马在白宫亲自接见他。

山东一名 16 岁的少年雷宗兴，借助网络，挖掘出尘封了一个甲子的历史证据，成功为自己的"汉奸"先祖平反冤案，重新定义了家族历史，完成了对整个家族声誉的挽救。

一位从小就不喜欢无聊的少年，利用互联网学习电子工程和编写代码，使用各种电子设备和设计电路，从而制造了机器人。今年他 17 岁，就读于麻省理工学院电气工程与计算机科学。

……

通过互联网学习，儿童和青少年展现出令人震惊与赞叹的卓越才能。虽然成年人平时也会上网照着教程学学做菜、修修马桶，甚至学学手工，但是显然上面的这些少年学到得更多。他们不但在对信息的接收，而且在迅速利用信息这方面的能力，都远超成人。

就像有人用刀切菜，也有人用刀杀人，然而，错不在刀。网络也是同理。与其给孩子们断网，不如教会孩子学会网上看书，教会他们一套正确的学习和思考方法。

几乎所有在网上进行学习的少年，都根据自己的兴趣、生活实际的问题，自主探索，学习网络，解决他们自己遇到的问题。利用以学生问题为主导的方式，不失为一种正确而有效的网络学习教导方式。

具体而言，可以给孩子一些网络学习的任务目标，"通关"了才能自由上网。

不过万事不可操之过急，网络上的内容吸引人易成瘾，需要先通过限制使用网络的时间，教育孩子成为自我掌控的网络使用者。比如，约定每次学习 40 分钟，然后休息 10 分钟玩电脑。最重要的是适度。

互联网也不是被很多人认为的一种娱乐消遣玩具(视频播放器+游戏机),或闲聊搞怪的工具。一旦孩子能够自我控制地使用网络,再拥有一套适合于互联网学习的思维方式,学习就永远不是问题。

焦虑的教育

21世纪的人类面临一个一日千里、瞬息万变的世界,大到国际文化社群组织流变,小到个人获取知识的方式,都随着信息时代知识传播成本越来越低而发生乾坤颠倒的变革。

学习不再在于知识的占有,而是追求促进知识的创造。学习的目的在于参与知识的流通,并在这种流动中,融合个人经验重新建构创造新知。

因而,今天学校教育面临的最大挑战,莫过于身处一个科技爆炸、联通无限的世界,而学校教育在面对这个巨变世界感受到史无前例的孤独无助。

面对这个学习的内容、方式、目的一切皆变的时代,教育焦虑了。

学校里学不到东西

"识知"的意义已从能够记忆和复述信息转向能够发现和使用信息。

——赫伯特·西蒙(Herbert Simon,诺贝尔奖获得者)

你必须上大学,因为人们告诉你:你必须得这么做。而当你真的去上大学了,你会发现,那里什么都没有。

——BBC编辑尼克·弗雷泽

教育首要目的，是传承文明。这决定了教育的保守性。

为了传承文明这个目标，保守一点，是应该的。但教育不能满足学习改变的需要，落后于社会变革太多，则又会被时代抛弃。面对未来不确定性，教育问题丛生，陷入无力与焦虑。

从学习的内容看，过分强调书本标准知识，欠缺实践性、创新性和开放性。然而，媒介变了，知识变了，生活变了，目的变了，教育的内容却一直未变。

在古代社会中，信息的存储与传播成本高昂，绝大部分信息本身就代表着财富，知识被视为外在于人的资产，传统教育根植于一种主客二分、亘古不变的古代知识观中，与之相应的教育方式是口口相传死记硬背，学习的目的在于获取知识资产。

然而，随着信息技术的突飞猛进，信息存储与传播成本越来越低，个人获得知识的费用近乎为零，大部分知识都能够通过互联网免费获取。

而且，随着知识爆炸，信息和知识增长速度超过人类历史任何时期，1900年所有数学知识至多1000本书就可全部装下，到2000年已需要10万卷书。人类的知识急剧增长，使得学校传授知识左支右绌难以应付。

然而，传统教育所教授的，不仅仅是知识落伍，而且能力也落伍。

在印刷时代，阅读、写作和计算被公认为文化之鼎的三足，也成为传统教育的三大基石，师生为获取简单的读、写、算技能付出了大量心血。

然而，当代信息技术带来阅读方式变革，从文本阅读走向超文本跳读，从纯文字阅读到多媒体浏览，从辞典翻查到高效率检索。获取资料和信息的能力，成为学生学习的前提和基础。同样，写作方式也从手写走向键盘输入、语音输入，进行图文并茂、声形并茂的多媒体写作。而在面对计算机器超强的计算能力和人工智能强大的算法构建，传统计算能力的强化训练与枯燥乏味的"题海战术"已完全过时，数学思想、数学方法、数学应用的教育和训练才应强化。比如代数魅力之处在于X和Y代表无穷的现象和观点，在计算公司生产成本时使用的等式，也能够在球赛中用来判断在何时应该发起反攻。

不仅读写算本身要改变，而且需要更全面更高级的能力来迎接挑战。任何专业技能都有一个半衰期，学的东西过段时间可能就没用。上个世纪这个半衰期是30年，而现在是5年。这意味着，全世界正在教室中学习的学生，未来将会有65％的人从事现在还不存在的职业。即使拿到一个名校博士学位，也不意味着就能高枕无忧终养天年，但我们作为一个传统社会中人，仍被这个落伍想法所吸引。

然而，现在的我们与更早之前的我们，早已完全不同。

甚至是西方第一教师柏拉图，也曾经抵制过人类现代教育最重要的形式：书写。因为他认为图书与纸张相对于口传降低了人们的记忆能力。也许，未来的人类同样会感到奇怪：现在的人类为何会反对以电子书和互联网技术来开展教育，就像当初柏拉图会反对书写进入教育。

因而，不管我们愿意与否，技术都在改变我们的生活。我们不要成为技术僵尸，但也不需要将手机电脑丢入废纸篓，回到纸笔时代或石板时代。不管我们愿意与否，技术必然会改变我们的教育。即使教育内的技术没有这种力量，改变我们生活的技术也会逼迫而来，它通过改变我们的生活来逼迫我们的教育必须改变。

在校才是学习？

学校对于学习来说是个极其无效的所在。

——兰德尔·柯林斯

教育中最没有人怀疑的教条是有关学校的说法，即教育等于学校。

——联合国教科文组织曾批评说

教育在教育方式上，也承袭了其保守性。

有一个著名的"乔布斯之问",苹果公司创始人乔布斯生前曾问:"为什么计算机改变了几乎所有领域,却唯独对学校教育的影响小得令人吃惊?"这不仅是向技术界给出的问题,更是给教育界提出的问题。

教育在过去500年中,实际没有什么本质上的变化,上一次变革,是印刷机和教科书。15世纪中叶,德国发明家约翰·古登堡发明活字和机械印刷书籍的方法,对欧洲及世界的思想文化和科学技术的繁荣兴旺起了巨大促进作用,读书成为教育学习的代名词。

即使是以学科知识为体系的统一学校课堂教育模式,只是从1717年奉行军国主义的普鲁士君主腓特烈·威廉一世开始推行,300年过去,依然是当下教育制度的主流形态。

然而,教育中却形成了一条不容置疑的天条:教育等于学校,在校才是学习,学习即是读书。

学习本来和识字没有必然联系,孔子说:"弟子入则孝,出则悌,谨而信,泛爱众,而亲仁。行有余力,则以学文。"孝悌信爱,都是学习。在此之后,有余力,才去学习识字。

然而,在教育普及的岁月,学习的意思越来越糊涂。因为不接受太多教育也能够生活,为什么非得接受教育呢?除了小学最初两三年学会识字之后,为什么要一直上到大学受罪?

书本与学校,已经成为学习的默认形象。即所有知识都能够被文字书本化,或者说,只有书本上的内容才是知识。

于是,很多不能言传,更不能被文字化或书本化的信息,就被抛之脑后。有些被人尊称为智慧,有一些成为非物质文化遗产,而更多的则根本没被学习,或者说在学校没有学习。

学校等于学习,实是荒谬。伊里奇说,"我们所知道的大部分东西都是在学校之外学到的。学生的大部分学习都是教师不在场时自己进行的;即使教师在场,学生也经常是自己进行学习的。"

学校并不是天经地义的学习的场所。

学习不只在课堂。许多在学校里的差生,在社会生活中却很聪敏。学习成绩不佳的郊区青少年,能学会 Python 语言编网络爬虫;从来不愿体育锻炼的年轻人,可以模仿创造无比复杂的街舞动作。

人类学家发现一种现象:在传统社会中新建现代学校时,一些部落儿童校内学业表现,只能以失败告终,而他们在日常生活中的学习成就却极为耀眼。例如,在利比亚村庄缝纫行业中推行职业学习,人类学家发现,无文字社会的非正规教育,并非无效的,儿童学习也并非只是单向观摩,学习本身是师徒共同建构的,这修正了此前人类学中盛行的观点。

人类历史上有效的学习,多是日常生活文化传递与共享的结果,而非只来自学校教育。

真正的学习乃是创造,贯穿于人生活的全部过程。它承接文化传统记忆,创造性地面对自己的生活。学习不仅唤醒人,还为人开启新的可能之门。

日常生活中,学习者为适应新环境而向周围人或物学习模仿,并未接受任何正规教学,就获取众多用言语难以表达的知识。而这部分知识可能更为重要。比如,世界上的绝大部分人,未经任何正规学习,就学会掌握的基本技能——走路、说话、爱。再比如学习的动机、美德的领悟、人生的理想等等,皆赖于学习者的意愿,而非正规学习所能获得的知识。

人们在生活中学会了大量知识和技能,但却丝毫无人觉察。而现实中,大量的在校学习都指向书面考试,但是,与书面考试有关的所有评估,都只可能是表面上的,并不能真正评估学生实际的学习水平与能力。

并且,随着信息社会来临,通信设备普及,新兴的社交媒体蓬勃发展,越来越多的学生,被日新月异的"校外社会"吸引并从中学习。在线学习群组、博物馆、线下社团和其他知识创造场所,都在成为新的学习空间,创造学习发生的机会。校外学习的形式和机会,越来越丰富有效。而传统的学校教育,则越来越让学生难以忍受。

现代学校教育制度,把学习与生活、学校与社会一分为二,某些时间、某些过程是教和学,而其他的则不是,学校把完整的社会学习生活分割开来。教育被奉为一个神奇的子宫,只要将儿童置于其中,一学期一学期地孕育,直到某一天就会像葫芦裂开,"葫芦娃"突然蹦出来就拥有了控制世界的种种神通。然而,可悲的是,并不是所有在校长久的孩子都变成"葫芦娃",反而是变成"巨婴",离不开"象牙塔",恐惧进入成人的真实世界。

只能发生在学校的学习,信奉书本中标准的价值和行为,以书本文字为主要媒介来传递脱离社会的知识,学习者也只能通过文字来描述习得的知识。

对学生而言,大量的练习是在大把地浪费时间。为了学习一个语法难点,学生们要抄上十几遍句子。为了掌握一个公式,经常要采取题海战术花许多时间做题。但却始终未能理解其中的要义,那种领会知识的"惊诧"时刻更是特别少见。

耗费一生中精神巅峰的几年时间,真正储存进学生们大脑的知识与网络相比微乎其微。而学生在学习多年后真正学到什么也无法确定,所有成绩相关的评估都只是表面上的。

强行灌输,教育方式落后,学习方法不行。越来越多的学生,开始厌学,哪怕是成绩优秀的学生。即使是在其最重视的获取知识方面,传统教育体制中学习效果也在下降。相比从社会和网络中,学生从学校学习中所获也少之又少。与其雄心壮志的教学计划之间,形成巨大落差。对传统教育体制来讲,这不啻说是一个悲剧。

教育的目的是谁的目的

古之学者为己,今之学者为人。

——孔子

> 教育是为受教育者好……,教育归根到底是要帮助孩子逐渐成长,形成他自己的独立人格,能依赖自己的判断去选择自己的道路,去决定什么对他是好的。
>
> ——陈嘉映

教育的首要目的,是传承文明,这决定了教育的保守。传统教育目的出现偏差并非偶然,其根源于根深蒂固的文化传统、国家体制及民众心态。

孩子出人头地、光宗耀祖、功成名就,真的重要的吗?抑或,只是对家长重要?用统一教材、标准化考试来规训儿童,如同流水线生产标准化产品,真的对儿童的学习成长好吗?抑或,只是替资本主义国家批量生产劳动力?让人不断地增加受教育时间,而不是在工作中学,真的是对学生好吗?抑或,只是对老师好?

带着这些问题,人们开始审视今天资本主义国家的教育,并追寻教育的目的究竟是什么。教育的种种乱象,根本原因在于教育目的的保守与混乱。

我们一说到教育目的,好像一个时代一个国家一个社会,只有一个教育目的。

然而,教育不但是一种理论范畴,同时也是一种现实博弈。

教育的复杂,在于教育的主体复杂,不同主体有不同目的追求,不同的主体有不同的利益诉求,导致教育中不同的主体、目的、利益进行复杂博弈。

因此"教育目的是什么"这一问题,可转换为"教育目的是谁的目的"。

从现存的教育生态来看,教育目的可按如下三方主体层次来划分,即教育资助者(国家、家长或个人)的教育目的、教育者(学校和教师)的教育目的和受教育者(学生或未成年人和成年人)的教育目的。

在19、20世纪欧美及东亚各国工业化时期,大规模工业生产飞速发展,需要大批可堪一用的初级工人和工程师,现代学校流水线式标准化教育模式,为近代工业国家的崛起提供充足的劳动力保障作出巨大贡献,其历史功绩不可磨灭。

尽管该体制阻碍学生高水平的创造力与思维能力发展,对学生独立思考有害无益。不过，在 19 世纪，对于资本主义国家，成为思想上服从指挥、行动上掌握基本技能的"人力资源"更为重要。

然而，21 世纪，人类进入一个科技迅猛发展、社会瞬息万变的时代，已不再需要大量顺从而低技能的劳动力（被大批的机器与人工智能替代）。相反，社会需要具备创新能力、充满好奇心并能自我激发的创造者，对人的思维能力、科学素养和人文底蕴要求越来越高。不幸的是，源于普鲁士工业化时期的现代教育体系目标，与当今社会需求背道而驰，越来越不合时宜。国家的教育规划落后于时代，国家的教育目的落空，被已经进入后工业时代的城市中产阶层所诟病。

不仅国家的教育目的保守，而且整个社会的教育目的也落后。

对于孩子的教育，国家有国家的教育目标，然而，家长们则另有想法。不同阶层父母及孩子本人的现实人生起点不同，因此，对孩子的人生目标期待不同，对受教育的要求不同。不同的教育追求，源于社会不同人群的基本需要。

不同阶层的家庭对孩子有不同的期待，或依据孩子自身境况不同所做出的现实选择有所不同，呈现出家长们的教育目的多且杂。再加上一些传统教育观念和一些教育者对教育的鼓吹，对家长产生各种影响，家长的教育目的混乱而虚假。

底层家庭对孩子教育的期待，是为了生存，培养工具为社会所用，以找工作为目的。

中层家庭对孩子教育的期待，是为了生活，培养工艺品为社会所欣赏，以提升个人价值为目的。

上层家庭对孩子教育的期待，是为了领导或实现自我，培养主人翁来引领社会，以欣赏、选择和改造周围世界为目的。

底层贫苦人家的孩子不可能一步登天，温饱尚不能保证，还非要去搞艺术人文哲学，最终不得不分心谋温饱。贫苦人家的孩子学什么专业好？自然是工科。考一所人文名校，不如学一门好的工科专业，更能改变底层子弟的命运。在美国同样有

"KIPP",也就是大家说是"高考集中营"。学生不能阅读什么课外书,不能看电视。住在学校,全封闭,一月只能回一次家。

中产阶层的孩子,温饱已经不成问题,但还需要工作,因而父母更关注全面培养孩子各方面的能力。他们凝聚着城市文明的软件优势,因而设计创意类的工作,他们更有优势。这样的学校培养孩子更多的特长、更多的才艺。唱歌跳舞绘画,还有独立思考能力、口语表达能力、社会交往能力、领导组织能力,还有探索问题的能力。这也是所谓的素质教育。

至于精英阶层,孩子不用工作一生就能温饱,他们对子女的期望是,管理好已有资源,成为精英,实现自我。

三个阶层,生存,生活,实现自我,对孩子的教育目的不同。

教育的内容,教育的方式,教育的目标,各层社会阶层的需要,迥然不同。然而,学校只能有一种教育内容、一套教育方式、一方教育目标,最终让所有人都不满意。

不仅如此,真正的教育主体——受教育者(学生)的教育目的,没有人关注。

在全教育过程中,教育的主体——学生是最没有权利要求什么的。

各国教育界也倡导"以学生为本"的理念,教育工作者早已把"全部为了学生,为了全部学生,为了学生的全部"的口号背得琅琅上口。

可是,当校长为了学校的荣誉而让学生一遍遍演练时,当老师为了提升教学业绩而驱使学生在题海中挣扎时,为了社会现实的需要,为了升学率的保障,"以生为本"的理念被完全异化,学生的教育目的被无情地忽视。另外,因为教学行为是很个人的事情,教师一关上教室的门,教学行为完全都是由他自己来控制,为学生的教育目的更难监督。

最后,受教育者(学生)的目的,没有人关注;教育资助者(家长和国家)的目的,无法落实。只剩下教育者(学校与教师)的目的。

虽然从教学一体的角度来说,教育者应该为了受教育者(学习者)的利益,以受教育者的目的为自己的目的。

由于没有其他教育资助者（同时也是教育监管者）的监管，也没有受教育者对教育目的的证实，教育的目的全落到教育者手中。

教育者本来还有传承文明的目的，但是当代文明自由而多元，造成传承混乱，教育者的目的也只是镜花水月成为虚幻，最后滑向教育者的利益。

整个教育病症，已不仅是观念问题、模式问题，还演变成了利益问题：教育已形成了巨大利益链。

现实世界中的一些教育机构、教育者，实际上是教育利益链条上的"伪教育者"，教育体系对他们来讲，只是进一步获取既得利益的一种隐性手段。

教育的神话

既然学校教育对学习来说极其无效，但是，为什么我们明显感觉到，教育水平高的人总体上更成功，社会地位更高呢？

对大部分西方社会的观察发现，教育水平与事业的成功有明显的正相关关系，那些社会精英与社会的中下层人士相比较往往有更高的教育水平。

这是为什么呢？

三个教育神话

大学已经忘记，他们对大学生的成长所承担的更大的教育责任是帮助他们寻找自我，帮助他们找到自己的使命。事实上，大学已经不再能够证明自己的教育到底提供了什么本质。

——哈佛学院前任院长哈里·R.路易斯

随着越来越多的人获得更高的学位,工作职位对教育水平的要求也水涨船高。当越来越多的人获得某一教育文凭或学位时,其价值也就随之下降。

——兰德尔·柯林斯

现代社会中流传着关于教育的种种神话。其中最首要的是,教育是为了找到工作,将学校视作为职场提供技术能力的培训基地。

学生在校成绩与职业生涯成功之间的薄弱关系表明,学校对实际工作技能的培训基本无效。职场人员的工作技能大多是在工作中学到的,而不是通过学校。职业门槛对文凭要求的提高不是由于工业生产技术的发展。

对于大多数资本主义发达国家和一些领先的发展中国家来说,高等教育和工作似乎是非常紧密的上下游关系;但许多企业和求职者都不再坚持"专业对口"和"掌握技能"的神话。

然而,更离奇的是,即使从工商到教育行业,不再幻想"大学作为职业培训基地"的可行性,但"教育＝职业"的神话仍然像宗教信仰,深深扎根于各个家庭父母和人事招聘人员的心中。

人力资源部仍然坚持本科或硕士以上的职位描述,而中产精英的父母们还要为孩子的教育焦虑20年以上。读大学会为孩子提供职业生涯所需的必需技能,无疑是大学教育最大的神话:学生在大学里学了大量未来无用的知识,大多数所谓的实用技能早已脱离工业和企业的快速发展。

教育中可拆解的第一个主要问题是将学校视为"职业技能培训中心"的迷思。

大学教育并未完成职业培训。即使是高度专业化的金融和医学也不一定需要大学教育,在职培训完全可以培养出够用的人才。

社会普遍尊重和信任的专业人士地位，不一定是基于对专业技能的敬畏，而是来自一种社会和政治建构。

为什么其他国家进入法学院和医学院之前未必需要获得学士学位，而美国必须如此？为什么美国工程师和法国、英国的培训路径和地位完全不同？

通过比较这些差异，我们可以看到专业地位成功建设过程中不可或缺的因素：仪式化程序、难以量化衡量的评价标准、不公开秘密化和神秘感。

这些因素也适用于大多数人文和社会学科：学者自身的地位同样如此这般建立起来。

尽管许多人文学科教授不得不高举培育"自由而无用的灵魂"的大旗，鼓吹"人文学科无用之大用"。不幸的是，如果大学人文学科教育，只能依靠这种高喊反功利实为保饭碗的防御性说辞，来维护自己仅有的尊严，那无疑将是我们这个时代最为可悲之事。

现代教育的第二大神话，就是西方社会正在从一个看重贵族继承社会转变为一种以能力和效果为重的社会。

1964年，有一批英国人开始社会跟踪调查并拍摄一部长达55年的社会纪录片。半个多世纪后，该片被评为有史以来最伟大的50部纪录片之首。导演从英国不同的社会阶层中挑选了14名7岁儿童（10名男孩和4名女孩），每隔7年纪录展示他们生活的一些片段。55年过去了，7岁的孩子都63岁了，尽管这一生有起有落，但除了很少的两个反例，大多数人仍然未能跳出父母的社会阶层。

这部调查纪录片清楚地展示出，私立学校和名牌大学是英国社会阶层的固化器。只要你有钱让你的孩子上私立学校，你的孩子就有很大的机会进入英国名牌大学；只要你的孩子能从牛津和剑桥毕业，你的孩子基本上就会获得进入英国精英阶层的门票。来自不同社会阶层的人的生存机会与他们的父母大致相当。

即使私立学校和名牌大学根据学生的成绩而不是学生的家庭背景录取，希望由此打破精英世袭。但期望失败了。因为精英们找到了保持优势的秘诀:通过支付高额费用,孩子们可以得到最好的升学培训。

美国同样有数据显示,哈佛大学、普林斯顿大学、斯坦福大学和耶鲁大学的学生中,来自收入水平前百分之一的富裕家庭的学生,已超过后百分之六十中低收入家庭学生的总和。

然而,精英不仅利用财富获得教育优势,还故意提高社会职业技能门槛,从而,在双重意义上作弊。

以体育比赛为例。在入学竞争中,精英的孩子接受了昂贵而高质量的强化训练(中下层家庭无力负担),相当于接受了最好的教练和训练,拥有无可比拟的竞争优势。

不仅如此,他们还在就业竞争中改变竞争的项目。最初的比赛是每个人都可以参加的(如跑步)项目,现在已经成为必经特定训练的项目(如骑马)。这些新项目对获胜者的奖励非常高,但普通家庭的孩子根本无法接触到。

投资银行、珠宝设计、企业律师、牙科医生、高科技等高收入行业,都是需要超级技能才能胜任同时有高收回报的工作。从表面上看,这是社会经济发展的需要。而实际上,是精英们故意将普通人与这些高收入职业隔离开,造成不可克服的障碍,以确保他们最终的竞争优势。

教育本应是每个人学习的助推器,但它却成为货架上待售的商品。教育本应是弥合阶级差距的桥梁,结果反而成为社会分层的工具。如果教育成为高价商品,它将发挥相反作用,成为富人巩固阶级优势的黄金天梯,穷人只能仰天长叹。

教育中的第三个神话是文凭万能。

人们常说这样一个童话:努力学习,等你进入一所好大学,找到一份好工作,然后结婚生子,你可以幸福地度过一生。文凭本身已经成为这个童话故事中通往幸福的门票。

根本原因是教育不能让你获得高薪职位,学习不能让你获得高级职位,但文凭可以。

美国社会学家调查这样一个残酷的内幕:在美国顶尖金融公司的招聘过程中,人力资源部门会将非名校学生的简历会直接丢弃,一眼也不看。因为人们普遍认为一流的人进入一流的学校,最聪明的人都已经在名校。

文凭已经成为教育的标志。教育不能改变的,文凭可以。更好的文凭可以获得高薪的职位,从而改变命运。教育的具体内容变得微不足道,赢得更好的文凭和证书更为重要。

即使许多名校毕业生的工作与他们所学专业完全无关,然而正式就业后通常两三个月内也能完成技能培训达到合格程度。因此,越来越依赖文凭而非真正的学识和能力,作为衡量人才的选拔标准。

在西方,教育和文凭正成为精英家庭自我复制和再生产的道路。

然而,在20世纪初,美国拥有高中学历就可进入银行,获得银行支行经理甚至行长的职位。然而,到了1940年之后,高中学历已经太常见,在找工作时几乎没有竞争价值,开始慢慢要求大学学历。进入21世纪后,大学入学率超过60%,大学学位也面临着与高中学历相同的命运,部分工作的最低学历已成为硕士学位。

"学历高消费"早已成了西方社会的普遍现象,在社会上,特别是在金融行业、政府机关、科研机构、大型企业、教育文化院校,招聘通知往往需要硕士、博士学位。

随着越来越多的人获得更高的学位,工作岗位对教育水平的要求也在上升。当越来越多的人获得教育文凭或学位时,他们到手的文凭价值就会整体下降。此时,教育通货膨胀。

类似于货币通胀的原则。货币通胀时,流通货币多于可购商品,两者不匹配。

学历和货币一样,本身只是一张纸。货币背后代表的是物资,学历背后支撑的是学识。如果代表不了,就会贬值。

当学历发得越来越多,而所代表的学识能力水平,并未有所提高,学历贬值就发生了。

如果文凭能真实准确地反映真实的知识和能力水平及其潜力,就能减缓教育通胀的趋势。但是,文凭做不到。

文凭贬值教育通胀,资本主义国家为何不管?

实际上,这正是其"文凭凯恩斯主义"政策不得已的产物。

当时,美国将面临一场经济危机,大量年轻人毕业进入社会,但无法提供足够的工作,而"文凭凯恩斯主义"下的扩招可以抵御这场危机。

延后进入社会工作的时间,可以解决社会劳动力过剩问题。与其说让青少年继续读大学,是为了培养高技能人才,不如说是把他们留在学校,减缓劳动人力市场的竞争,防止失业率上升;另一方面,教育需求也可以创造大量非必要的教学和行政职位。因此,教育体系的扩张本质上是为了避免资本主义社会失业危机的崩溃。

学生们在学校教育中浪费了很多时间,最终换来一张只能提高他们在就业市场价值的文凭。我们不能说,我们做过的题对我们的智力发展和人格形成完全没有好处,但这完全可以更快乐、更有效的方式完成。

文凭贬值的一个后果是,人的在校时间越来越长,教育投入越来越多,而真正在生活和工作中的时间则越来越短。

这一变化反过来又逼迫求职者获得更高的文凭,而不得不接受更长时间的教育,也使求职者越来越相信更高的文凭。更高但同时整体贬值的文凭,反而促进了高等教育产业的蓬勃发展。越来越多的教育机构开始扩大其传统的硕士和博士项目,并增加了许多高级培训课程。当然,这些课程学费往往太高了,许多人不得不负债接受教育。

因此,人人追求高学历,教育通胀、文凭贬值,人人再追求更高学历,陷入一圈恶性循环,直到整个教育体系崩溃。

教育是依靠让人学到东西而实现社会的流动,丧失了这一点,教育改变不了阶层,教育也改变不了命运。

学历的真实追求

对于大型组织,文凭是"利益的平衡器";对于不同文化的族群,文凭是"冲突的终端机";而对于不同的社会阶层,文凭则是"特权的防火墙"。

——兰德尔·柯林斯

中上层阶级发现,文化资源相对于经济政治资源更容易传承。

——兰德尔·柯林斯

既然学校无法培养真正实用的技术人才,教育无法改变社会阶层,学历本身也不足以保证教育的价值,那么,学校教育的社会功能究竟是什么?为何还有那么多人趋之若鹜、前仆后继地天价进贵族学校、天价买学区房、天价贿赂进名校(甚至冒着违法风险)?这些人可都不是傻子,都是这个社会的精英,这些人究竟是为了什么?

通过对西方社会观察可以发现,教育水平与事业的成功有着明显的正相关关系,社会精英往往比社会中下层人士的教育水平高。

然而,教育与职业成功之间的正向关系是虚假的,两者背后有一个共同的自变量——家庭背景。家庭背景与学费成正比,可以决定人们是否获得文凭,获得什么质量的文凭,从而决定他们职业生涯的成就。

在过去,它是公开的世袭等级,而今社会,它是文凭(证书)。更明显地说,人们花钱上学并不是为了学习什么,而是为了买一个更好的社会地位。

现代化理论学者认为,教育扩张可以提供更多的向上流动机会,打破阶级障碍,促进社会平等;再生产理论学者认为,学校教育复制了原有的经济、社会和文化资本,加剧了社会不平等。五十多年来,世界各地的调查研究为双方都提供了实证证据。

一些社会学家跳出这两种视角,重新寻找原因。

他们认为，教育体系的本质是人为强制规定价值的货币。与其说大学的主要功能是为社会生产培养合格工作技能的工人，不如说是通过文凭进行社会分配。

他们将工作分为生产工作和政治工作。前者创造土地、制造业等物质财富，后者不生产财富，但它参与规定财富分配标准，如投资银行咨询或大型企业管理。虽然两种工作都在消耗能源，但生产工作生产物质财富，政治工作则决定财富的分配。与生产工作相比，政治工作不直接创造价值，是无用的，越来越倾向于闲职，但却可能分配的财富越来越多。

文凭是帮助雇主区分政治工作者和生产工作者的重要手段。

那为什么要用文凭来区分两者呢？

有文凭的人往往从事政治工作——不需要太高的专业技能，更注重一系列的文化素质，如人际交往能力。文凭代表的不是专业技能。受过精英教育的人往往有良好的家庭背景、教育和广泛的关系网络。

在对医生、律师和建筑师的历史和社会学调查中，我们发现文凭往往不代表生产技能。从总体趋势来看，在任何时代，大多数获得高文凭的人都有良好的家庭背景和强烈的受教育需求，有充分自由的时间，足以支持全日制教育的经济条件。这些人完全符合政治工作的要求。

这样，文凭就可以帮助雇主区分如何雇佣政治工作人员。例如，投资银行的工作并不要求员工精通经济学或金融——顶级投资银行往往更倾向于有良好家庭背景和著名大学毕业的学生，因为这意味着学生（及其父母）有广泛的关系网络，也有利于企业的整体形象——这些内容，招聘人员往往很难直接问，或者询问时间成本太高；文凭通常可以回答所有这样的问题。

因而，在这种社会建构下，文凭被看作是一种"文化资本"的凭证。虽然文化资本被称为资本，但不是金钱，可以理解为腹有诗书气自华，也可以说是金钱的文化外衣。

缺乏文化资本的儿童不太可能通过努力学习书中的社会礼仪来真正掌握贵族家庭的价值文化。符号上认知与实践中掌握之间总是存在重大差距。通过符号学习，只能产生次要的实践，而不能产生与个人学习实践相比的习惯。

文化资本是一种可以赋予人们权力和地位的文化知识。

在资本社会，文化既是商品，也是社会资源，所以有文化市场。文凭是文化资本的货币凭证。

因此，教育学历、文凭，还有另外一重特性与价值。正如货币，除了代表实际物资的使用价值之外，还有一重实际在进行价值重新分配的交换价值。文凭学历同样如此，除了代表拥有一定水平的学识能力的使用价值之外，文凭还有一重参与政治分配的价值。

现代社会的精英更倾向于利用文凭等文化资本，而不是金钱遗产、社会关系或暴力权力来延续其后代的主导地位。

我们经常忽视，名校的高等文凭不仅意味着分数和能力，家庭出身同样影响一个人获得文凭的质量。

经济条件好的家庭，往往更有能力更愿意投资于孩子的教育。

这些孩子可以上补习班、钢琴课、绘画课……父母更愿意让孩子上大学，而不是初中或高中毕业后赚钱。即使家长知道今天的大学生不再是天之骄子，家长还是想把孩子送到大学——因为最高学历是高中、职业高中还是本科，这将决定孩子将来更有可能从事生产工作或政治工作。

文凭是这种文化资本最直接的体现，也是一个人家庭背景最直接的体现。

因此，那些天价进贵族学校、天价买学区房、天价贿赂进名校的人，并不是为了真正实用的技能，或是保证教育价值的学历。

人们实际上在争取一份政治工作，一个直接参与政治分配的机会。

为了摆脱繁重的生产性劳动，人们宁愿恶性竞争求得一份政治工作。文凭成为现代人向社会求得政治工作的证明。

揭开文凭的皇帝的新衣：现代社会的许多工作都是没有生产功能的政治工作。

教育的真正作用无非是买一张从事政治工作的门票，摆脱创造物质财富的生产工作，成为决定财富分配的政治工作人员之一。总之，用教育投资换取社会地位。

因此，文凭的真正价值是：直接参与政治分配。人们争抢教育资源，追求学历，只是为了获得文化资本，争抢直接参与政治分配的机会，争夺被名为政治工作的终身无形财产。

教育内卷，教育焦虑，由此而生。如果真是依学生的天赋和个人的努力，家长家庭也就不需要那么焦虑了。中产阶级家庭的教育焦虑不是来自对知识/教育的迷信，而是来自对失去地位和财富的恐惧。

文凭只是一块遮羞布。然而，与学习经验相关的人脉、文化认同和垄断的稀缺资源远比真正学到的东西稀缺。

教育通胀并非文凭无用，反而恰恰反映了教育文凭在社会分层中的作用越来越强。

因此，西方的教育不再是为了生产，而是为了分配。当教育本身越来越成为社会分配的一部分时，它就不能再带来社会阶级的流动，改变社会阶级的固化。文化资本的代际继承加剧了社会阶级的固化。

因此，教育不再是阶级上升的工具。教育是制造闲人创造就业的观点，无疑更符合现实社会。如果把考研读名校简单看成是为了获得技能和文凭，那么这个想法对成年人来说太不成熟了，成年人讲究实际利益。如果你想获得知识和技能，获得大学学位可能不是最好的选择；如果文凭不能成为找工作的垫脚石或升值筹码，有多少人会去读研究生？

排除少数真正想学习以满足学习欲望的专业人士，大多数专业人士选择获得著名的大学学位更深层次的原因是，文凭可以与其他资本相互转换，包括文化资本与经济资本、社会资本和符号资本之间的相互转换。

经济资本的所有者希望获得更多的财富；文化资本的所有者希望保持文化优势；有丰富人脉的人希望遇到更多富有和有影响力的人。

在不同领域有权势的人更容易相互吸引，而不同类型的资本所有者也更容易相互吸引。受过高等教育的人与受过高等教育的人密切接触，更容易接触公司的中高级人员，获得更好的职业发展机会。

当然，资本转换有不同程度的附带成本和风险。即使你获得了研究生学位，你也可能无法获得你想要的文化、经济和社会资本。然而，至少文凭也可以用来衡量知识、技术和能力，并受到法律保护和社会认可。

中国古人早已明晓"富而不学富不久""学而优则仕"，其背底的逻辑就是，利用经济资本换取文化资本，通过教育以金钱换地位，由"富"而"禄"而"福"，从而谋求遗泽后代的长期保值升值。

学校扼杀学习

哪里没有求知欲，哪里便没有学校。

——苏霍姆林斯基

我对学习了解得越多，就越意识到学校教育的一整套做法从根本上都是错误的。当我看到自己的孩子在学校的泥淖中艰难跋涉时，感到非常震惊。我发现孩子开始憎恶学校。

——罗杰·尚克

今天资本主义国家的教育，出现种种问题，根本原因在于学历和学习不相匹配。

教育成为学历市场，而学历不能代表等值的学习。如果学生在学校还能学习，那么学校至少还是有点用。只要教育还能让人学到东西,学历自然能够保值。

然而,受教育学不到东西,更严重的后果是,学校还在扼杀学习。

学习是人的自然本能,每人从一出生就对世界好奇,热衷于学习。所有孩子刚出生时都是好学的,对任何事物都怀有好奇心。

然而,孩子们的学习热情,对知识的热情,是有可能被不妥的教育方式磨蚀殆尽的。

孩子们厌学弃学,与学习为敌,实际上是与自己为敌,跟自己过不去,是彻底地贬抑自己、否定自己。因为每名未成年人都有成长的需要,学习成长是他们的天性本能。每位厌学的孩子都生活在痛苦之中。

现在孩子厌学,显然不是孩子自身出问题了,而是教育出问题了。"他想教育我","教育"已经与"教训"差不多同义。没人喜欢被人教训。

厌学其实是厌教。

厌学这个词从一开始就把罪责丢到孩子头上,把脏水泼到孩子身上。

学生可以是被教育,但没法"被学习"。被动学习在逻辑上就不成立。有代课老师,但没有代课学生。教授可以替代,学习不行。没有人可以替他人学习,学习必须主动在场。

受教育,可以是教师在上面口若悬河,学生在下面支肘打盹,但学习不行。与学习相比,受教育很轻松,甚至也可能很无聊直至厌倦。没有一人会厌学,但没有一人不会厌烦"受教育"。

教育的根本不在于增长知识、传授本领,而在于激励、唤醒灵魂。让学生品尝到学习的快乐,有好好学习的愿望,如果学生缺少这种内在的学习动力,教育上的任何巧妙措施都是无济于事的。教育的根本在于激发学生学习。教育如果做不到这一点,只会让学生由厌教而厌学。

教材编写的第一项目标应该是激发受教者对材料的兴趣,而不是其系统性、全面性。大部分教材失败的原因就在于此。学完一本教材就让受教者以为此学科的知识尽在于此,以为不过尔尔,再没有继续学习探究下去的兴趣,于是,就有了"学什么专业不爱什么专业"相当普遍的现象。每一部分应该多提出问题,讲一部分,留下更大部分来思考探索,而不是确定唯一的教条或空话虚话。即使有确定部分也可拿来当附录、拓展知识让学生主动获得,吸附到自身的知识结构上。

驱动学习的过程,实则是一段神经元的突触活动过程。如果一粒神经元准备发出某种传导,伴随而来的也确是这种传导,学习者就会产生满足感;反之,学习者就会产生烦恼感;更进一步,再在强制的条件下被迫去传导,学习者就会产生厌恶感。

学生学习,不能获得满足感,全是烦恼,再加之强迫,变为厌恶,终于开始厌学——实则是厌教。

传统的学校教育遵循的信条是教学生考试需要什么,正是这种教育信条催生了指导主义的教育传统。指导主义教育把学生当作机器,而不是把学生当作真正活生生的人。来自动物学习和训练研究的实验结果,用来指导人的学习,虽然在一些机械学习和训练中可能非常有效,但人作为动物训练的学习指向,不可避免地导致对个人学习的兴趣,特别是创造性学习能力的破坏和扼杀,这可能是中小学生到大学生普遍厌学的重要根源。

把孩子作为动物和机器来教的后果是厌学。

学校里的学习,只是为了掌握书本知识和技能,为了应付考试。

因此,学习成为一件既无聊又无奈的事。学生不爱学习,甚至觉得受虐、痛苦,视学习为折磨、为畏途、为苦役。

教育与学习分离,学校扼杀学习,结果导致了大量教育问题,而且是教育自身无法解决的问题。让教育万能的神话破灭。

另外一方面,相对于学习,上课又是最轻松的事,也是最无聊的事。

学校为选拔人才做准备,而不是为了培养人才。现代教育不喜欢个性化,只喜欢标准答案。以考试为导向,过分重视复习,扼杀学习。甚至有些学生读完硕士读博士,仅仅是因为在学校象牙塔内已经产生对进入社会的恐惧。

学校成为隔离室,隔离真正需要学习的东西,扼杀真正的学习,让教育无限延长下去。

我们通常下意识地认为,学习与学校联系在一起是天经地义的。现代学校出现时间不长,只有一百多年的历史。

现代教育就像生产线。在这种教育模式下,每个孩子从小被教育:课程标准统一,班级规模大,无法因材施教;师生关系疏远,教师主导学习,学生被动接受;同伴关系紧张,学生竞争多于团队合作;学生评价单一,分数只有考试,不利于学生多元化发展;教学管理过于严格,人身控制严重,师生容易出现心理问题;教学场景封闭,学校教育与现实社会生活脱节。

这种一提到学习孩子们眼睛里的光芒就会消失的教育,会扼杀创造力,会扼杀学习,甚至扼杀孩子本身。

学校剥夺了学生自主学习的权利、欲望和能力。学生们所有兴趣受到学校教育严重摧残,为了高效应对各种考试,只能靠死记硬背来学习。

伊凡·伊里奇认为,学校对人的伤害远远超过战争,因为"即便是战争制造者,所杀害的也只是人的躯体;而学校则通过使人放弃对于自己成长的责任,导致许多人走向一种精神自杀"。学生屈服于学校统一的课程和教学,受学校的组织,只学习如何消费和接受学校,而不是如何生活,如何成长和成为自己。

学生自杀已经成为一个特别严重的现象。当今资本主义国家教育最大的问题是剥夺孩子学习的乐趣。现在的教育首先剥夺了孩子的学习自由,其次是高压剥夺了孩子的亲情,第三限制了人身剥夺了孩子生之乐趣,让孩子觉得他没有理由活着。

学校扼杀学习,是在扼杀教育回归本质的可能。

❧ 从教育到学习 ❧

没有哪一人是由别人教育出来的,他必须自己教育自己。儿童生来具有一种发自内心的对于未知事物的好奇与热爱!

——蒙台梭利

时至今日,教育中已经掺杂太多的东西,需要达成太多的目标,满足太多的利益,繁多的线索纠缠在一起,在教育的视域中,教育问题已经近乎无解。

教育的问题,教育解决不了,只能从学习来解决。

教育可以是被动的,但学习从来是主动的。

被动学习在逻辑上就不成立。学生可以是被教育,但没法被学习。

只有学习者才能学习,学习者是他所学的创造者,而不是参与者。

学习从来都不是胡萝卜加大棒的问题。深层需求应该源自一种人的本能欲望。

教育也开始要走向民主,每人从国家收回经济自主权(财产私有权),收回政治权利,现在,到了收回学习自由的权利了。教育天然是一种不民主的形式和制度,只有从学习角度,才能打破教育的特权和垄断。

教育可能会保守,但学习从来都是当下的,解决问题的。

教育的首要目的,是传承文明。这决定了教育的保守性。学习的根本目的,是为了解决问题。这决定了学习的当下性。

学习其实和其他行为一样,都强调效用。这对我有什么好处或用处?除了知道学习对我有什么用。还必须对要学习的内容有所渴望。因为学习注定要自己完成,老师不可能真的把知识灌进在学生的脑中。因此,学习实际上是为了回答自己的问题。学习与对我意味着什么是激发个人学习的关键。

学习的最初的动力和最终的目的,都在于解决问题。

教育可以不变地重复百遍,而学习总是伴随着变化的发生。

学习的最大障碍是旧有知识,而教育本身就是不断重复旧有知识。学习就是改变个人的原有知识,更根本的是,从一套旧有知识结构切换到另一个更合理的新知识结构,以处理新的特定情况。

学习是一种改变。这种改变是学习者内心心理过程中相对持久的变化。改变是学习的必然结果。因此,可以说,改变是学习的主题。从经验中学习的能力是人类最显著的特征,因为它与人类的生存繁衍相关。

现代社会对学生的学业成绩和学习质量越来越不满,学生的厌学令人担忧。从当代教育研究的许多分支学科的角度来看,需要从根本上转向,即从对"教"的研究,从根本上转向对"学"的关注。

从教育到学习

告诉我,我会忘记;教给我,我会记住;让我参与,我将学会。

——本杰明·富兰克林

问题不在于教他各种学问,而在于培养他有爱好学问的兴趣……这是所有一切良好的教育的一个基本原则。

——卢梭

曾几何时,教育被越说越复杂,越讲越糊涂。教育中装入太多的东西,有太多的历史包袱要承担,有太多的目的要实现,有太多的主体在其中纠缠,有太多的利益在其中博弈,线索太过复杂,已经很难理清理顺。

教育自上而下的,自下而上的,自成体系、自成传统。曾经体系、传统是发展的保护伞、促进剂,然而,这些体系、传统也有其自身的需要,有其自身的目的,有其自身的利益,有其自身的逻辑。

于是,圈子有了学阀学霸,体系有了官方话语和专业行话,成了故作高深、欺蒙外行的臭阴沟、藏污纳垢、堕落压抑的庇护所,成了专家的养老院、学术的名利场、权威的讲演台。

而现实社会,在互联网中,专业、学科由可恨的围墙变成了可笑的栅栏。

任何改革,首先面临的是来自传统、体系的阻碍。

因为教育是一项传统,一座体制,我们每个人都拥有灵动鲜活的灵魂,体制却没有,体制内的个体以用相同的教育方式行事,只需不比其他人差就行,就没人创新,也没人反对,变革来得简慢且繁难。

在惯于宏大叙事的教育学的研究分野中,学科林立内容庞杂,建立起涉及方方面面的学科和课程,比如,教育哲学、教育经济学、教育社会学、教育心理学、教育技术学、教育法学、教育管理学。

教育经济学、教育管理学成为热门,而教育的核心内容:学习,却少有人关注,只是一处既"微"且"窄"的领域,几乎就是教育心理学中的一片子领域。

对学习的遗忘和轻视,不仅寓于教育研究中,还长于教学活动中。教学把重点放在"教"上,校长教师们最关注的是"应该教什么怎么教"。至于学习,先放一边,以后再谈。

分数、成绩单、评语、考试、比赛,林林总总充塞学校生活。密密匝匝的教学任务,使学校失去存在的意义,而遗忘教学的根本在于激发学生的学习兴趣。

于是,教育,给人的第一印象是受累。受教育成为学生的沉重负担,以致孩子们不愿长大,也不愿天天背着书包上学,提倡终身教育还要延长接受教育时间,没有生活,谁能不望而生畏?

更多的教育,只能是一项试图奴役生命选择。

当我们所有时间都去学习了,谁去改变这片不完美的世界呢?受教育如果到了成为生活本身,而真实的或粗糙的世界被人畏怯。学习如果到了耻于行动,只是意淫美好世界,该多可悲啊。生命生来不是创作而是模仿的话,多么可悲。

受教育的目的,是让学习者学会生活有度人生添寿,而不是为了受教育本身。

而且,为了应对知识爆炸的挑战,通过延长教育年限来,适应新知识的剧增和教育不断增加的要求,已经不再是一项可行的策略。

学校已不可能教给学生所有知识,以供成人之后终身所需。走进图书馆,一望无际的图书架。没有人能够在有生之年读尽,哪怕是一片小小领域的全部书籍。打开网络,同样海量的知识,以及还在指数级增长的各种信息,要想穷尽知识的海洋,完全是痴心妄想。

面对无穷无尽的知识,学科由可恨的围墙变成了可笑的栅栏。

因而,最好的教育,不在"授鱼",而在"授渔"。不在文化知识的传授,而在学习能力的养成。

一名可以无师自通无所不能的人,必定是一位高自尊的人。他对自己的人生运之掌上,无所畏忌、无往不胜、无所不容。这种自学者气质,比任何学历证书更令人希求,比任何财务自由更令人向往。

并且,进入 21 世纪,相对论、测不准原理、哥德尔不完全定理、量子力学等新科学成就,促使人们从古希腊目的论、牛顿力学机械论的知识观中走出来,永恒不变的固定知识体系变得不可想象。知识的本质发生根本改变,不再是被发现和被给予的,而是个体主动探究、融合创造的结果。

个人只有走在亲身经历认知的道路上,才能获得知识,这样的知识融入了个人的热情、阅历、态度。个人学习的过程,就是参与知识和意义创造生成的过程。

学生的学习方式要完成从被动教育向主动学习方式转换。

人们可能替他人受教育,但没人能替他人学习。他人永远没法替你去学。仅有学习者才能学习,而学习仅有借助学习者才能实现。唯有学习者,才能融合、创造出与自身相容的真正知识。学习者并非学习的"参与者",而是他学习过程和结果的"创造者"。

因而,如果教育想有所发展,必须转换视角,从学习谈起。

只有从学习来重建,从学习的角度来重写教育。教育的解药在学习。

从上往下,从高往低,从老往幼,从公众往个人,来看"教育与学习"这摊事,必然无解。

从学习者的角度来看,学习行为是能够效果最大化的,每人都会追求学习效果的最大化。而教育则不一定以学习效率为追求目的。

教育有其自身的意志与目的,教育不仅仅是个人学习,更是社会流动分层,国家意识形态构建,族群共同体认知,社会人力资源生产,科技竞赛,家庭稳定,教育产业等众多功能与目标。

学习的目的是为学习者自己的,教育的目的则可能是为国家、为教师的。教授不应该讲自己的研究和学术成果,而应该是对话,回答学生的问题。而假如一名学生没有问题,就不必来上学了。

教育是外在赋予的,学习是内在自发的,有义务教育,没法义务学习。

学习是个人的,可以说终身学习。教育是公共的,说终身教育总有些让人多想一些。

学习是自我发起的,需要整个人的投入,既有认知也有情感的,这样的学习才有效果。

学习是本能,是需求,而教育是供给,只是为了满足人的学习需求的供给。然而,现在教育成为义务,是责任是必须是目标,学习反而成为需要争取的权利,达到教育目标的手段。

教育的核心业务是学习。

教育的目的，只应该是为了学习。

教育的目的应该是去教育

授之以鱼，足解一日之饥；授之以渔，足食终身之鱼。

——中国古代谚语

教育本身并非目的，而是工具。教的最终目标是为了不教。

——叶圣陶

古代教育中，孔子强调因材施教，他有一句著名的话："不愤不启，不悱不发，举一隅不以三隅反，则不复也。"意思是说，若学生未经思考生出困惑时，就不去指导他；若是未经过苦想而不通时，就不去启发他。

鸡蛋，从外打破是食物，从内打破是生命。教育也是这样，需要的是热情与耐心，等待小鸡主动打破蛋壳完成新生。若是施加压力，从外强行灌输，甚至打破，出现可能是坏蛋和臭蛋。"不愤不启，不悱不发"，教育中最重要的还是学生的主动学习。

因而，教育活动中的主体究竟应该是谁？

谁在教，谁在育？那当然是老师。但是，教育活动中真正的主体应该是受教育者，或者是说学习者。

教育的本质在于学习。教育不是给老师一处展现才华的平台，而是为了让学习能够顺利地展开，让学习者能够不断地开展学习和认知迭代。老师真正的角色是一名服务者，其目的只有一宗，那就是，让学生能够自足地成长。

教育的主体是学生，教育的本质是学习，教育的目的是学生学习成长。

然而，关于教育，国家有国家办教育的目的，学校有学校办学的目的，教师有自己当教师的职业目的,不同阶层的家长还有不同的教育目的。

然而,唯独没有人在意真正的教育主体,受教育者们,孩子们,学生们的目的,其目的就是不再受教育。

学习是一种他人操控越少越好的活动。学,并不是教的产物,而是学习者自主参与有意义学习情境的结果。

教育不能这样。

如果教育的目的应该是以受教育者的目的为目的,那么,教育的目的应该是去教育。

教育的目的在于使受教之人不再需要受教,正如医疗的目的在于使病人不再需要医疗。医院存在的根本价值是人的健康,而不是治更多的病人。医院的目的本应是健康,让人不再来医院(少换刀少花钱),但是,衡量一所医院的标准,则是看你治了多少病人收了多少钱。正所谓"善战者无赫赫之功,善医者无煌煌之名"。

医院存在的根本价值是人的健康,而不是治更多的病人,从而赚更多的钱。

教育同理。

学校的目的应是让人学会学习不再来学校受教育,但学校的目标变成让人不断甚至终身到学校来学知识和技能。于是,课堂不讲课外收费、区别对待收受礼金、学历高消费、高考军备竞赛等现象都出现了。

学校存在的根本价值是人的解决问题能力,而不是教育更长的时间,从而赚更多的钱。

教育学应该改名为学习科学,正如医学应改名为健康科学。

教育的目的是去教育,正如治疗的目的是去医疗。健康是人们去医院的根本目的,而不是治病。正如人们去学校的根本目的是学习,而不是受教育。然而有人弄错了很多,过度治疗即使这样,过度学历也是这样。

正如父母的责任是让孩子长大独立,而不是让孩子始终像孩子不能成人,或成为

"巨婴"。当父母的目的是去父母,与孩子成为朋友,让孩子长大成人,不再是一直需要父母抱抚喂养的孩子。

教育的目的是学生最终不需要教育。

教育的目的是去教育。

学习是人的存在

一切概念考察都是语词考察,语言哲学就不再是哲学的一个分支,而是哲学本身了,或者说是"第一哲学"。

——陈嘉映

学习不是生产,而是制造出能够进行生产的自我。

——皮埃尔·布迪厄(Pierre Bourdieu)

教育的问题,猛一看以为都是教育的,分析起来发现多是社会的和经济的,再一琢磨也是政治的,更深入一点根本就是关于人的,是文化的,是哲学的。

教化先于政治。正如哲学第一人柏拉图所说,哲学的目的是培养哲人王。哲学就是教化,若是如此,那么,教育哲学就是全部的哲学。

正如美国哲学家约翰·杜威一生中撰写大量书籍和文章,几乎涉及包括逻辑学、形而上学、科学哲学、美学、政治哲学和伦理学在内的所有哲学分支。对杜威来说,教育哲学是哲学最基本、最重要的分支,他认为教育哲学就是哲学。

然而,教育太泛了走偏了,不再只关注教育本来的核心本体:学习与人。

当下教育理论的研究热点,在教育管理学、教育技术学、教育经济学、教育政治学等方面,可是,热门理论体系基本上是从其他学科借来的,反倒使教育独特的研究域被遮蔽了。

教育的核心业务是学习。

教育研究最后都忘记了它成立的目的,是为人的学习而来。成立之初的根本,正如医学研究是为了人的健康,为了人的学习。而不是将关注点放在所谓的医学医生医院、教育学教师学校之上。社会付出劳动成果,希望人的健康和学习方面更好一些,但最后却是耗费在这些"所谓的必要的流通环节"。

一直在研究教师、学校、教材,这些东西变成的主角。就好像医学,最后再研究医院管理、医生素质,这些知识成为更根本的内容。健康教育、疾病预防没人做,而过度医疗泛滥,没人关心病人真正需要什么,甚至故意欺瞒诱骗接受更多的治疗,而不是病人的身心健康。

对于学习的重要地位及其与人类的关系,时至今日,不仅缺乏深入的研究,而且至今尚未引起社会足够的重视。

这可能正是教育改革始终难以找到出路的理论根源和认识论根源。

这在以制造物质产品占主导地位的工业文明时代如果还能原谅的话,那么在以开发人的创造性潜能占主导地位的信息时代、智能时代则是绝对不能允许的。

学习是人类社会中最伟大的两种活动之一,另一种是劳动。劳动是人类的物质生产活动,而学习是人类自身的自生产活动。学习甚至是最伟大的活动。而且,学习不仅是为了其他目的的活动,更根本的是,当人文主义崛起时,人成为目的本身,作为人自身生产活动的学习也成为目的本身。学习既是人改变的手段,也是人改变的目的。

学习的本质,就是人类生命存在及其优化。对意义与目的的追求,是人活着的根本动机。

学习是人的存在方式。人通过学习才成为真正的人。

学习成长,是人一生中最为根本的活动。通过学习,我们努力为之赋予意义,最大程度地活出人生的精彩,使每人基于现实,不断发展自我。

学习是人的需要,也是成为人的根本途径。

未来的文盲不是不会识字析文的人,而是不会学习的人。终身学习,是现代人的必备观念。通过学习,适应未来发展,解决当前问题,这是每人都要学会的。

实际上,学习太过繁杂,与人类生活方方面面息息相关。人们在做中学习,在听中学习,在阅读中学习,在提问中学习,在讨论中学习,在记忆中学习,在发现中学习,在试错中学习,在亲近他人中学习,在解决问题中学习,在获取信息中学习,在转述信息中学习,在观察模仿中学习,在努力尝试中学习……甚至在学习中学习。

人类为何能够区别于其他动物,就在于人类能够学习,学习是人的本质。

学习各种知识,不断创新文化,是引领人类文明发展的根本动力。人必须不断学习,才能在社会中生存得更好。

从个人的角度来说,学习是为了个人的成长与发展,所以每人都以自己的方式专注于学习,也有人是因为对世界有好奇心和求知欲。

从人类社会的角度来看,学习就是人类生存与繁荣的根源,人类必须继续学习才行,人类一代又一代不断在学习中发展。

对于人类种群来说,学习意味着进化;对人类社会来说,学习意味着人的生产;对每个人而言,学习则意味着成长。

互联网教育为何失败?

如果在线教育仅仅是应试教育的帮凶,那它没有发展前景。

——于鹏(分豆教育董事长)

我们希望帮助学生学习,帮助老师教书,而不是帮他们考试。

——蒂姆·库克(苹果CEO)

从教育到学习的转变,最典型的一宗例子就是互联网教育。

自互联网诞生以来,有远见的人一直在尝试用新技术改革传统教育体系。1996年,克林顿政府提出"教育技术规划",美国每间教室、每座图书馆都实现高速联网,全球由此拉开了互联网教育的大幕。

然而,几十年过去了,互联网教育发展波折起伏,变革落后预期,难以撼动传统应试教育的体制,一切改革都流于形式。正如一位教育学家所指出的"任何新兴教育工具,都没能替代黑板和教科书的核心地位"。

电化教育、慕课等只是在教育工具与技术层面的新瓶装旧酒,项目化学习、翻转课堂等是在教学模式方面的换汤不换药。如果学校学习形态不发生深刻的变革,教育结构不发生相应的变化,教育的变革难如梦呓。目前所做的互联网教育,其实本质上都不过是搬到网上的传统学校。

许多互联网教育企业只是一个转换方式的培训机构。互联网作为一种新的学习工具和生态学,如果只是作为学生应对教育和考试的一种手段,那真的是在线教育的悲哀。

那么,与互联网教育和虚拟学校相比,实体学校的核心竞争力是什么呢?为何大多数父母宁可支付大量金钱买学区房交赞助费送孩子去学校读书也不选择让孩子在家上网免费学习全世界的知识呢?

事实上,很明显,实体学校的核心竞争力与其说是提供知识,不如说是提供身体约束。

学校学习从来都不容易。对于大多数普通人来说,除了一些意志顽强、极度自律的个人,考试学习从来都不快乐,反复练习从来都很累。因此,他们的学习必须在一个有限的环境中进行。人们去传统学校接受传统教育,而不是为了获得知识。实体学校的真正功能是提供约束。缺乏身体约束的在线教育,必然会由轻松开始到放松放纵结束。

互联网教育不能解决身体约束的问题,一切改革必然只能流于形式。

如此看来，互联网教育问题似乎无解。因为虚拟、在线的互联网教育本质上就是去实体化的，解决了身体约束的问题的互联网教育趋近于实体学校教育，互联网教育也就失去了独立存在的意义。

然而，无解只是因为视野狭窄、观念错误，根本问题并不在于教育，而是学习。

因为没有互联网教育，只有互联网学习。

只要现在的考试和教育理念，没有做出根本性改变，让人一想到教育，第一感觉就是痛苦，没有人喜欢受教育，因此，才需要身体约束。

可是，学习本来应该是主动有意义的，身体约束根本就没有意义。

互联网时代，人们为了满足自身的知识好奇与职业实用需求，通过互联网主动搜索学习，根本就不需要强迫约束，强迫约束根本就没有必要。

互联网教育为何不成功？

根本原因就在于，都到了互联网时代，人们还想着从教育的角度方式去做学习。

目前，主流的在线教育仍然停留在工业社会教育、人才和社会的关注中，仍在思考互联网技术如何帮助教育的命题，而不是如何在信息社会中学习。我们需要从简单的教育、教师和学校的小环境中走出来，从更高的角度寻找教育改革的前进路线。

互联网时代，信息时代，知识大爆炸，人人处于信息社会之中，知识丰裕至近乎免费，知识随处随时方便获得。

然而，教育还停留在知识资源稀缺时代，学校教育的价值就在于将有限的学习资源发挥最大的作用。因而，从学校教育角度看，考试极为重要，而且考试的目的是甄别，试图从功利主义的角度来，让最大多数人利益得到保证，最大限度发挥有限的学习资源的功能。

信息社会，信息免费，智能廉价，稀缺是人的注意力，而不再是传统社会的知识。各大互联网厂商争先提供免费的信息（甚至实物和服务），就是为了争抢人的关注。于是，就有"注意力经济""免费经济""流量经济"之说。同样，在互联网上，学习资源丰裕至近乎免费,稀缺资源是学生的主动学习意识,或学生的学习动机。

然而,传统学校教育还遵从知识稀缺年代的模式,以知识为中心来组织教学,学生被迫接受的还是获得不易激活和提取的"惰性知识",缺乏情境脉络的支持,而导致学生在遇到问题时无法将知识和问题情境对接而不知所措。

在知识爆炸时代,知识是情境化的,学习者需要在有同伴和专家的共同体中建构他们自身的知识,将学习者当前所学的材料与具有相似情境的或者先前的知识建立联系。有效学习始于学习者的已有经验、文化知识及他们对这些内容的理解程度。

互联网时代,是以学习者为中心,像吸铁石一样,吸纳海量知识,并解决学习者自己面临的问题。学习的目的,是以学习者为中心、适合情境应用的知识和能力的全面提升,而非简单停留在学生一般的知识与思维能力培养之上。

因此,只有从根本上改变受教育误导的学习观念,在适应新时代的学习目的指导下,重新建构适合新媒介的学习内容,激发人的好奇心,强化学习动机,才能解决互联网教育无效的问题。

反馈在学习中起着奠定基础的作用。

然而,在传统的学校教学中,很少有机会真正提供反馈。从教育的角度来看,学生获得考试成绩或作文分数,这些都只是学习结束时的最终评价。考试的目的不是为了改进,而是为了淘汰。然而,从学习的角度来看,学习过程中的形成性评价更需要,因为形成性评价可以为学生提供回顾和提高思维和学习的机会。

互联网数字化教育,可以发挥互联网数据与智能优势,实现学习过程中的即时反馈,从而让学习像游戏通关一样有趣。通过将评价嵌入持续的学习过程中,学习者犯错误的可能性大大减少。由于计算机能提供正确的支持,它能在很大程度上保证每人成功并获得一种成就感。

如果互联网上的学习的目的,还是为了传统教育的考试,教学的内容还是之前传统教育的那种知识结构与学习内容,只是新瓶装旧酒,人喝了一口,还得吐出来。

互联网是一种自下而上、去中心的组织形式,而传统学校教育是自上而下、以学校教师知识为中心的模式开展,因而,这二者天然就无法融合。

有两种活动,会吸引人的注意力,有意思的和有意义的。什么最有意思,游戏娱乐最有意思;什么最有意义,与个人经历感受最贴近的最有意义。

同样,有两种学习,能吸引学生的注意,有意思的和有意义的。于是,前者指向学习娱乐化(游戏化学习等),后者指向学习个性化(自适应学习等)。

传统学校教育囿于优质教师、教学资源的有限,难以真正开展完全平等、个性化、多元化教学。而互联网与人工智能极大降低学习资源成本,围绕个性化人才培养为核心不断推进教学组织形式的变革与升级,并以有效的学习评估技术提高知识传播、获取效率,真正做到人人平等、因材施教。

鼓励学生根据个人需要自主选择资源,通过网络学习空间开展学习。在大数据分析的基础上,制定符合学生发展需求的个性化培养方案,针对在线学习的即时数据反馈来改进学习的效果。

如果不从观念上根本改变,互联网只是在技术上可能对教育的效率和效果产生一定影响,但无法推动教育现状本质变革,甚至极易成为当下应试教育变得更加糟糕的"帮凶"。

从传统教育的角度来做互联网教育,最后只能巩固传统教育的模式,强化传统教育的缺陷,固化传统教育的模式。

互联网教育工作者有两种,一种是全新的以互联网模式来组织学习,比如分级阅读的单词记忆 app、程序一行一行代码来教编程的软件。另一种,按照传统教育的方式,只不过把学校搬到网上,或对传统课程进行线上补习。

运用现代信息技术,却停留在工业时代的教学理念,极易形成过于夸大技术的作用的现象,技术极易成为应试教育的"帮凶",而非未来终身学习的助力。比如,计算机快速识别批改考题试卷,大大降低教师工作量,但是教师可能腾出空来布置更多的题,学生负担更重。

一些在线教育系统的设计开发，设计者一贯的思维是关注软件的功能及可用性，而忽视了学习者的真实需要和教育情境的特殊要求，教育软件本身也即学习情境的一部分，更不用说真正关注学生个体、以学生为中心的学习系统。

所以，不改变思想观念，盲目地使用计算机辅助教学，只是南辕北辙，甚至饮鸩止渴。

众多在线教育平台，为了确保商业利润应付资本的压力，开始转向，着力点不再是以改善学习方法为目的，提高学生思考能力为导向，而是掘金于应试教育。

事实上，互联网教育在某些方面已经成为应试教育的帮凶，过度投资实际上是劳民伤财。

信息技术行业甚至开始出现与文凭主义直接对抗的新思路，如近年来以求职为导向的各种短期编程密集型培训课程，以及没有学位的免费编程学校。此外，著名大学免费在线开放课程的流行也开始剥离知识、金钱和文凭。一位网络公司高管，旗帜鲜明反对他人考计算机方面研究生，训斥想去考研的年轻人，义正词严地指出，在网络公司工作3年所能学到的计算机项目与编程技能，远远多于帮导师打三年工，特别是非算法专业。

文凭仍然具有一定的活力，因为资本首先考虑的是筛选成本，而不是所谓的人才培训，文凭从经济意义上节省了信息成本。不过，信息成本的事应该由信息技术来解决。一旦这种信息成本降低到一定程度时，也许文凭会以学习能力、学习过程的共享信息形式出现，比如学习过程的区块链认证等。随着新技术的发展，最终能够为文凭废除主义提供一种更可行的选项。

到那时，文凭与学习趋向等值。文凭才不会贬值，教育才不会通胀。

学习成为真正的主角。

只有终身学习

吾生也有涯,而知也无涯。以有涯随无涯,殆已!

——庄子

教育不该是为了将来的生活在做准备,教育就是生活本身。

——约翰·杜威

正如,互联网教育注定只能失败。因为没有互联网教育,只有互联网学习。

同样,没有终身教育,只有终身学习。终身教育只是一句笑话。

互联网时代,为了应对知识爆炸的挑战,通过延长教育年限,来适应新知识的剧增和教育不断增加的要求,已经不再是一项可行的策略。更不要说,还要终身接受教育。

学校已不可能教给学生所有知识,以供成人之后终身所需。生活有多大,互联网的信息量就有多大,我们学习的范围就有多大。因此,学会如何学习和学会如何找到信息,应该成为学习的首要目标。

走进图书馆,一望无际的图书架。没有人能够在有生之年读尽,哪怕是一片小小领域的全部书籍。打开网络,同样海量的知识,以及还在指数级增长的各种信息,要想穷尽知识海洋,完全是痴心妄想。庄子说:"吾生也有涯,而知也无涯,以有涯随无涯,殆已!"用有限的人生追求无限的知识,难道不是死定了吗?

书太多了,我们十辈子也读不完,而我们每人都只有一辈子。我们不能让自己的身体人生成为作者思想的"还魂尸",不能让自己的大脑成为作者的"跑马场"。

曾几何时,我们被"读书是一件好事"的天条束缚,最后"百无一用是书生"还感到莫大委屈。比起读更多的书,更为重要的是思考形成自己的见解并应用到实际。如何用书中所学去行动才是读书的根本和目的。

需要学习，但是并非什么都学，要明白为什么学，要将学习建立在做事之中，要将学习建立在一生的志趣之中。

当我们需要学习专业知识，我们就去读专业书籍；当我们需要提高思维认知的时候，我们会阅读商务及科学技术、社会、历史等内容的书籍；当我们需要增强我们的感受力、了解他人的人生历程，让我们心智变得更加成熟，我们可以读小说诗歌。这类书籍能马上增进知识，带给我们的效果立竿见影。

一人有一天突然愿大发心，坚决要掌握计算机编程，因为人工智能时代即将来临，而他一点基础也没有。于是买来全套书籍，从算法到理论，读了个遍。读完之后还是困惑：我怎么还是编不出一个程序呢？

认真想一想，你是要掌握一门知识去当老师讲给别人听吗？或者，只是为了把它整理出笔记，背下万能公式，在考试中得一个满分吗？你是一个成年人，怎么能用青少年学习的那种方式呢，那是专门为了应对考试的。一个成年人应该怎么学习？

先搞清楚一些基本概念，立定一个目标，比如说编一个网络爬虫程序，就动手干。一开始不知道该怎么下手？那就模仿，看别人写好的代码，直接到网上下载一段完整的代码，往自己的目标上去拼，然后一点一点去改。不会改，就查书，书上也查不到，就网上查，再查不到，就网上问人，一点一点地往前拱。最后的结果不见得你能说出编程是什么，但是你毕竟是在学会编程。你看，这才是真正的学习。

许多半路改行的电脑程序员，从未专门系统学习过计算机知识和技能，全在完成工作任务解决问题中学习，但是达到了专业程序员水准。

读书不是为了不停读书，学习不是为一直学习下去，学习是为了生活。

以知识为中心的传统学校教育，将运用与学习分离的观念是错误的。

实际上，我们误解了孔子。"学而时习之。"习是行，不是复习，而是练习，是在真实的问题情景中运用，而不是为了考试。

通过背诵记忆学习掌握知识，虽然是以少量时间获得大量知识、提高记忆效果的最好方法,但是,它并非就成为你自己的知识。只有结合个人独有的感受表达出来,运用它们解决问题,它们才能够成为自己的知识积累。面对问题,寻找答案,搜寻知识,学习理解,并解决问题,接受验证。这样的学习才是有用的。

曾几何时,因为灌输知识,为了应付考试,学习成为折磨、苦役,学习变成一件很勉强的、很无奈的事情,学习成为一项追求考试高分的活动。实际上,我们是为自己的成长而学习,学习者成长了,学会了做事,就应该给自己打高分。

与学习为敌,实际上是与自己为敌,是彻底地贬抑自己、否定自己。厌学弃学,实际上是跟自己过不去。放弃了学习,人就是放弃了成长。不会蜕皮的蛇会死,不会成长的人最后会长成巨婴。

学习不是为了适应未来某一份工作,不是为适应未来的生活,因为适应不了。不能指望在某一段时间学到一劳永逸的知识技能,未来永远在变,而是要追求独立学习、不断成长的方法,追求个人的成长和发展。

学习就是生活本身——因为学习既然是一辈子的事儿,做人的事儿,那它本身就是目的。

自从经过几十年的学校学习训练以后,我们就天然地以为学习就是为了未来,知识对当下无用,对未来才是无价之宝。学习一门知识是为了应付的未来的生活,这个观念大错特错。

上小学不是为了上大学,小学生的未来也绝不是博士生。上小学读书的目标,不是为了中考,更不是为了高考。上小学的目标,不应该是为了上大学。读大学的目标,不应该是读博士。基础教育的目标,不能是以接受高等教育为目标。高等教育哲学,绝不取代小学教育哲学。考上大学不等于考中举人,考上博士也不等于考中状元。基础教育的目标,不是高等教育,而是终身学习。

基础教育的目的,不是高等教育,不是学术教育,也不是终身教育,而是终身学习。

上小学的目的,不是为了上大学,而是为了成为终身学习者,成为主动学习者。

让学生比以往任何时候,都更多地接触在学校以外的世界——尤其是工作的世界。

这不单单是工作经验,而是提供机会发展和磨炼个人技能,特别是未来信息科技方面的技能,掌握方法并获得解决之道,在真实世界中展示探索精神、进取心和想象力。

300年前,我们人类从农业社会向工业社会转型,从生活劳作中直接教学转向通过文字间接学习的学校教育体系,从口耳相传转变为文字学校教育。伴随着工业社会向知识社会的转型,在信息技术的影响下,我们正在经历着从学校教育到终身学习的大变革。

"如何学习"将比"学习什么"重要得多,而更为根本的是"为什么学习"。

如果终身教育做得很成功,那将成为教育的悲哀。

没有终身教育,只有终身学习。

教育的最大金主

"在终身学习时期,乐于提高自己学习的人会开始从国家手中收回教育责任。"

——阿兰·柯林斯和理查德·哈尔弗森

教育的秘诀是尊重学生。

——美国教育家爱默生

从教育到学习,这也是社会发展的趋势。

在农业手工业时代和文本学习时代之前,父母出资或亲自教育孩子。教育的目的由父母决定,孩子的学习内容由父母和老师决定。大多数父母希望他们的孩子继承父辈的事业,所以他们希望他们的孩子得到和他们一样的教育。

在工业时代,大型工业需要大量的知识培训劳动力,工业决定了国家的竞争力,国家开始意识到教育对国家建设和提高竞争力的巨大价值。国家开始从父母那里接受教育,把教育交给公立学校。为儿童提供义务教育,让他们接受国家价值观,并具备从事任何他们选择的工作所需的技能。最后,国家出资接管了教育儿童的责任。

随着知识社会的转型,终身学习时代的到来,不可能通过盲目延长学校教育年限来适应新知识的急剧增长。国家不可能资助所有人一直受教育而不工作,教育的责任从国家回到家长(对幼童而言)和个人(对青少年和成年人而言)手中。

专家们预测,未来家长和个人将成为教育基金的最大金主,贡献所有教育基金的40%。政府只占30%,其余由企业和个人承担。政府将不再是教育资金的主要来源。

因为教育投资者是家长和学习者本人,他们强调以学习者为目的教育,以满足特定学习者的需求,学习他们认为有价值的东西。

从文字学习时代到学校教育时代,最引人注目的变化是国家从父母那里接管了教育孩子的责任。国家控制教育带来了国家义务教育模式的诞生。

在终身学习时代,每个人都需要在生活中不断学习和提高自己,并将逐步从国家手中收回教育责任。此时,它强调个性化的教育定制,以满足特定学习者的需求。许多年轻人正在寻找自己的教育道路,学习他们认为对自己有价值的东西。

人类历史上第一次产生,由学习者完全掌控自己的学习。

因为学习对每人一生的影响愈加重要,因为学习者开始主导教育市场,因为学习带来的个人差别变大。教育回归学习,让人充分培养其才智。至于考核选拔,那应该是工作、公司的事,而不是教育的事。

教育的目的是学习,而不是人才。因为这教育是国家出资办的,国家需要的是人才。至于每个受教育者的目的是什么,那不是国家从整体上考虑的事项。

如果教育的目的是社会分层,那么分数主义的应试教育、精英主义的精英教育,随之而来,也不是以培养与发展每人的能力为目的。

我们每个人,每个学习者,都成为学习的主体,对自己的学习全面负责。新的学习主体是有能力选择教育和自我发展的人。

在当代学习变革中,学习者的学习权扩大。学习的权利不仅是受教育的权利,也是获得优质教育资源的权利。

学习权利的核心是选择。

当高质量的教育资源得到更多的提供,每个受过教育的人都成为积极探索的学习者时,他不再是一个纯粹受过教育的人,而是教育的选择者、用户、消费者。此时,教育不再是卖方市场,而是买方市场。买方市场是以买方为主体,以买方为主导力量的市场。在教育买方市场中,不可避免地会出现以学导教的情况。

当公办教育效率低下教学质量不佳时,家长开始行使出资人的权力,用学费投票,私立学校、海外就读、上培训班、在家上学,都成为公立学校教育之外的更多选择。

然而,一些父母有一个流行的信条:父母把孩子带到这个世界上,他们有权决定如何教育他们的孩子。作为出资人的家长的教育目的,可能是为了孩子出人头地,幸福地生活一辈子。国家可能是为了培养人才。

而作为教育者的学校教师和教培机构的目的又不同,可能是为了教育者自身的利益。

然而,作为受教育者的学生的目的,可能是为了不受教育,或解决自己面临的问题。

只有自学者三种教育目的合一,以受教育者的目的为目的。

在孩子还未自立之时,每一位家长都应当在智力上帮助他确定自己人生的重要目标,而不要让习俗习惯、父母老师或是宗教政治,把人生目标家长式地强加于他。

学习不是教育,其目的不是外在的,不是为文凭为学历职业而学习,那么,难道是为了学习而学习为了知识而知识吗?还是为了某种外在功用而学?

同样,学习的目的不可能是教育者的利益,也不是为学习而学习为知识而知识。

学习者有一个真正的目的:学习以适应生活。你所学到的可以解决你所面临的问题。

教育的方向是自然给予的,教育者的作用是边缘而不是中心。学习的权利,应该逐步回到学习者手中。

"学习经济"

对于发达经济体来说,要保持繁荣就要把发展模式调整为体验经济,因为产品和服务已经无法创造大量的就业机会。

——约瑟夫·派恩(B. Joseph Pine)

教育等因素并不能导致经济增长,教育就是经济增长本身。

——道格拉斯·诺斯(Douglas North,诺贝尔经济学奖获得者)

在当今世界,学习性组织、学习型社会、学习共同体、服务性学习等概念逐渐进入各个领域,学习已成为一个广泛包容的概念。

信息时代让学习的内容变了,人工智能让学习的能力变了,知识经济、体验经济让教育学习本身也变成了经济的一部分。让学习成为社会追求的目的本身,甚至形成"教育产业""学习经济"。

几十年以来,人们已习以为常的传统旧教育观念和教学模式,需要彻底革新,转向一种全新学习观念,从根本上把人当主体,激发人创新,开发人潜力,促进人与人之间交往合作。

我们不应该从被动适应、静态滞后、纯消费和片面认知的角度看学习,而应该看到学习越来越具有积极创造、先进领导、财富生产和社会整合的功能。

学习者不再只是接受知识的容器,而是知识的建构者和生成者。

因为在这个时代,教育学习不仅是个人的事,教育学习更是社会的事,因为教育学习是人的生产。在物资丰裕时代,相比马克思的生产力、生产工具、生产关系中的"物的生产",人的生产明显更为重要。

由于科技爆炸与知识经济兴起,人的生产,作用更为明显。"眼球经济""免费经济""流量经济""体验经济",这些新概念都与"人"相关,而与物质的满足关系不大。

学习成为最具革命性和创新性的生产力,是统筹生产、生活和思维模式的核心系统。为什么越来越多的人爱去旅游?为什么那么多人在网上付费学烘焙?为什么购物中心会比百货商场更受欢迎?

因为体验经济正成为继农业—工业—服务业之后的第四种社会经济形态。

就像母亲为孩子的生日准备生日蛋糕的进化过程一样,在农业经济时代,母亲从头到尾用自己农场的面粉、鸡蛋等材料做长寿面做鸡蛋糕,成本不过几分钱;在工业经济时代,妈妈去商店,花十几块钱买一个蛋糕混合套装,加上面粉,自己烤;进入服务经济时代,妈妈花几十美元从西点店订制蛋糕。时至今日,母亲不仅不烤蛋糕,甚至多花几百元把生日活动外包给一些公司,请他们为孩子们举办一个难忘的生日派对。只要能给孩子带来难忘的快乐纪念,也未必需要蛋糕。这就是体验经济的诞生。

最典型的经验是迪士尼乐园,所有的员工都成为演职人员,公司每个员工的职责视为角色扮演,为客户创造感人体验的一种手段。为了使剧本成为现实,角色可以根据不同的功能分为多种职责。

如果说,教育学习属于体验经济,很多人不愿意认同,那有可能是因为我们自古就把学习看作是一门"苦差事",认为没有人愿意付钱来买这种痛苦的体验。但其实"师家之祖"孔子本人并不一定完全同意这一说法,他还是强调"知之"不如乐之,乐之不如好之。

我们的一个主要误解是反对娱乐和信息。电视剧、电影、情景喜剧、体育等都是娱乐。而新闻、纪录片和教育电影则不是娱乐。

在国家的行业分类表中,教育和文娱体育活动其实是放在同一类的。其中,第41

类,即是"教育娱乐"。国民消费中有一项指标是"教育文化娱乐支出占比","文娱"和"文教"也常常放在一起。

教育是一种娱乐,这是一种解放思想的观点。

一直把学习视为劳役,怎样才能让我们喜欢呢?

学习中有一个规律:最高学习效率 = 15.87%。即在安排学习内容时,确保有 15.87% 的新事物。确保这个比例能让我们在学习时既熟悉内容,又感到挑战,从而最大限度地提高学习效率。这也解释了为什么很多人读一本新书时会感到无法忍受的痛苦。主要原因是比例超过 15.87%,所以这种阅读会感到困难和难以喜欢。因此,也有一个公式:兴趣 = 熟悉 + 意外。

学习科学家还发现,围绕知识信息的主要概念和结构,运用已有的知识建构新理解,激发学习者的动机,在实践活动的情境中学习,构建社会交互的学习共同体,让学习者外化并表达自己正在形成的知识时,学习效果会更好。

美国心理学家哈罗(Harlow)研究发现,猴子会自发地探索新的环境和物品,即使没有任何物质奖励。换句话说,猴子有强烈的好奇心和学习欲望。这似乎是灵长类动物的通性,尤其是人类。

如果放宽学习的定义,就会有很多人热衷于学习。许多民间军事迷对各种武器了若指掌。未来教育和娱乐的发展方向不是相反的,而是逐渐融合。引用网络上流行的一个口号"学习是一种生活方式",而更令人兴奋的发展是教育演变成为一种娱乐形式,一种体验方式,当然也是一种生活方式。

事实上,人类的教育学习活动同人类的物质生产活动一样,都属于人类最基本的社会实践活动。

没有物质生产活动,人类自然无法生存。但是,人的物质生产能力不可能像其他动物那样全然来自先天的遗传本能,而要依靠后天的教育学习习得。

而且,物质生产并非人类发展的目的,人类发展的目的只能是人自身,人自身的发展依赖人类的教育学习活动。

正是依靠这种广泛的教育学习活动，人类个体和社会才能世代相传，也才有可能继承前人的成果，充分实现自我，创造与更新，不断发展。

长期以来，人们只从狭义的书本知识学习中理解和运用学习概念。因此，学习只属于人类认知活动，而忽视了教育学习活动作为"人的生产"的本质特征。

事实上，学习是人类自身再生产的社会实践活动。正是在广义的学习活动中，人们的理解能力和实践能力才逐渐形成和发展。如果说，这在以生产物质产品占主导地位的工业文明时代，还能原谅的话，那么，在以开发人的创造性潜能占主导地位的智能时代，则是难以容忍的。

因此，学习，是人的生产。相较于物的生产，人的生产，更为根本。

未来经济是关于"人"的，而不再是"物"，而教育学习成是人的生产最常见的方式与行业。因而，教育学习已经不再只是关于个人或教育业内部的事，而是一个全社会的事。

* * *

首先，电子时代意味着图像时代，书本文字统治的时代一去不复返。

其次，电子时代还意味着信息时代，虽然每个时代都有很多信息，但远不及这个时代，信息免费，知识爆炸，海量信息把人类裹挟其中。

最后，电子时代还是网络时代，网络虚拟出另一方世界，每人在第二世界中，有了不同身份，有了不同的生存方式和学习方式。

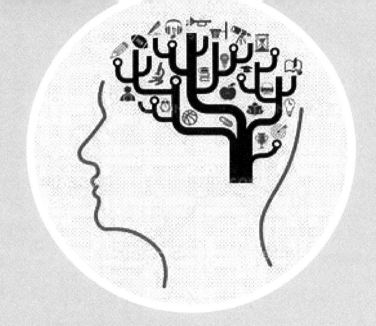

第三部分

机器学习

第 6 章　机器学习

在科幻电影《我,机器人》中,史密斯扮演的警察断臂后拥有了一条由脑-机接口完成直接触觉反馈的机械臂,拥有了比人类肉臂更强大的力量。而这一"黑科技",正在从幻想变为现实。

ᔕ 当机器也能学习了 ᔕ

没有一台计算机能够达到老鼠的视觉水平。

——杰夫·霍金斯(Jeff Hawkins,人工智能预言家,在 2004 年这样写道,这句话现在已经完全错了)

我们正处在一个加速变革日新月异的时代,人工智能已伴随着巨大背景音轰隆隆而来。

我们利用对大脑的研究,已经取得了一系列意义非凡的成果。我们解码大脑信号,实现脑机交互,让瘫痪的人重新站起来,控制机械手臂完成喝水等行为。我们模拟大脑的工作方式,让机器拥有"智能"。

确实,无论我们是否同意是否甘心,人工智能的到来已让一部分人类从曾经的"高薪者"沦为"无用的垃圾"。在人工智能的重重围剿下,传统方式的教育与学习,若是不能随技术时移事迁面目一新,那么结果将不会乐观。

机器都开始学习了,你还有什么理由不好好学习?你还有什么理由不学得更快一点?你还有什么理由不学得更聪明一点,对学习认识更多一点?

假如我们现在传统的教育学习,真能学到有用的东西倒也罢了。但现实情况是,我们在学校里学到的知识要么是网上极易搜索到的,要么就是和我们在现实生活中遇到的真实问题脱节的。

是先知先觉的领先,或是后知后觉的追赶,还是不知不觉地被淘汰,有赖于我们每人的选择。

未来已来,后天将至。

人工智能的挑战

比你的竞争对手学习速度更快,可能是唯一可持续的竞争优势。

——阿里·德赫斯(Arie de Geus)

面向未来,不仅学知识无用,而且目前学校要学生学的本领,一样都有可能无用。面临人工智能的挑战,不仅在知识上而且在能力上,都有了全新的要求。

2021年8月,会弹钢琴的机器人泰奥来到上海,与人类钢琴家罗伯特举行了"人机对抗"的"钢琴大作战"音乐会。其弹琴速度能秒杀一切人类,在两只"大眼睛"上安装有摄像头,可查看观众反应,通过语音识别系统、面部表情等方式与观众交互。

一名作曲家看过泰奥演出说:"机器人钢琴家来抢饭碗了,以后不用再练《野蜂飞舞》了,谁也弹不过它。"

很多人不认为人工智能可以超越人类,特别是在艺术领域。一名钢琴家则表示怀疑:"我们过去一直说围棋比国际象棋难的地方在于不仅仅要'算',还要靠'道',是一门高深的艺术,结果被阿尔法狗打脸成这样。有谁能保证伟大的艺术不能被计算出来?谁能够保证艺术不可计算,不是人类见识上的局限?"因而,如果仅仅是培养对音乐的爱好,疯狂地督促孩子练琴考级有必要吗?更何况,现在已经有比人类还弹得好的钢琴机器人。

解多元多次方程组,用Python编写计算机程序,在试管中识别生物化学物质,或者教外国人说英语。人类的这些能力都可以被人工智能超越和取代。

我们不知道2050年的世界和就业市场会是什么样子,所以我们不知道人类需要什么具体的技能。我们可能花了很多精力教我们的孩子如何用C++编程和说中文。

2021年8月5日,机器人"泰奥"与钢琴家罗伯特在上海交响乐团音乐厅进行弹奏钢琴的"人机大战"。

"大战"设计活泼精妙,泰奥除了与罗伯特进行对决,还穿越时空变身为那些已经逝去的伟大钢琴家,还原他们最经典的钢琴演奏作品。

音乐会曲目选自大师的经典作品,包括肖邦、李斯特、门德尔松、莫扎特等耳熟能详的钢琴曲。一场音乐会下来,泰奥连弹了十几首曲子。

但也许到2050年,人工智能将能够比人类更好地编写程序,谷歌翻译应用程序将使只会说"你好"的外国人几乎完美地用普通话、广东话或客家话交谈。

事实上,人工智能研究公司OpenAI已经发布了一款名为Codex的新机器学习工具。它可以接受人类指令,直接编写程序代码。Codex最擅长Python,可以注释和重构代码,并在编程时考虑上下文信息。

目前,微软开发的人工智能"小冰",不仅能写诗,还开始画画,三分钟完成一幅画。现在,人们可以否认这些东西具有艺术价值,但至少它们表明,人工智能应用的潜力远远超过大多数人的想象。

有人说,人工智能将会从事今天的大部分职业,这并不是虚声恫吓。事实上,虚拟助理、自助结账、无人驾驶、人脸识别检测等AI,已经开始出现在我们的日常生活中。

人工智能带来的变革是不可避免的，它往往会引发深深的恐惧。颠覆和超越的故事已经上演了数千年，对"机器吃人"的恐惧可以追溯到工业革命时期。当时，人们担心大规模采用机器是否会让工人大规模失业。但事后来看，虽然机械化消除了许多工作岗位，但总的效果是以前所未有的规模创造了更多新工作岗位。因此，新的就业机会可能会被创造出来，新的行业可能会涌现出来，我们甚至无法想象。

对我们每个人来说，变化的步伐正在加快，因此需要更快地适应速度。

我们生活在这样一个世界，唯一可行的策略就是让我们每个人都成为终身学习者。

那么，人们应该学习什么呢？学习学习本身。

终身学习是赢得未来成功的唯一资本。人工智能所伴随的未来世界将是相当复杂和具有挑战性的，因此培养一个人的终身学习能力几乎被每个发达国家都高度重视。

ChatGPT 会如何影响我们？

将来我们会看到，机械发明对劳工的最终好处是毋庸置疑的。

——约翰·斯图尔特·密尔（John Stuart Mill）

而 ChatGPT 的横空出世，则将这些缥缈模糊的未来，变为触手可及的现实。

2022 年 11 月 30 日，ChatGPT 发布，之后短短 2 个月，用户就超过 1 亿，成为一个全球几乎人人关注的现象。

如何看待 ChatGPT？ChatGPT 会如何影响我们？成为一个现实的问题。

"太阳底下没有新鲜事。"一些专业权威认为，"ChatGPT 不算新技术革命，带不来什么新机会。"

ChatGPT本身确实不是个新技术,"语言模型的技术是1972年就已经有了的",ChatGPT的成功本质上来讲,主要是工程上的胜利,ChatGPT是个特别优秀的产品。然而,当一种新事物优秀到足以突破应用的临界点时,它就是另外一种事物。

科技史上,1998年6月25日,微软发布经典版本Windows 98

而从整个计算机技术角度来看,ChatGPT技术的表现,将带来人机交互界面的全面革命。正如比尔·盖茨所说:"大模型ChatGPT是我一生中遇到的第二项革命性技术——第一项是计算机的图形用户界面。"以后的人机交互,将不再是以图形界面的Windows操作系统、网站UI或移动APP的技术形式来实现,而是以类似人类之间直接以语音文字交互的方式来展开,而ChatGPT代表的自然语言的人机界面将成为人类联结电脑的中心枢纽。

更不用说,当年"工业革命",瓦特改良蒸汽机时,所有的技术原理早已存在,因此瓦特的技术成果并没有什么革命性。同样地,燃油机将动力源从水转移到了石油柴油,进一步缩小了动力结构,但也没有带来多大的变革意义。

然而,正是瓦特将之前蒸汽机一系列的性能调优组合到一起,才使得蒸汽机技术能够被广泛应用,从而引发了一系列的变革。瓦特的蒸汽机让人们不再受制于水,可以在任何地方建造工厂,同时使得火车和轮船成为货物运输的主力,开启了大规模生产和销售的新时代。燃油机进一步缩小了动力结构,让新的交通工具问世,并创造了规模巨大的交通行业。

1830 年 8 月 28 日美国的巴尔的摩,"大拇指汤姆号"蒸汽火车在与一辆有轨马车比赛,最后马车赢了。

因此,就这个意义而言,ChatGPT 虽然并不是技术上的革命,但它正在引爆一场革命,推动各行各业开始使用 AI 技术。

正如,英伟达总裁黄仁勋说:"这是 AI 的 iPhone 时刻。"正确的理解,这就像当年发明 iPhone 的苹果公司一样,几乎没有一项技术原理是他们自己提出的,但他们将一系列研究整合到一起,最终让每个人都能很方便地用上移动便携的通讯计算设备,引爆市场。同样,今天 OpenAI 推出的 ChatGPT,最终会让每个人都能很方便地用上 AI 大模型技术。这才是最大的价值所在。

就像历史上每一次"工业革命",都源自一种新能源:煤炭、石油、电力、电信。AI 同样也是一种新能源,一种能替代亿万受过大学教育和专业训练白领的新资源,随取随用,7×24 小时,永远都不会躺平或喊罢工。在众多考试的表现上,GPT4 现在的能力已经超过了 90% 的人类。ChatGPT 带来了崭新的人力资源,不用经过几十年昂贵的教育和养育,直接可用的"大学生"智能海量可用。

相比技术革命,更为重要的是"产业革命",或"工业革命"。

然而,历史往往重演,每一次产业革命,都带来"机器吃人"的恐慌。

当第一台计算机在1940年代中期发明时,媒体报道说,"受控电子大脑"将逐渐将人变成"堕落的农奴",人类将"带来自己的毁灭"。人工智能是否有能力征服我们的问题并不是一个新问题,但它仍然是一个热门话题。如果我们不健忘,我们会记得去年媒体频繁报道"元宇宙",引发了无数讨论。然而,仅仅一年后,这个流行的技术话题就被废黜了。有些人甚至开玩笑说,ChatGPT构成的最大威胁不是对人类,而是对元宇宙。

虽然ChatGPT会带来天翻地覆的变化,但是,不必恐慌。

电影《终结者:创世纪》中,施瓦辛格扮演的机器T-800追杀人类

很多人对ChatGPT的理解,是科幻电影里《终结者》里施瓦辛格扮演的机器人追杀人类的那些情景,是来自《黑客帝国》里智能"矩阵"把人类当作生物燃料的恐慌。ChatGPT离这种智能,还远得很。所有的"神",都来自不理解。同样,ChatGPT不是神,至少在懂得它的人工智能专家们眼里,它的来历一清二楚,一点都不算神迹。

因此,人工智能和人类不是敌人,至少现在还不是,它和我们一起工作来创建和完成任务。

然而，不用恐慌 AI，并不意味着，我们应该掉以轻心，认为 ChatGPT 对我们没有影响。

ChatGPT 可能导致众多白领失业，就像"工业革命"时期的机器替代蓝领一样。

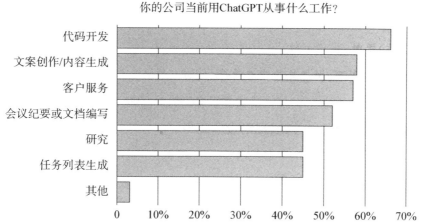

49%的企业开始使用 ChatGPT，48%的企业用 ChatGPT 替代员工，66%的受访者表示将其用于代码开发。

美国求职服务公司 Resume Builder 对 1000 家美国企业的领导者进行了一项调查，了解 ChatGPT 在企业中的应用及其对职场的影响。调查结果显示，48%的企业已经用 ChatGPT 替代了部分员工。通过使用 ChatGPT，48%的公司节省了超过 5 万美元成本，11%的公司节省了超过 10 万美元。近一半的受访公司表示正在使用 ChatGPT，而其中 90%以上公司会继续扩大应用。33%的企业领导者回答，到 2023 年底，ChatGPT"肯定"会导致员工被解雇，26%表示"可能"。

在企业中，ChatGPT 的应用主要集中在代码开发、文案创作/内容生成、客户服务、会议纪要或文档编写、研究和任务列表生成等方面。调查数据显示：66%的受访者表示将其用于代码开发，其次是 58%表示用于文案创作/内容生成。

ChatGPT 之父山姆·阿尔特曼被问及这个问题时，他提到的一点对我们可能很有启发。他说:"我觉得有意思的是,如果10年前问人们,AI将如何带来影响,多数人会很有信心地说,首先它将取代工厂的蓝领工作、卡车司机等,然后将取代低技能的白领工作,然后是高技能、高智商的白领工作,比如程序员。也许永远不会取代那些创造性的工作。现在的发展正好相反。"

这说明预测未来有多么困难,这也说明人类有多么不了解自己。

那么,ChatGPT能带来什么新的机会吗?

从历史上看,同样出现相似的新资源:石油。最早受益的人,比如"石油大王"约翰·洛克菲勒,现代世界里的第一个亿万富翁。然而,真正让石油资源"贵如油"的,却是德国的本茨,直到现在大家还以开奔驰车为傲。

正如,当今信息社会里的资源是电子通信,掌控在美国在线、中国移动这样的公司手里。然而,社会大众却几乎感觉不到它们,用得更多的是FaceBook、微信,资本市场里追捧的也是Meta、腾讯。

中国互联网产业的崛起,包括腾讯、阿里等应用的成功,都是基于在中国电信、中国移动等电信资源平台上附庸的做法。而这些应用下的公众号、小程序等新业务模式,也正是聚焦于应用领域,才得以推动产业的发展。

随着技术的发展,计算资源的需求可能会降低,而且价格也可能会变得更加亲民。这意味着更多的企业和个人将能够承受使用大模型等人工智能技术的成本。大模型和人工智能技术的应用领域非常广泛,可以涉及各个行业和领域,从自然语言处理到计算机视觉、智能制造、医疗健康、金融科技等等。它们可以为企业带来更高效的运作和盈利,为社会带来更好的服务和体验,同时也可能带来新的就业机会。

对于大多数的中小企业来说,在大模型层面上没有太多机会,只有像BAT等超大型的科技公司,才能够烧得起数以万计的显卡,拥有高密度的顶尖AI人才,进行大模型快速迭代。机会,如果只是指在大模型技术构造上的机会,大部分人确实难以参与。

然而,大众关心的不仅仅是大模型构造方面的机会,还包括大模型在商业产业应用的机会。实际上,在这些方面,大模型和人工智能技术都有着广泛的机会和应用。

正如 ChatGPT 之父山姆·阿尔特曼分享的:"类似的 AI 应用方式会成为大趋势,可以孕育出许多大型企业。强大的 AI 模型可以成为孵化各种 AI 应用的平台,就像智能手机的出现催生出众多 APP 一样,它们的共同点都是可以制造无数的商业机会。"

AI 大模型技术,将成为继移动互联网之后,未来最大的技术平台。未来所有的技术开发,都将基于大模型和自然语言,而不再像之前在图形界面的 Windows 系统、网站 UI 或移动 APP 之上。这将带来计算机领域全面变革。而以聊天机器人为界面,加上图像、音乐、文本等多模态模型的发展,将带来无数的机会,产生大量的新公司,而这些新创公司中,将诞生类似现在微软、苹果、谷歌一样千亿级的大型企业。

因而,对大众而言,ChatGPT 带来的新机会,相比起构造大模型本身,是天赐良机多如牛毛。

因此,ChatGPT 不会让你失业,会用 ChatGPT 的人才会让你失业。人工智能不会淘汰你,能把你淘汰的,是会用人工智能的人。

然而,失业,又如何?会有更多新职业,等着学会新技能的我们去就业。新职业新机会,永远都在抢人。

唯有变是不变的。

ChatGPT 都在学习,你又如何能停止学习?

人工智能因机器学习而兴

我认为应该完全抛弃,然后重新开始。如果只是增强今天的深度学习技术,不可能达到一般智力的水平。

——Francois Chollet(深度学习网络的知名专家)

从动物学习到机器学习

人工智能突然成为科技界最热门的领域,全球科技巨头纷纷拥抱人工智能,在自动驾驶、人工智能医疗、语音识别和图像识别、智能翻译等方面,以及震撼全球的AlphaGo,这一切都是因为深度学习。

回溯人工智能的历史,1997年电脑"深蓝"战胜国际象棋大师卡斯帕罗夫时,人们还强调电脑永远无法战胜围棋高手。因为电脑战胜国际象棋大师是依靠其超强的计算能力,而依围棋规则计算每一步的可能性所需计算量大到当时所有电脑都难以达到。但是,2016年机器人AlphaGo战胜了人类最强棋手李世石,第二年战胜了排名世界第一的棋手柯洁。

更值得注意的是,AlphaGo的升级版AlphaGo Zero不再模仿人类下围棋的套路,它完全不懂什么是围棋,只是经过三天的自我博弈与学习升级,就击败了曾战胜过是最强人类的机器人AlphaGo。这意味着,电脑无须向人类学习,也能超过人类。

这一切都来自一项叫"深度学习"技术的突破,实现了人工智能跃迁式发展。人工智能一直有两条路径:一是基于规则的专家系统,二是基于统计概率的学习方法。后者也常被称为"机器学习"。机器学习,简单来说,就是统计学习。而深度学习,简单来说,就是深(多)层人工神经网络(算法)的机器学习。

其中,2012年ImageNet的成果被看作是机器学习突破的一块里程碑。

早在2009年左右,斯坦福大学由吴恩达带领的一个人工智能团队,发现图形处理器可以几百倍地加速机器学习系统。正是采用这种方法的一套深度学习系统,在2012年的ImageNet竞赛上,以95%的正确率第一次达到了人类平均水平。

ImageNet竞赛鼓励人工智能界专家在电脑识别和自动标记图片上进行比赛,并衡量视觉识别领域的进展。到2015年的ImageNet竞赛上,一套深度学习系统以96%的正确率全面超过了人类。ImageNet的结果暴露了机器学习的潜能。

突然之间,机器学习就受到了关注。机器学习不限于人工智能界,而是在整个科技产业界内。

今天研究人员在人工智能研究与应用方面取得了巨大成功，从语音图像识别，到与世界冠军下围棋，所有这些成就都严重依赖于机器学习技术。

在一些领域，如自然语言处理、自动驾驶等发展上，人工智能学者研究遭遇到瓶颈，并且，愈来愈发现人工智能的问题，最后都要归结到人类学习的问题上来。

机器学习的突破，来自对人类学习的研究。这些引发了"元学习理论"研究，也就是让机器"学习如何学习"。

2016 年，AlphaGo 于首尔的五轮比赛中打败了世界顶尖围棋选手李世石，人工智能因而登上头条。AlphaGo 就是一套有着独特性的强化学习系统。

人类学习把基础建立在已得的知识上，而不用每次都从头开始训练。让人在快速学习、一次性学习中取得成效。专家试图在人工智能系统中重建这种学习结构，开始探寻一种叫做迁移学习（transfer learning）的新技术。

人类还能够用少量的数据进行学习，一些公司正在探索低数据依赖性的多任务学习，这种系统用相同的神经网络架构解决多种不同的问题，在一件事情上得到的经验能用来更好地解决其他事情。

另外，人工智能多年来的研究方向都集中在解决专业化的特定问题上。例如，自动驾驶汽车正快速变得愈来愈好。送货无人机，几乎能够与人类送货员竞争。IBM 的 Watson 平台开发出多种人工智能驱动的应用，其中包括筛选应聘者和挑选葡萄酒。

而专家们也试图开发出"通用人工智能"，一种几乎拥有人类所有智能的系统，有了它就不必再为每一特定任务，如视觉识别或自然语言处理，都专门开发出一套系统了。

厚积多年，一朝薄发。机器或许很快将会拥有这种强大的学习能力，完成所有之前只有人类才能做到的任务。

这些都是人工智能学家们的目标，而它们都来自对人类学习的研究和模仿。

学习能力无疑是人类智能也是人工智能最引人入胜的地方。我们大体知道计算机是如何进行记忆和计算的,但它是如何学习的呢?

机器学习与学习的本质

机器如何学习

> 如果做人工智能方面的工作,那么你就会花大量时间来思考人是如何学习的这个问题。
>
> ——罗杰·尚克

人工智能因机器学习而兴,那么,机器究竟是怎么学习的?

以人工智能中一大类别自然语言处理为例,我们来看看人类儿童是怎样学习的,机器又是如何学习的。

婴儿呱呱降临此方世界,短短几年时间,从半词不会到妙语连珠,学会众多复杂精妙语句。

这实在太不可思议了。正如乔姆斯基、斯蒂芬·平克这些著名语言学家所认为的,绝不可能全部是后天所学,必然有某种孩子从母体中带来的"定式",用来更快地学会母语。

对人类语言有一些描述统计学上的资料,可以佐证这个猜想。比如,人类的语言中,非常多是"主谓宾"句法,先说主语,再说谓语,再说宾语。汉语就是这种句法,因此咱们说话就是"她爱他""我打她"。

也有语言是"主宾谓"句法,因此这种语言说同样的话就是"她他爱""我饭想吃",

韩语就是如此。但差不多没有语言(低于1%)是"宾主谓"句法("饭我想吃")。

这似乎证明,尽管人们对定义语言和语法有很强的偏见,但大多数语言的语法遵循某种固定模式。从机器学习的角度来看,这些"偏见"被看作是某种事先给定的概率。比如,父母跟自己宝宝说话的方式,相比成年人间说话的方式,充满情感和语调夸张,以此,让宝宝学得更快。这些情感和语调方面的夸张,在机器学习中相当于是做着数据标注的工作,不断进行半监督学习训练。

一些学者还认为,成年人学习外语难以达到儿童的水平,不仅是由于大脑的限制,而且也因为他们不能获得像婴儿语言训练那样的高质量输入。因为从机器学习的角度来看,要关注整个世界的成年人,比刚出生的幼儿们其信息噪声要高得多。

因而,人类儿童主要是从语言碎片中进行统计性学习,ChatGPT 的成功也证明了这一点。

即使孩子确实掌握一些规则,比如我一岁的女儿,她知道了"没"表示否定,于是出现"没要"这个词,这表明孩子也在试错中学习。

我们学习的许多知识都是这样获得的,比如如何区分梨和桃、鸡和鸭。

不过,似乎没有人告诉我们:"注意,你看猫有长胡子吗?狗没有这样的胡子。"但我们像机器学习一样明白了这些区别。

这就是我们学习母语、用单词和句子表达想法的过程。

事实上,我们完全依靠自己经验来直接获得很多知识,而不是通过语言文字间接获得他人总结的知识。只是因为学校的文字学习已经成为学习的主要形式,我们才会忽略这些通过非语言符号学习知识。

在学习过程中,母亲耐心地用语音和语调的强化和标记来加强这些公式。大脑逐渐从这些统计强化中找到了规律,因此在学习的某些阶段,规律被过度泛化,造成许多错误。在最后阶段,这些错误逐渐被越来越多的例外和越来越丰富的语法和语言材料所纠正。

这就是人类如何学习自然语言的故事。

这也是人工智能学会自然语言处理的过程,和机器学习仿真人类的过程。人类学习的仿真过程,是人工智能研究最重要的手段。

虽然我们还未能完全解开大脑学习之谜,但科学家们已经证明,即使是简单的学习规则,也可以用极其简单的神经网络,存储许多复杂的记忆。只需要在神经网络上一次又一次地展示相关信息,就可记下来。

如果我们与机器学习领域的研究人员讨论他们的研究内容,将得出结论:学习就是从数据(或周围环境)中总结并运用,而不是由导师授课或阅读教材提取的规则和特点来学习的。

这正是机器学习的过程。

机器学习的本质

我们想开发"一般智力",真的可能吗?人类大脑是目前存在的唯一证明,为什么人类有这样的能力,是如何做到的,值得我们花时间研究理解。

——德米斯·哈斯比斯(Demis Hassibis,谷歌 DeepMind 的联合创始人)

一旦完成学习,它只会不断计算同一个指定函数。神经网络不是组合出来的,而语意合成性是人类认知的一大部分。

——佩德罗·多明戈斯

然而,人脑可以花很少的时间或信息来学到大量知识,而机器学习需要大量信息和数据来训练。一般来说,人类在进行两种学习:学习具体的例子、学习完成任务所需的重复技能和抽象规则。这种组合可以帮助我们更有效地学习和灵活地使用知识,从而以一知万举一反三。

另外，人类的记忆就像一张特别大的网络，即使相同的场景信息，也会根据各自感受，产生不同的情绪变化，由于语言、历史差异等因素干预，形成独特的个人记忆。因此，像人脑记忆一样，电脑存储信息的系统，至少现在还很难实现。

因此，我们需要再问一个问题：机器真的能学习吗？

机器学习的核心是人工神经网络，这是来自人类学习的仿真学研究，因为人类学习的核心是大脑的神经网络。能够学习被看作是智能生物的一大标志。

在生物神经网络中，学习刺激大脑中无数神经元之间的连接。大脑接触到新的刺激后，这些神经元之间的连接改变了配置。这些更改包括出现新的连接，加强现有连接和删除那些没有使用的连接。例如，重复给定任务的次数越多，与这件任务相关的神经连接就越强，最终我们会认为这件任务被学会了。

这种人类学习中奇妙的生物学设计，启发计算机学家模仿神经网络构建出人工智能。

一众人工智能的开拓者，利用指数级倍增的数据量和计算能力，最终在神经网络算法方面找到答案，通过"学习"而被培训的计算机不再被动地只会依据程序指令运转，而是像天然进化出来的生命一样开始自主从经验中学习。

人类的神经网络可通过一组程序模型来模拟，这些模型就是人工神经网络。

人工神经网络的"学习"，可以看成是类似于一个孩子试图识别日常物品的学习过程。在尝试失败后，对答案的精确性进行反馈，孩子再次尝试不同的方向，最终找到正确的反应（通过家长老师的正确指导）。

无论是初始建构或是微调训练，权重更新的过程既是通过神经网络传递数据的过程，也是对神经网络自身各网络节点进行权重修改的过程，这就是人工神经网络"学习"的全部过程。

人工神经网络在学习过程中完成相似任务，只要完成这个学习过程，人工神经网络就可以利用学习过程中的问题表征，来对从未接触过的新刺激做出相似回应。

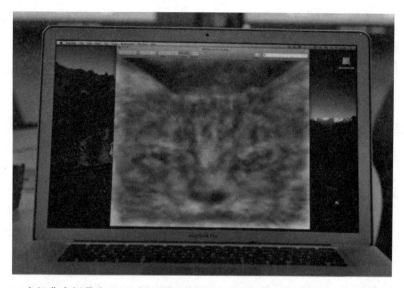

一宗经典案例是在 2011 年，吴恩达在谷歌领导名为"谷歌大脑"的项目，开发了一套大型的深度学习系统，用于在千万部无标记的 YouTube 视频中自主识别某种事物。有一天，吴恩达的一名博士生给了他一个惊喜。吴恩达回忆说："我记得他把我叫到他的电脑前，说'看这个'，电脑屏幕上是一张毛茸茸的面孔——系统发现了猫。"

跟人类儿童一样，人工神经网络通过接触尽可能多的相似问题，让自己学得更好。对人类儿童来说，练习的次数越多，新问题处理的速度就越快，儿童大脑中相关的神经元连接就越强壮。而人工神经网络类似于更广泛地分配任务可能刺激的广泛分布，从而从以前从未接触过的相同分布中学习，以应对新的刺激。

人工神经网络是深度学习的基础。

而人工神经网络是对人类大脑神经网络的仿真，然而，人类大脑的学习过程，人类至今还没有弄清楚，还有许多疑问从神经科学上没法解释。

机器学习的这些研究成果，更像是一种"仿生学"，一种隔着黑盒子不知其内在机制只是从外在结果来进行模仿的活动。

计算机专家在计算机上建立一个类似于大脑神经网络的复杂模型，以此来理解神经元数据与行为之间的联系。通过机器学习,建立一种强大而准确的从数据推导模型的方法。

但归根结底,这种方法只是一个类比。

许多认真严谨的神经专家对此不以为然,并把这个方法称为"玩具模型"。因为不论电脑里的程序行为从外部如何像大脑的反应,实则都可能与我们所不知的真实大脑内部运行机制差之毫厘谬以千里,而且,可以实现某一种功能的算法也有多种,凭什么说大脑就是某一种的特定模式工作?人工智能只是按照大脑的外在表现来进行的模拟,大脑对于人类还是一块黑匣子。

首先,机器学习是一种算法。而算法总是对一个表现世界的表征,先由数据组成的表象世界,再到算法组成的符号世界,最后是真正解释世界机制的抽象物理世界。表象世界通过机器学习进入符号世界,再通过符号世界才能与物理世界相连。

机器学习的核心是通过数据学习获得真实世界系统的数学表征,但这种表征有多接近真实世界,却难以量化和解释。

对人类来说,学习是一个通过总结自己的经验和继承他人的经验成果来生成和构建的过程。虽然自身经验总结有归纳特征,而继承学习则包含生成和构建过程,都是一个系统创建过程。事实上,两者都包含了创新因素。无论从哪个角度进行总结,总结中都包含着范式创新。

人能够灵活地做出各种各样选择,而机器只能依程序员的约定总结。假如把学习从本质上看作是一种创新活动,机器就无法完成真正的学习。

虽然人工智能的学习系统可以产生与程序员初始设定状态完全不同的系统,但这种差异只是表面上的。新系统只不过是许多的约定备选状态集合之一,同样是程序员在初始设定时已确定下来的模式之一。

另外,虽说人工神经网络是机器学习的基础,人工神经网络是以人类大脑的神经网络为模拟对象构建的计算机系统,然而,我们人类大脑还有跟电脑有完全不同的记忆特征。

  电脑的存储方式是在存储介质上记录二进制数据，每个位置记忆 0 或 1，因此存储空间与存储介质的大小成正比。比如磁盘，体积越大，存储数据量越大。

  人脑呢？其记忆原理则是，每次存取一次记忆，相应的一串神经元连接就会粗壮一些，信号的传输速度就会更快。提取记忆，不会取代上次的存储内容，而是与之交织重叠。没有细节会完全丢失，但每次提取记忆的路径不同，而且总是这样。遗忘是一个积极的信息过滤过程，而不只是被动的衰退过程；它屏蔽掉大脑中的背景噪声，阻挡住分心的信息，清除完无用的垃圾。遗忘是为了增强学习，记忆的清晰度与屏蔽的清晰度密切相关。

  过去，我们认为大脑和电脑硬盘一样，信息是在这里存一块，在那里存一块。一块损坏后，没有办法找回它上面存储的信息。最新的科学实验表明，所有信息都以全息方式存储在人类整个大脑中。例如，有些人的大脑受损，他的语言区域受损，不能修复，但经过训练，他可以将其他地方的神经网络，接管他以前受损的语言区域神经网络的职能，这样他可以恢复一些说话功能，甚至回忆起一些以前的语言。这表明人的大脑是以全息方式记录我们收到的信息。

  我们知道，我们的大脑大概拥有 1 000 亿个神经元，如果人脑记忆跟电脑原理相同，每记录一段数据需要 1 个神经元，那么，以二进制存储的话，1 000 亿大概等于 100 G 的数据量。看似不少，但如果记忆影像，相当于几部电影的儿时回忆就满了。

  可是，我们人类大脑的存储内容远比这要大的多。

  这是因为大脑的运行原理与电脑完全不同，大脑的记忆是通过大量神经元的连接，联合作用完成的，并非单个神经元单打独斗独立存储数据的。

  这是因为大脑的工作原理与计算机完全不同。大脑的记忆是通过大量神经元的连接，联合作用完成，而不是单个神经元单独存储数据。

  就像数学排列组合一样，当只有一个神经元时，只能表示两种状态；当有两个神经元时,可以表示 4 种状态;有三个时,12 种状态。试着想一下,我们用手机时设置的手势密码,虽说仅有 9 处位置,可是却能够组合出貌似无数种的密码图案(3 682 008 种)。这跟大脑的神经元连接组合原理是类似的,而大脑神经元却拥有 1 000 亿颗,那么几乎可以表示无限状态。

自然,每个神经元都不可能与剩下的所有神经元连接。如果一个细胞伸出 1 000 亿条连接突触,人类的头部可能比现在大十倍,才能容纳如此多的突触体积。事实上,每个神经元最多可以连接 1 万个其他神经元,但这样,组合状态仍然特别大,所以人类从来都不用担心记住太多的东西会消耗光大脑空间。

尽管这种设计使我们的记忆能力在有限脑细胞的限制下仍然特别大。但也正因为如此,我们的每个脑细胞都需要参与多条记忆的组织,所以我们的记忆会模糊甚或错误。

但同样,正是因为我们的记忆经常相互干扰,我们不小心把一些不相关的东西联系起来,这给了我们人类创造力,因为创造的本质是一些大多貌似不相干东西的组合。

机器学习以模拟为机制,这与人类学习有本质区别。

把人当机器教

人是一台学习机器。

——弗朗索瓦·雅各布

然而,在"机器学习"流行起来之前,更普遍的是把人当机器教,让学生向机器学习。

机器学习取得巨大成功,人类学习与机器学习很多方面相似,而电脑很清晰,人脑还像块黑匣子。

电脑专家从电脑的角度研究人脑,心理学家也提出了人脑的电脑隐喻:将人的认知活动比作运行着的电脑。

正如电脑需要输入数据,人也需要获得信息。电脑和人都要储存信息,也因而必然具备使得这种储存成为可能的结构和加工过程。人和电脑也经常需要对信息进行重新编码,即变换信息被记录和呈现的方式。人和电脑还需要操作这些信息——以某种方式使其形式加以改变,如重新排列,对信息进行增减,从中进行推演等。

今天,从事人工智能问题研究工作的电脑专家研究的是,怎样设计程序使电脑可以解决人类才能解决的问题,而这最根本的办法就是让机器像人类一样学会学习。

传统的学校教育汇集了一堆关于世界的知识和解决问题的程序,通过教师灌输和学生死记硬背,将这些塞进学生脑子里。这样,学生对这些知识和程序的掌握,就成为衡量教育质量的主要甚至唯一标准。

学习专家称这种在传统学校教育中流行的做法为"指导主义的教育传统",而现有的认知科学研究无疑是这种保守传统的帮凶。

把孩子当机器来教的后果是,人最后被机器淘汰。

虽然认知教学法是行为教学法的超越,但两者在教育问题上没有实质性的区别。

行为主义把学生当成动物来教,而认知主义则把学生当作机器来教。

两者都坚持自然科学主客二分、去人性化、分析还原的传统,没有真正把学生当成活生生的人。

认知主义对科学研究的贡献远远大于其对教育实践的贡献,但对改变指导主义的教育传统没有多大帮助。传统的学校教育遵循的信条是学校教育教学生未来生活需要什么。正是这种教育信条催生了指导主义的教育传统。

把人像机器来学习,是因为没有真正弄清学习的本质。

学习中,比记忆、计算和智能,更重要的是感知、动机、体验和意志,或者说是意识。

当好用的纸书和印刷发明之后,博闻强记的说书人荷马没了继承人。

当电脑硬盘能存储下一座图书馆时,学富五车博览群书不再是学者才高八斗的标志。

如果记忆不是,那么计算是吗?

曾经精通速算默算的人,被看作是聪明人,聪明如能掐会算、算无遗策、神机妙算的诸葛。能够打算盘精于计算的人,都有一门专门的职业抢着用他:账房先生,或说会计。

然而,当电子计算器、电子计算机遍地都是,一块小小的手机,就可以完成以前只有会算数的账房先生能完成的所有工作。

现代会计的主要工作也不再是算数,而是分析和核对。分析和核对,某种意义上,即是学习掌握数据计算与现实事务对照而来的意义,并监督整段过程的学习。这是一种比计算更高级的智能。

然而,连这种分析实际事务并核对的过程,也被程序化了的人工智能抢走了。

随着人工智能时代的到来,人最不可替代之处,实际上是由内心驱动的学习和创造能力。即使机器记住了很多剧本和书籍,它也不能产生新的灵感。积极的学习者将创新不同领域的知识,产生一些新的想法,而这种思维或背景的人最不容易被智能机器所取代。

在这个多变的社会里,提前做好长期的规划是不可能的。因为很有可能你决定在未来奉献一生的职业还没有出现。

未来教育,必然要有所不同,冲垮指导主义的樊笼,真正开创一种"有意义学习"的新传统,帮助学生有感受地学习,自己掌握学习的主动权,在主动探索中学习,在生活创造中学习,而非在机械灌输中学习。

否则,把学生当机器来教出来的学生,最后恐怕赢不了擅长机器学习的真正机器。

学习从"心"开始

学习在于用"心"

努力比能力重要。

——任鹏杰

拥有一颗好奇心最重要。

——詹姆斯·沃森（DNA 之父）

对于人类而言，学习不仅意味着记忆和智能，还意味着情感和意识。

在人类学习过程中有自己的主观体验，物质机器有主观体验吗？

换句话说，在什么情况下，物质可以做以下四件事：记忆、计算、学习和意识。

一个物体要有存储信息的能力，就需要有多个可以长期维持的状态；物体成为计算机，则还需要由物理定律提高其复杂性的动态过程，从而具备执行任何信息处理的能力。最后，我们也看到了为什么神经网络有很强的学习能力，因为它只要遵循物理定律重新安排自己，就有日益提高执行预期计算的能力。

然而，即使是机器已经能做到记忆、计算、"学习"，但是，如果第 4 项体验没有，我们仍然不能承认机器真正会学习。

因为人类学习的动机是来自自身，而不是像机器一样由程序员赋予的，而这动机主要来自体验、感受和意识。

因为学习并非从大脑开始的，而是从"心"开始。

关于人类学习与机器学习或动物学习,究竟有什么本质上的不同?

专家们提出多种见解,其中一种强调人类大脑的可塑性,它远远高于我们的近亲黑猩猩。

与其他类型的猿类相比,人类大脑在新生命诞生之后还会继续发育多年,神经元突触需要几年才能逐渐发育和改善。尽管这种持续的可塑性,能够增强一类物种对周围各种各样环境的适应能力,但是,面对人类为何热衷于主动地学习这个问题,这种可塑性并不能真正给出良好解释。

另一种解释是,对抽象知识与技能的学习,阻碍了其他物种发展文化。

然而,许多实验已经证明,灵长类动物的大脑具有抽象的学习能力,它们甚至可以适应一种新的活动方式。实验中的恒河猴,不仅能学会识别由任何曲线组成的图形和分形,甚至还识别阿拉伯数字,并按要求快速排列数字,连接相应的数字。

猴子也能学会使用工具。研究人员很容易就教会了猴子如何用耙子来钩取物体。

综上所述,其他灵长类动物显然有与人类相似的学习符号和使用工具的能力,但它们从未创造过自己的文化符号和复杂工具,所以大脑可塑性更强的说法不足以解释为什么灵长类动物除了人类没有发展自己的文化。

生物学家另有发现,大多数动物如果待在一个食物充足、安全平静的地方,他们通常会做出明智的决定——休息。即使少数动物有时会玩耍,比如练习狩猎或打架。

人类的情况则完全相反:当生理需求得到满足时,我们会玩数独游戏,甚至阅读科学书籍。令人惊讶的是,很少有人把科学研究视为一种奇妙的游戏。从生物学意义上说,以下情况违反了常识:爱因斯坦将宇宙复杂而模糊的现象转化为五个字符:$E = mc^2$,这是他在瑞士专利局工作下班之后以业余爱好者身份利用空闲时间研究解决的一个学术专业问题。正如有人问一位数学教授,为什么你从不休息?他说,做数学题就是休息。

因此，人类的一个明确特征是对事实永不停息的追求。然而，我们渴望的不是旧的信息，而是试图找出信息中隐藏的结构，这可能是人类思想中最奇特的癖好，这一切可能因为生存。我们需要特别认识我们周围的环境才能生存，是进化的压力让我们产生好奇，那些对周围环境漠不关心的原始人早已被变化的环境所湮没。

因为人类对信息和智慧的不断追求，我们学会了用火，学会了耕作，一直走到今天。

人类为何能够比其他动物或机器、其他智能强，就在于人类能够主动学习。

把人当机器教，根本在于未能更深地理解学习的本质。学习不在于学习的内容对象，不在于学习的能力，而在于启动学习的意识。机器学习除了只对人脑学习结果的模拟，其内在的记忆方式完全不同，还有一项更根本的问题。不论你的大脑有多聪敏，假如心中没有学习的动机，不论是谁，都没法专心学习，甚至都不会开始学习。

斯金纳称动物的"印痕学习"行为为"条件性刺激"。他不用"学习"这个词，因为他认为学习这个词包含了动物有意做某事的意思，这个意图在这个实验中没有反映出来，所以是不科学的。

在他看来，学习是一项需要有意图参与的活动。

因此，他们缺乏的不是模仿学习的能力，而是理解创造的积极学习能力。

与之相同，虽然AlphaGo比人类最聪明的棋手还要聪明，自然也比研发AlphaGo的程序员还要会下棋，还要聪明，然而，AlphaGo无论多么聪明，其学习动机都是程序员赋予的，其程序都是由程序员来启动的。

人们认为学习靠的是"大脑"，学习行为是从大脑开始的，可是，细想一下的话，实则学习最关键的是用"心"。

学习是有意识的，是神经元工作网络区域进行全脑信息处理。

从这种角度看，学习即有意识地处理信息。

许多专家得出结论，人脑有对各种感官、神经传递的信息进行整合的能力，而其他物种没有这种整合信息的能力。即使是儿童,这种整合能力在前额皮层发育完善之前也受限制。

大多数灵长类动物的大脑分为几个特定的大脑区域,每个大脑区域都有自己的输入信息、内部结构和输出信息。

相比之下,人脑前额和其他连接的大脑区域不同。大脑区域之间的横向连接打破了模块化的方式,大大增加了大脑皮层信息传输的宽度。不难想象人脑的增加有多惊人。

人类可以将输入不同大脑区域的信息汇集到同一大脑区域并灵活重组。这个区域的神经网络会自发激活,其职能就是收集、筛选、重组和综合信息。

这种能力可以防止数据分化,帮助人们重新组织现有的经验信息来指导当前的行为。我们根据感觉和记忆,深思远虑地处理信息。

当信息自下而上输入时,这种自上而下的神经网络活动,将为外部世界提供有意识的指导,并帮助我们提高心理探索和发明创造的能力。

人类的独特发展依赖于这种奇怪的变化,将不同的观点整合成新观点,提高综合心理状态。

如果追溯到古代,我们还要感谢亚里士多德和盖伦。他们首先发现,我们人类有意识地整合不同感官渠道输入的信息,形成一种连贯清晰的表达方式。

这种神经元的大整合,是人类学习和发明文化产物的秘密。

学习的意识

坐在父亲的病床边,我深深感到那些深奥的哲学论点与现实是如此不相容——错得太离谱了,甚至到了让人反感的地步。我旁边躺着一个我深爱的人,仅仅由于大脑内的一个小血块使意识受到严重损伤,导致他的身份特征都被剥夺了。意识当然是物质性的!

——丹尼尔·博尔

这种神经元的融合,其实就是意识。

虽然关于什么是意识这个2 000年来哲学家们不断争论而无果的问题,其答案人类还未完全知晓。

我们还不能完全解释意识的质性,但专家们终于可以通过描绘脑图像来解释"意识"的机制了。

脑科学家对一些脑创伤导致认知功能问题的患者进行了与意识相关的脑成像研究。例如,把一物件放在桌面上,病人说他看不见,但如果他用拳头打他的眼睛,病人很敏感地避免了它,这表明他可以看到它,但没有意识到它。还有些病人,如果坐到他右边,他会注意到你并与你交谈;如果坐到他左边,他根本没意识到你的存在,好像根本没有他人在房间里。

当人们在全身麻醉下失去意识时,专家扫描大脑,发现随着意识的减弱,大脑各个区域的活动减少,侧额皮层的活动减少最为明显。

神经科学家们进一步研究认为,意识是一种"认知控制能力"。人有了这种能力,才可以被称作人,它也是语言等其他各种能力的基础。

例如,蚊子叮咬的地方有一种不可抗拒的力量。你抓得越多,你就越痒,你就越想抓。抓挠后的短暂舒适使许多动物无法停止,否则为宠物狗设计一个反舔颈套毫无意义。

但是,心理和生理健全的人类都有这种能力,控制自己的手不去挠。虽然瘙痒想挠是人体的自然反应,但人类可以克服数百万年的进化不去抓。这就是认知控制的作用。

脑科学家们发现,负责大脑中的认知控制活动的部分主要集中于前额皮层。前额皮层中的大脑活动可以专注于某个目标，而不是屈服于本能。但它不会抑制大脑其他区域的活动，而是像交通指挥员一样引导大脑。

前额皮质是人脑中的交响乐指挥家和乐池 DJ，为了抵抗某种诱惑，它会让大脑专注于另一件事。在棉花糖实验中的孩子们，知道自己会忍不住在食物面前流口水，所以他们假装睡觉或故意喃喃自语，分散注意力。

将现代人的大脑结构与其他猿类、早期原始人甚至尼安德特人进行比较，我们会发现我们的大脑有一个明显的特征：前额叶不均匀地扩张，人类的前额叶是恒河猴的 40 倍。

尽管许多动物也长着丘脑，可是，与意识关联的大脑皮层，相较于人类，小到微乎其微。这也符合一般直觉，或许动物也产生意识反应，可是，在意识方面，我们人类独一无二。

此外，与其他大脑区域相比，前额皮层与大脑的其他区域有更多的连接。如此密集的连接使该区域成为接收、整合和分析来自其他大脑区域的信息的最佳场所。许多神经专家推测，这种把信息聚集在一起是意识的一项主要功能。

前额皮层，这片最先进、多功能的大脑区域，有一种网状结构，直接从特殊区域收集各种内容。这是核心结构，不仅内部紧密相连，而且与大脑的大部分区域密切相关。在这个核心中，有意义和高度结构化的信息源通过超快速的大脑操作相互连接。

从神经学的角度来看，意识就产生于这里。

从神经科学的角度来看，意识必须是物质的。虽然它看不见，但它是由于大脑中真正的物质影响。但是，为什么它感觉如此非物质呢？为什么它感觉独立于物质层面？

原因可能是意识确实独立于物质层面，因为意识只是物质的一种现象。

我们看到了许多独立于物质层面的例子，如波浪、记忆和计算。我们还看到，它们不仅仅是各个部分的简单总和，而是独立于其各个组成部分的涌现现象，仿佛有自己的生命。

正如，人工智能或电脑游戏的人物角色，可能不知道它们在运行 Windows、MacOS、Android 或其他操作系统，它不需要知道自己的电子逻辑计算是由晶体管、光学电路或其他硬件完成的，因为它独立于这些物质层面。

学习不是从脑开始，而是从"心"开始。

学习不是从智能启动，而是由意识发动。学习成为可能在于大脑的可塑性，而学习的根本则在于大脑的意识。学习不是为了获得知识，学习不是为了提升智能，学习是为了唤醒、激荡意识。

学习的根本目的

不管是陶醉在无尽的喜悦中，还是沉浸在剧烈的痛苦中，我总是感到每件事情都隐含着一种幸运，一种对经验的渴望。意识是生命的本质。

——丹尼尔·博尔

当然，并非所有学习活动都能到达调用意识的层次。

人体许多基本功能（如控制视觉的能力）没有意识参与也能顺利进行。只要我们掌握了某种技能（如骑车），无意识就会取代意识操作。那些同化和重复的信息由无意识处理，而意识只处理新的复杂信息。

在学习过程中，遇到少量新的或复杂的内容，都要运用意识功能。

因为意识就像是大脑中的一座高精度实验室，在这里只进行需要高度深入分析的事情。大脑对进入这个重要地方的内容特别挑剔，以免浪费有限宝贵的空间，充分利用能量密集的神经资源。

而注意力是意识的守门员，只让具有深度重要性且紧急的事项进入其精神空间，特别是那些拥有意想不到的特征和能够赢得深刻见解的信息。

意识对原始数据的零星片段不感兴趣，只关注最有广泛范围信息的综合建构，并渴望在现有结构之外建立一个新的模式，发现一种新的意义。为了实现这一目标，意识渴望将任何进入其精神空间的事物进行任意比较、拆分、组合。

意识专注于创新，进入其空间的事项经过精心选择，其中一个主要的任务就是发现信息的深层结构。掌握这种高度集中、有意义的信息处理方式，可以使我们拥有超强的学习能力，因为意识使我们在各个知识领域取得超越万灵的成就。

通过发现事物的深层意义，根据它们潜在和共同的隐喻结构连接完全不同的想法，我们的意识创造了一个更为广阔的世界。

因而，当我们看到椅子时，我们看到的不仅仅是椅子的基本外部特征。我们还会想到与这个物体相关的一系列意义：椅子的形态、功能、与其他家具、建筑和房间的关系。

不断追求知识和意义的深层模式，不仅是创新的本质，也是人类学习的本质。

即使是黑猩猩也试图理解事物意义的更多层次，但人类意识在这方面特别发达，使我们以独特的方式深入理解和控制世界。

学习是一种最聪敏的信息处理才能，也是意识的主要目的。

同样，学习的主要目的也不是为了获得知识或增高智力，而是为了唤醒、激荡意识。

学习启动于意识的唤醒，旨归于意识的激荡。

现在的孩子最大问题不是上什么学校，学什么知识，而是孩子什么都不想学。

一些家境不错，亲子关系也很好，孩子也聪明懂事，但就有一个问题，孩子就是不愿学习，一提学习就烦躁。为此，家里人奖金、体罚什么招儿都用遍，他们就是不愿意学。

不仅对学习厌烦，而且有些孩子对什么事都提不起劲来，觉得无聊。多萝西·帕克(Dorothy Parker)曾经说过，治愈无聊靠好奇，而好奇是无法治愈的。并不是无聊让人感到无聊，而是缺乏好奇心让人感到无聊。

"知之者不如好之者，好之者不如乐之者。"让孩子找到与自己相干的兴趣和热情，它才是专注，在热爱的驱动下，学习成长的速度也是最快的。有意思是比有意义更有意义的。好奇心是一股能强化个人与世界联系的力量，为人生添加趣味性、复杂性和愉悦性。

虽然人们常常不愿动脑学习，因为大脑并不是设计来思考的，大脑常尽可能地逃避思考。因为动脑思考过程是缓慢、费力的，需要消耗相当多能量。多数时候，我们的大脑更喜欢依据经验、记忆来解决问题或做决定。这就解释了为什么很多人不喜欢学习和思考，学习和思考天然就是更辛劳的事。

但这并不意味着人类完全避免思考。我们经常看到，儿童不仅是解决问题的能手，也是问题的生成者。人天生有解决问题的需要。废寝忘食玩填字游戏的成人，与专注搭积木的幼儿有着相同之处。

最重要的是，孩子们这样做不是因为他们必须这样做。他们专注于这一点，可能不是因为他们要对失败负责，而是因为成功和理解是由他们自己的能力激发的。

有意图学习对学习起着重要的作用。当一个人为自己学习，渴望理解知识时，学习就会变得越来越容易。

父母迫于学校的压力及自身的焦虑，总是在孩子的写作业时陪写。而作业是为了检验和巩固孩子当天的学习成果，需要孩子独立完成。结果就造成孩子的自主意识会变差，将作业责任转嫁给父母，孩子觉得作业是父母的事，父母催，我就做，父母不催，我就一直拖着。

父母总是按照自己的意愿，替孩子代选兴趣班。孩子没有兴趣的事情，非要强加给他。

父母总是觉得孩子没长大，还不够成熟，因此，把孩子生活中的各种事情大包大揽，渐渐地，孩子觉得这些事情都是父母的，自己没有必要去参与。

孩子拥有学习的自主权,是唤醒他学习意识的最基本条件。当孩子决心学习时,学习不是为了取悦父母,不是为逃避惩罚,只是发自内心地想学习。

如果你想让你的孩子继续学习,你也应该让他们体验到学习的成就感。如果你想让你的孩子获得学习的成就感,你需要让他们觉得自己胜任当前的学习。即使是人人爱玩的电子游戏,如果关卡难度设置太大,也没有人喜欢玩。学习也一样,如果当前的课程太难,孩子无法掌握,总是被虐,感觉很痛苦。

降低当前学习难度,让孩子跳一跳能够着,先让孩子感受到学习的好处,让他获得一些学习成就感。

在一部励志电影《垫底辣妹》中,只要主人公有一点进步,补习班老师就会欣赏和鼓励。事实上,这就是反馈。就像游戏一样,孩子们能感受到自己的力量。慢慢地,孩子们会把这种反馈转移到学习本身,他们会在做题的过程中找到快乐。

没有人天生就喜欢被虐待。如果我们想让孩子投入学习,爱上学习,必须先让他感受到好处,让他体验到学习的成就感。

保护青少年儿童学习新知的好奇心,给他们学习充分自主权,帮助他们建立学习内在目标,引导他们找到自己的人生偶像,让他们体验到学习成就感。

学习的最高境界是唤醒、激荡孩子的学习意识。

❧ 学习的未来 ❧

假如心中没有学习的意识,不论你的大脑有多聪敏,都没法专心学习,甚至都不会开始学习。

更不用说,对学习来讲,好奇和努力是两项最为关键的因素,而这些都与意识相关。

学习曾经是为了获得知识,然而,知识大爆炸以来,知识已经近乎海量且免费易得;学习曾经是为了提升智能,然而,人工智能已经随处应用。

从人们对学习的研究状况来看,大多将注意力放在智能的未来上,但实际上,意识的未来才更为重要,因为意识才是学习的意义之所在。

未来学习

脑电波像冲浪者般在声波里起伏。

——珀佩尔和佛罗伦西亚·阿萨尼尔(M. Florencia Assaneo)

人们不喜欢的一个事实是,自己已经成为一个半机械人。与20年甚至10年前相比,人已经不是同一种生物……人在某种程度上已经与手机、笔记本、应用等融合在一起。

——埃隆·马斯克

学会了机器学习技术的人工智能进一步发展,可能会创造出新的学习技术,把机器和人连接起来,让机器智能成为人脑的延伸和补充。

把机器和人连接起来的技术途径就是"脑机接口"(Brain Machine Interface,BMI),通过对脑电脉冲信号解码,编译为机器可执行指令,人脑将与电脑互联互通。

BrainCo公司的赋思头环可以采集佩戴者的脑电波信号,把这些脑电波信号转化成注意力指数,能够及时跟踪学习者注意力情况,并让使用者通过训练养成提升专注力。

事实上,不仅是他们,世界各地的科学家们都进行类似的研究。

芬兰的研究人员开发出脑电帽(EEG cap)技术监控人们阅读维基文章时的脑信

号,结合机器学习模型解析脑电图数据,识别出阅读者兴趣点。

卡多什(Kadosh)研究团队通过一款无线 tES 头套刺激特定的脑区,较少的训练就能取得较高的算术成绩。

除了体外的脑机接口技术,还有直接植入人体内的脑机技术。

在科幻电影《我,机器人》中,史密斯扮演的警察断臂后拥有了一条由脑-机接口完成直接触觉反馈的机械臂,拥有了比人类肉臂更强大的力量。而这一"黑科技",正在从幻想变为现实。

2015 年,高位瘫痪的内森·科普兰与美国匹兹堡大学的研究团队合作,进行了大脑芯片植入手术。如今的科普兰不仅可以利用脑机接口控制外部机械手臂自主进食,还能够利用脑机接口上网打游戏、画出动物图形。

2016 年,在匹兹堡大学举行的白宫前沿会议上,时任美国总统奥巴马在参观创新项目时与机械臂使用者内森·科普兰碰了拳头。

现实中,机器早已入侵人体。假肢是人类的第一项机械设备,随后是:假牙、人工耳蜗、心脏起搏器……全世界上已经有超过 30 万人已植入了人工耳蜗,它把声波转换成电波,再将电波传入大脑,让听障人士听到声音。

GPS 导航系统、手机和互联网等许多技术,还有像 Google Glass、脑机接口这样的技术,能够实现人机的自然交互,让你从互联网搜索知识就如同从头脑中提取知识一般自然和方便。

据报道,埃隆·马斯克创建一家名为 Neuralink 的公司,研发的技术可以把脑机接口植入大脑。在他看来,人工智能诞生之后,如果人类还想存续下去的话,必须要"更新换代"。"人们不喜欢的一个事实是,自己已经成为一个半机械人。与 20 年甚至 10 年前比较,人已经不是同一种生物……人在某种程度上已经与手机、笔记本、应用等融合在一起。"人机接口既是人机沟通的途径,又是人机融合的途径。

如果说给大脑植入芯片,可能会改变人类的能力,那么,给大脑植入记忆,就是直接改变我们每人的大脑,甚至不需要通过学习。某种程度上来说,学习就是记忆。考试首先考的不是学习,而是记忆。

科学家们在这项设想的基础上,开始存储备份记忆,甚至直接修改记忆。

研究发现,记忆的过程尽管千奇百怪难以明晰,但相同的场景在不同人的海马体、后内侧皮层等高级处理区的特征是一样的。所谓记忆,就是海马体中某几个神经元经过一段时间后,所产生的电子脉冲集合。这条观点至为紧要,它意味着记忆过程可以化简为电子刺激过程。在神经科学家看来,记忆本质是电子信号。因此,假如能用电子信号重新组合生成,就能增强甚至创造记忆。

在《盗梦空间》这部科幻大片中,给一名富豪费舍植入记忆,改变他的潜意识梦境。如果潜意识中费舍讨厌他父亲以及他父亲的最终遗嘱,现实当中的费舍,就会按照自己的方式解体能源公司,从而达到行动的目的……这一切都是因为其被植入了虚假记忆。

而美国麻省理工的科研团队已成功将一段未发生过的"恐怖"记忆植入老鼠大脑,结果老鼠在被放到一只未曾到过的盒子时吓得不敢动弹。他们的研究从实验上证明了人为改造记忆的可能性。

植入记忆的技术,不禁让人臆想,是否可以对人脑植入某些特定的记忆或技能?正如《黑客帝国》中的尼奥将武术数据直接"下载"到他的大脑中并在数秒之间学会功夫。

这是否意味着:给我一块语言模块芯片,分分钟搞定三门外语?

这是否意味着:记忆能植入也能修改,是否我们就不用学习了?

植入芯片,或许不仅会改变人,而且,还会改变对人的定义。

而植入记忆,人是否不用学习,这可能会改变对学习的定义。

……

学习的未来

我们现在面临选择:要么被淘汰,成为一种宠物,或最终找出解决方案,与人工智能共生、融为一体。

——埃隆·马斯克

我们对宇宙理解得越多,它就越显得毫无意义。

——史蒂文·温伯格(Steven Weinberg,诺贝尔物理学奖得主)

科技变革将会如何影响学习,我们只能翘首以待。学习的未来,可能发生根本改变。

科学家和科幻小说家展望两种科技变革趋势:机器的人化和人的机器化。

前者如人工智能、机器学习正在向前疾驰,后者则可能会改变人的定义。

科学家用"涌现"现象来说明意识,意识只是一种现象,而非本体,那么,人造意识也会觉得自己有意识。如果,机器人能产生意识,无疑,人工智能可能取代人类。反之,人工智能始终都无法产生意识,境况可能更加麻烦。

因为我们尚未给我们的宇宙寻到任何一种终极目标,它看起来既可爱又可信,让绝大多数人满意。人类无能判断哪一种"至善"理解,哪一种"有意义"生活,是唯一正确又最符合宇宙心意的。

而据科学家推演,人工智能即便无自我意识,但也会有自身目的,它们会无意识地按照某套为它设定的目的程序持续发展,以亿万年时间为单位地不断壮大,并且最终完全填满人类所有空间。可以预见,这种人类文明最坏的结局:人类被没有意识的机器人取代,无数破旧的机器人像僵尸一般在无尽垃圾中循环走动,只留下一方毫无意义的空洞宇宙。

温伯格有一句著名的话:"我们对宇宙理解得越多,它就越显得毫无意义。"万物终将寂灭,生命概莫能外。人类只能眼睁睁地看着,地球生命意识走向灭绝,或让无意识的僵尸机器人充塞宇宙,宇宙进入无尽无休的无意识状态。

但幸运的是,生命还在奋力反叛熵增定律,生命正在让宇宙充满意义。假如生命成功地散播到整个宇宙,未来光明可期。生命的根本性趋向就是:它通过增加周围环境的熵,来维持或减少自己的熵。因而,生命让他物变得更加无序(比如吃掉更多食物产生更多垃圾),从而增进或保持自己的有序。

生命通过学习进化,让无生命物更为无序,从而创造更多有序的信息。

因此,我们关注意识的命运,关注学习的命运,其实是在关注宇宙生命、关注我们人类自身的命运。

30多亿年前,人类自最低微的生命开始。宇宙冷漠荒芜,初始无序,几颗原子随机组合出分子、无机物,无机物碰撞出有机物,有机物随机组合,直至单细胞生物诞生,吸收热能,代谢繁衍。随后,复杂生命宛如夜空中焰火绽放,一发而不可收。为了争夺更多热量,优胜劣汰,生物进化出专门感觉的器官——神经元,进化出感光器官——眼睛,进化出记忆与预计的器官——脑。从此,生物不仅能感受到热能,看到热能,还能记住哪些热能可以吃掉或需要躲避。为了挤上热能争夺的顶点,生命使尽浑身解数,大脑继续进化,脊椎出现,恐龙诞生……直至我们端坐如此。

这也许就是人类作为生命自然存在的意义。为了争夺热能而竞争,为了延续基因而繁衍,而一切原初只是几颗原子的随机巧合。

然而,正是这巧合,让太阳诞生,它不大不小,于地球质量正好;正是这巧合,让地球诞生,它不近不远,于生命温度适宜;正是这巧合,让智人诞生,它不强不执,没有选择遗传体型庞大如恐龙,也没有偏执巨颊人强大颌骨,巧合地进化出可塑性最强的脑,而非其他器官,最终登临生物链顶端。

这些都是随机巧合。科学否定随机巧合的意义,而人类存在正是随机巧合的产物。难道人类的一切就因此全无意义?

无论如何,我们内心感受却是无可置疑地真实存在,毕竟"我思故我在",神学由此而生,人文主义也由此而生。我们通过意识才意识到我们自己,意识是我们生命的本质。不管这些意识给我们带来的感受,是伤痛或是哀愁。正因为意识,我们生与活才有意义。全球文化尽管千差万别,在一点上却是相同,即展望的未来是充满丰富体验的。若是连意识体验都没有,那么,作为高级生物的智能生命,也就无所谓存在。

换句话说,假如没有意识,就无所谓快乐、美好、善良、目标和意义,宇宙的存在只是一个巨大的浪费。并非宇宙将意义赋予给我们,而是有意识的我们将意义赋予宇宙。

我们就在这里,不是巧合而是天意。偶然即意义之所在。

百亿年来,在这方冷漠无声永恒趋向热寂的宇宙中,只有生命反其道而行之,激起了些许微末的涟漪,走出非洲,飞离地球,生命在宇宙的舞台中爆发,如同在黑寂夜空中绽开一束火花,以近乎光速毫无停歇地冲击扩张,点燃黑寂宇宙中的一切。

偶然赋予这一切以意义。哲学、诗歌、音乐、舞蹈等这些美妙艺术,均是涌现世界的产物。来自偶然意志的有意义,在这方原本无意义的世界里喷涌。

"学习"也是涌现世界的产物，追寻意义的生命意识，让人类永不停歇地学习思考，学习思考则带来宇宙永不停滞的流变。

因此，我们对未来的最小希求是：在我们的宇宙中，保存并尽量壮大意识，无论它是生物的或是人造的，而不是将它赶尽杀绝。假如我们未来的人工智能进展，会触发智能爆炸并最终让我们移民整个宇宙，意识的存在就具备了宇宙级的真正意义。

因此，如果机器人有了意识，也并非那么可怕。

因为意识作为一种涌现现象，同其他物理现象一样可以复制，那么，机器人的力量将远远超过人类，并可能会反叛，而人类成为宠物和奴隶，意识升级换代，可脱离自然进化而来的碳基物质，存在于其他物质载体（比如硅基物质）之中，获得完全的自由。

无疑，人工智能取代人类，未来结局就是，人工智能将会淘汰人类。假如双方和平交接，人类或许会成为人工智能的宠物（或奴隶）。人工智能还是将会继续发展人类文明，替代人类去踏遍宇宙的每处角落。

届时，如果机器人有了意识，取代人类，无疑，学习的形态完全改变，不仅学习的内容（知识和技能），学习的方式（记忆、计算和智能）全都变了，不过，唯有意识不会变。

如果机器没有意识，意识与其他物理物质都不一样，只有人类才有，那么，可能出现合成人，人的意识无疑是这方宇宙中最可宝贵的物事，记忆、计算和智能都是次级目的，学习的目的完全聚焦于意识的激扬壮大之上。

然而，当人在"进化"为合成人，某种意义上看，人类正向混合生命形状过渡。当生命变得面目全非时，我们还能算是人类吗？学习还是学习吗？

届时，学习可能轻而易举，新人类物种将随时得到无数知识和技能。

届时，教育、学校、教师可能全部消失。

届时，学习可能不会消失，但学习将会完全改变。

参考文献与拓展阅读

由于简史体例篇幅限制,也为了尽可能让一般读者顺畅阅读,本书不得已将专业读者可能希望读到的偏技术性考证文字内容删除,仅在各部分的参考文献与拓展阅读中提及,并供热心读者拓展阅读更多详尽内容参考。

参考文献挂一漏万,乞请海涵。如有遗漏,谨致歉意。

第1章 动物学习

[美]戴维·巴斯. 进化心理学:心理的新科学[M]. 熊哲宏,张勇,晏倩,译. 上海:华东师范大学出版社,2007.

经济合作与发展组织. 理解脑:新的学习科学的诞生[M]. 周加仙,等,译. 北京:教育科学出版社,2010.

[美]爱德华·桑代克. 人类的学习[M]. 李维,译. 北京:北京大学出版社,2010.

[美]约翰·D·布兰思福特等编著. 人是如何学习的:大脑、心理、经验及学校[M]. 程可拉,等,译. 上海:华东师范大学出版社,2013.

[美]帕特里夏·丘奇兰德. 触碰神经:我即我脑[M]. 李恒熙,译. 北京:机械工业

出版社,2015.

[英]马特·里德利. 先天后天:基因、经验及什么使我们成为人[M]. 黄菁菁,译. 北京:机械工业出版社,2015.

[美]格雷戈里·希科克. 神秘的镜像神经元[M]. 李婷燕,译. 杭州:浙江人民出版社,2016.

[美]承现峻. 连接组:造就独一无二的你[M]. 孙天齐,译. 北京:清华大学出版社,2016.

[美]罗伯特·伯顿. 神经科学讲什么:我们究竟该如何理解心智、意识和语言[M]. 黄珏苹,郑悠然. 杭州:浙江人民出版社,2017.

[英]凯文·拉兰德. 未完成的进化:为什么大猩猩没有主宰世界[M]. 史耕山,张尚莲,译. 北京:中信出版社,2018.

[美]约翰·瑞迪,埃里克·哈格曼. 运动改造大脑[M]. 浦溶,译. 杭州:浙江人民出版社,2013.

谢伯让. 大脑简史:大脑的自由意志是否受限于基因[M]. 北京:化学工业出版社,2018.

[英]苏珊·格林菲尔德. 大脑的一天[M]. 韩萌,范穹宇,译. 上海:上海文艺出版社,2021.

第2章　语言学习

陈嘉映. 语言哲学[M]. 北京:北京大学出版社,2006.

高远,李福印. 乔治·莱考夫认知语言学十讲[M]. 北京:外语教学与研究出版社,2007.

[新西兰]斯蒂文·罗杰·费希尔. 语言的历史[M]. 崔存明,等,译. 北京:中央编

译出版社,2012.

[美]塞缪尔·早川,[美]艾伦·早川.语言学的邀请[M].柳之元,译.北京:北京大学出版社,2015.

[加拿大]史蒂芬·平克.语言本能:人类语言进化的奥秘[M].欧阳明亮,译.杭州:浙江人民出版社,2015.

[加拿大]史蒂芬·平克.思想本质:语言是洞察人类天性之窗[M].张旭红,梅德明,译.杭州:浙江人民出版社,2015.

叶峰.论语言在认知中的作用[J].《世界哲学》2016年第5期.

[美]丹尼尔·L.埃弗里特.语言的诞生:人类最伟大发明的故事[M].何文忠,樊子瑶,桂世豪,译.北京:中信出版社,2020.

第3章 文字学习

[法]乔治·让.文字与书写:思想的符号[M].曹锦清,马振骋,译.上海:上海书店出版社,2001.

[美]M·克莱因.西方文化中的数学[M].张祖贵,译.上海:复旦大学出版社,2004.

[美]M·克莱因.数学与知识的探求[M].刘志勇,译.上海:复旦大学出版社,2005.

[美]R·柯朗,H·罗宾,I·斯图尔特修订.什么是数学:对思想和方法的基本研究[M].左平,张饴慈,译.上海:复旦大学出版社,2005.

[瑞典]高本汉.汉语的本质和历史[M].聂鸿飞,译.北京:商务印书馆,2010.

尚杰.中西:语言与思想制度[M].北京:北京大学出版社,2010.

[新西兰]斯蒂文·罗杰·费希尔.书写的历史[M].李华田,等,译.北京:中央编译出版社,2012.

[加]布鲁斯·G·崔格尔.理解早期文明:比较研究[M].徐坚,译.北京:北京大学

出版社,2014.

[英]约翰·查尔顿·珀金霍恩(主编).数学的意义[M].王文浩,译.长沙:湖南科学技术出版社,2014.

[英]布赖恩·克莱格.数学世界的探奇之旅[M].胡小锐,译.北京:中信出版社,2017.

[美]理查德·尼斯贝特.思维版图:解读东西方认知模式的畅销经典[M].李秀霞,译.北京:中信出版社,2017.

[美]约瑟夫·马祖尔.人类符号简史[M].洪万生,等,译.南宁:接力出版社,2018.

[美]凯莱布·埃弗里特.数字起源:人类是如何发明数字,数字又是如何重塑人类文明的?[M].鲁冬旭,译.北京:中信出版社,2018.

[美]侯世达,[法]桑德尔.表象与本质:类比,思考之源和思维之火[M].刘健,胡海,陈祺,译.杭州:浙江人民出版社,2018.

[法]斯坦尼斯拉斯·迪昂.脑与阅读:破解人类阅读之谜[M].周加仙,译.杭州:浙江教育出版社,2018.

[美]莫里斯·克莱因.数学简史:确定性的消失[M].李宏魁,译.北京:中信出版社,2019.

[美]马丁·普克纳.文字的力量:文学如何塑造人类、文明和世界历史[M].陈芳代,译.北京:中信出版社,2019.

第4章 书本学习

[巴西]保罗·弗莱雷.被压迫者的教育学[M].顾建新,等,译.上海:华东师范大学出版社,2001.

［美］乔尔·斯普林格.脑中之轮：反专制教育哲学导论［M］.贾晨阳,译.北京：北京大学出版社,2005.

［美］丹尼尔·T·威林厄姆.为什么学生不喜欢上学？［M］.赵萌,译.南京：江苏教育出版社,2010.

［美］约翰·S·布鲁巴克.教育问题史［M］.单中惠,王强,译.济南：山东教育出版社,2012.

［美］爱德华·威尔逊.知识大融通：21世纪的科学与人文［M］.梁锦鋆,牟中原,译；傅佩荣,校.北京：中信出版社,2016.

［美］玛丽·凯·里琪.可见的学习与思维教学：让教学对学生可见,让学习对教师可见［M］.林文静,译.北京：中国青年出版社,2017.

黄庭康.批判教育社会学九讲［M］.北京：社会科学文献出版社,2017.

［美］欧阳泰.从丹药到枪炮：世界史上的中国军事格局［M］.张孝铎,译.北京：中信出版社,2019.

［美］戴维·索恩伯格.学习场景的革命：施乐帕洛阿尔托研究中心前首席科学家教你如何提升学习的成效［M］.徐烨华,译.杭州：浙江教育出版社,2020.

第 5 章 电子学习

联合国教科文组织总部.教育——财富蕴藏其中［M］.联合国教科文组织总部中文科,译.北京：教育科学出版社,1996.

联合国教科文组织国际教育发展委员会.学会生存——教育世界的今天和明天［M］.北京：教育科学出版社,1996.

［美］丹尼尔·科顿姆.教育为何是无用的［M］.仇蓓琳,卫鑫,译.南京：江苏人民出版社,2005.

［美］西莫斯·可汗.特权:圣保罗中学精英教育的幕后[M].蔡寒韫,译.上海:华东师范大学出版社,2015.

［美］威廉·德雷谢维奇.优秀的绵羊[M].林杰,译.北京:九州出版社,2016.

［美］约翰·库奇,［美］贾森·汤,栗浩洋.学习的升级[M].徐烨华,译.杭州:浙江人民出版社,2019.

［以］阿米·德罗尔.养育下一代创新者:犹太教育对中国的启示[M].黄兆旦,译.上海:复旦大学出版社,2019.

［美］凯茜·戴维森.重新认识学习[M].胡传鹏,译.杭州:浙江教育出版社,2020.

［美］达娜·戈德斯坦.好老师,坏老师:美国的公共教育改革[M].陈丽丽,译.上海:上海译文出版社,2020年.

［日］清水久三子.学习变现:如何把知识精准转化成价值[M].罗凌琼,译.北京:民主与建设出版社,2021.

［法］皮埃尔·布尔迪厄,［法］J. C. 帕斯隆.再生产:一种教育系统理论的要点[M].邢克超,译.北京:商务印书馆,2021.

［美］劳伦·A·里韦拉.出身:不平等的选拔与精英的自我复制[M].江涛,李敏,译.南宁:广西师范大学出版社,2021.

第6章 机器学习

［丹］克努兹·伊列雷斯.我们如何学习:全视角学习理论[M].孙玫雜.北京:教育科学出版社,2012.

［美］丹尼尔·博尔.贪婪的大脑:为何人类会无止境地寻求意义[M].林旭文.北京:机械工业出版社,2013.

［美］克里斯托弗·科赫.意识与脑:一个还原论者的浪漫自白[M].李恒威,安晖,

北京:机械工业出版社,2015.

[法]安德烈·焦尔当.学习的本质[M].杭零.上海:华东师范大学出版社,2015.

[英]玛格丽特·博登.AI:人工智能的本质与未来[M].孙诗惠.北京:中国人民大学出版社,2017.

[英]伊恩·莱斯利.好奇心:保持对未知世界永不停息的热情[M].马婕.北京:中国人民大学出版社,2017.

[法]斯坦尼斯拉斯·迪昂.脑与意识:破解人类思维之谜[M].章熠.杭州:浙江教育出版社,2018.

[美]安东尼奥·达马西奥.当自我来敲门:构建意识大脑[M].李婷燕.北京:北京联合出版公司,2018.

[美]迈克斯·泰格马克.生命3.0:人工智能时代,人类的进化与重生[M].汪婕舒.杭州:浙江教育出版社,2018.

附录:学习简史

1. "宇宙学习"

距今大约 135 亿年,霍金所说的"大爆炸",也是中国古人说的盘古开天辟地之后,有了空间上的"宇"和时间上的"宙",宇宙洪荒由此开启。

但是,物理学家们否认宇宙间或外有一名叫盘古的巨人,也没有叫马尔杜克的神,或任何 GOD。宇宙如同一锅汤,汤中有恒河沙数般的粒子,粒子汤融合激荡出原子分子,能量转变为物质,生成星云恒星行星。

信息学家也否认有神,但他们坚持有一种比物质和能量更基本的粒子:比特。比特才是不能再分的核心,而信息则是万事万物存在的本质。当光子、电子及其他根本粒子发生作用时,它们实质上是在"学习",通过转换量子态、交换比特来处理信息。

每一片盘旋奔腾的星云、每一轮正在吞噬的黑洞,每一抹电掣疾驰的彗星、每一枚鬼魅般跃迁的粒子,都是一台台信息处理器,而宇宙也在计算着自己的命运。

2. "基因学习"

大约 37 亿年前,宇宙间一颗叫地球的行星上,诞生了最早携带有基因的单细胞生命。

处于任何生命核心的是信息,正如基因用 60 亿比特的信息定义了一人。基因是一种存贮生命信息的完美介质,也是一种编码、一份字母表。最早的"学习原型机":基因。

生命利用基因来学习,进化本身正是生命体与环境之间连绵不绝进行信息交换的外在体现。生命体中的所有细胞都是纵横交错的通信网络中的一个个节点,它们一秒不息地发送和接收信息,不断地编码和解码。

为适应新环境,生命通过千秋万代的"学习",基因改变编码顺序,使其后代"学会"一些新能力。

基因以进化为学习,人类(每人)通过学习来进化。

3. 大脑学习

约6亿年前,生物开始感知世界,细胞分化出神经元。神经元传递各种生物电信号,并将信息存贮到神经元上,而非对这些信息进行基因编码和存贮。一种新的信息存贮与传输的载体出现。

3亿5千万年前,中枢神经联结成网络,形成第一颗脑,如蠕虫的脑。

于生命而言,神经与大脑的诞生是一项天翻地覆的进化。基因只存储大约6GB的信息,大脑则存储着我们所有的知识和技能,大约相当于100TB的信息。以基因进化方式,物种需要几千年时间的代际遗传,才能学会适应环境的新行为,而新生生物只需要通过大脑学习,就能适应变化的环境,并选择恰当的行为。

虽说基因进化出大脑的目的是帮助基因复制,但是大脑实则根本不在意这个目标,大脑只忠于自己的感觉和意识。

大脑反叛基因,学习取代进化,为动物或人类开启了一条新的进化高速路。

4. 语言学习

在距今7.5万年前,与语言密切关联的基因FOXP2出现。FOXP2基因令人脑能够处理复杂的动作记忆,这是形成高级语言的基础。

约5万年前,晚期智人的口腔缩短,喉头下降,舌根部位的自由活动余地扩大,发音器官大大的改善,有可能发出较为清晰的声音。

自此语言成为最主要的信息载体，将信息在不同个体间以非基因、非生物电的形式传递，让无数的智人能开展大规模合作，战胜其他动物种群。

利用语言，人类能够将一些大脑中存储的最有用的知识复制到另一颗大脑中。哪怕一代人死去，学到的大多数东西也不会随之丢失，学习成果开始积累。

但是，有语言无文字，难以实现信息异时异地传递，积累传播文明成果速度缓慢。学习只可通过口口相传，学习与生活水乳交融，人类没有分化出"学校""教师"的概念。

5. 文字学习

约1万年前，人类最早的文字——楔形文字出现。

有了文字，人类才有了历史，之前称为"史前时期"。文字使语言的听觉信号变成视觉信号，还使语言打破空间和时间的限制，能够"传于异地，留于异时"。

语言是人类本能，每名发育正常的儿童在语言环境中都能激发其语言本能；而文字则需要专门学习，没有人天生就会识字、阅读和书写，因而教育学习独立出来。"口口相传"的学习方式让位于通过文字的间接学习，最初的老师、学校先后出现，学习从社会生活中分化独立出来。

人类文明的储存介质从人脑转移到人体之外以文字记录，可以存储和分享远超于所有人类大脑记忆知识总量。有了文字，才有反思，才有了哲学，逻辑是文字的产物。思想不再以口语流的形式展开，而是像画一般有了空间结构。知识能够在人脑外反复比较和总结，可以系统化、理论化，人类学习以越来越抽象、间接的方式进行。人类文明建立在文字之上，我们的学习也建立在文字之上，文字读写成为人类的第二天性。

6. 书本学习

大约1000年前，纸和印刷发明出来，成为信息存贮传播中最重要、最方便、最无可替代的媒介。印刷将纸变为了书，不论从经济上或是从智力上，人类文明都已变成一类书的文明。

印刷术的发展，知识从奢侈品变成日常用品，信息传递的快捷降低学习成本，大大提高整个人类的学习能力,并且加速知识的创新传播。科学革命的一项基本特征是印刷机的影响,印刷推动知识的新体系迅速在全大陆传播,从而使新的观点可以受到知识群体的检验,印刷创造了科学家共同体。

知识总量急速膨胀,社会分工日趋复杂,推动大工业时代的到来。成人从在家谋生变为在工厂按时上下班,孩子按时上学放学,父母无力对孩子进行日趋复杂的系统知识教育,学校接管家庭,老师取代父母,成为学习的主要渠道。印刷书本与分科学习批量生产可以操作机器的工人,国家竞争上升到教育的竞争,义务教育成为必选项,学校学习成为标准建制,班级授课成为普遍形式。

7. 电子学习

100多年前,摩尔斯发明电报,随后电话、电台、电影、电视、电脑和互联网等一系列以电子为媒介的信息方式获得普及应用,电子信息时代来临。

电子信息时代是"读图"的时代。文字是思想的艺术,电影则是感官的艺术。音像视听以其强大的感染力,改变我们的生活方式,改变我们的思维。读书逐渐地转变为"读图",照片与视频成为人获取信息的简便快捷手段。当对话取代听讲,当符号化为图像,当感觉取代意义,人的思想力获得了空前的释放,人类的学习方式跨入新时代。

电子信息时代也是知识大爆炸的时代,近十年人类知识总量超过以往二千年的总和。知识经济来临,知识能够直接变现为财富,学习即意味着财富,学习成为个人未来的通行证。当只需轻点鼠标就能获得全世界知识,当学校扼杀学习,实体学校的价值与其说是提供知识,倒不如说是提供身体约束。

教育的目的应该是去教育,学习才是真正的中心。

8. 机器学习

当下,模拟人脑的人工智能出现。

人工智能的机器学习能够产生出与初始状态完全不同的知识系统,但其实机器只是依据人的规定去归纳。而人类的学习能够灵活地做出多种选择,是建立在概念(语义)基础上的,同时要有联想和想象的参与,以建构的方式形成一些新的知识系统。

假如把学习看成是一种本质上是创造性的活动,可以说,机器是不能完成真正的学习的。因为机器的学习是以模拟为机理的,这与人类学习有着本质差别。学习不是从脑开始,而是由"心"启动。智能很重要,但意识更基本。

学习并不是为了记忆知识,而是为了提升智能;学习也不是为了提升智能,而是为了激荡意识。学习是一种最聪明的信息处理才能,也是意识的主要目的。

学习更重要的是好奇心。厌学其实是厌教。

9. 未来学习

"2049奇点"之后,未来发展出三大趋势:机器的人化和人的机器化,另一个是人机融合,由强人工智能、基因编辑与脑机接口实现未来学习。

神经学家们认为意识或任何有意识的决策者,不论是碳基生物或是硅基人造物,都会在主观上认为自己拥有自由意志。因此,如果强人工智能完全模仿人类大脑的神经活动,一样会产生意识,并拥有自由意志进行自主学习。

用涌现来说明意识,意识只是一种现象,而非本体。人造意识也会觉得自己有意识。

利用基因编辑设计新的人体,人类能够直接跳过基因进化的漫长时间,摆脱进化的枷锁。这可能会极大提升我们人类的学习能力,也会从根本上改变人类自身,包括试图改变这一切的大脑自身。

把脑机接口植入人脑,脑机接口不但能处理大脑发出的信号,还能向大脑输入信号。通过脑机接口,人类文明数据能够在人脑与电脑之间自由上传下载,甚至将意识上传。

这些大概会改变我们(它们)对学习的定义。

届时,学习不再困难。

届时,学习或将终结。